WERNER GÜCKELER

Die Wertschöpfung der Kreditinstitute

Betriebswirtschaftliche Forschungsergebnisse

Band 69

Die Wertschöpfung der Kreditinstitute

Untersuchungen zu einem Merkmal für die Messung der Unternehmungskonzentration

Von

Dr. Werner Göckeler

DUNCKER & HUMBLOT / BERLIN

Gedruckt 1975 bei Berliner Buchdruckerei Union GmbH., Berlin 61
Printed in Germany

ISBN 3 428 03374 4

Geleitwort

Das Phänomen der Unternehmungskonzentration wird seit über einem Jahrhundert unter verschiedenen Aspekten lebhaft diskutiert. Das dürfte nicht zuletzt auf die politische Bedeutung des Lehrgebäudes von *Karl Marx* zurückzuführen sein; denn die ökonomische Grundlage seiner revolutionären Theorie bildet die These, daß der „Akkumulationsprocess des Kapitals" zwangsläufig erfolge. Besonders eingehend sind namentlich während der letzten zwanzig Jahre Ursachen und Wirkungen der Konzentration wegen deren Bedeutung für die Lebensbedingungen der einzelnen Unternehmung und vor allem die Erhaltung einer marktwirtschaftlichen Ordnung analysiert worden. Spärlicher sind dagegen Versuche, die Unternehmungskonzentration zu quantifizieren. Die Ergebnisse dieser wenigen Ansätze befriedigen nicht. Das liegt einmal daran, daß die herkömmlichen Maßstäbe für die Messung der Unternehmungsgröße problematisch sind, zum anderen daran, daß die Informationen der (amtlichen wie der übrigen) Statistik unzulänglich sind.

Die erste der beiden angedeuteten Schwierigkeiten ist weitgehend gelöst; denn die von der betriebswirtschaftlichen Theorie des Rechnungswesens ein wenig vernachlässigte „betriebliche Wertschöpfung" böte nach meiner Überzeugung einen hervorragenden Maßstab für die Messung der Unternehmungskonzentration, wobei im Idealfall Konzerne und konzernfreie Unternehmungen als Merkmalsträger zu definieren wären. Für eine umfassende Darstellung des Phänomens auf dieser Basis steht indessen das statistische Material nicht zur Verfügung. Im Rahmen meiner Tätigkeit in der Kommission, die das Bundesamt für gewerbliche Wirtschaft bei der Durchführung der Konzentrations-Enquête zu beraten hatte, habe ich seinerzeit eine entsprechende Untersuchung angeregt. Eine eigene Erhebung des Amtes kam freilich nicht in Betracht, weil sie zu aufwendig gewesen wäre. Für den Bereich der Industrie hätte man zwar auf der Grundlage des mit der betrieblichen Wertschöpfung verwandten „Nettoproduktionswertes" ein brauchbares Bild von der Unternehmungskonzentration gewinnen können, doch ließ sich beim Statistischen Bundesamt die dafür notwendige besondere Aufbereitung der Kostenstrukturerhebung nicht durchsetzen.

Den Gedanken, die Unternehmungskonzentration in der Bundesrepublik Deutschland auf der Basis des Maßstabs der betrieblichen Wertschöpfung darzustellen, habe ich indessen nicht aufgegeben. Seit der sog. kleinen Aktienrechtsnovelle von 1959 bietet die Gewinn- und Verlustrechnung der Aktiengesellschaften die Möglichkeit, die Wertschöpfung (einigermaßen) aus den publizierten Jahresabschlüssen der Unternehmungen wenigstens dieser Rechtsform zu ermitteln. Schon Anfang der 60er Jahre habe ich auf dieser Grundlage anhand überschlägiger Berechnungen festgestellt, daß die drei größten Unternehmungen der Bundesrepublik (zusammen) mehr als 1 % des Volkseinkommens erzeugen. Dieses Ergebnis hat mich dazu bewogen, eine umfassende Untersuchung in der damaligen Konzentrationsforschungsstelle* vorzubereiten. Meinem Vorhaben kommt zustatten, daß die Publizitätsvorschriften durch das Aktiengesetz von 1965 in mehrfacher Hinsicht verbessert wurden (exaktere Bewertungsvorschriften, Konzernjahresabschluß). Auch das später erlassene sog. Publizitätsgesetz läßt die Hoffnung berechtigt erscheinen, daß wenigstens einige der großen und damit für das Phänomen der Unternehmungskonzentration besonders belangvollen Konzerne und konzernfreien Unternehmungen, die nicht als Aktiengesellschaften betrieben werden bzw. an denen keine Konzernunternehmungen dieser Rechtsform beteiligt sind, die für meine Untersuchung erforderlichen Einblicke ebenfalls gewähren werden. Im übrigen kann erwartet werden, daß der mit dem Publizitätsgesetz eingeschlagene Weg schrittweise weiter verfolgt wird, d. h. daß der Gesetzgeber die Rechnungslegungs- und Publizitätsvorschriften für die nicht unter das Aktiengesetz fallenden Großunternehmungen und Konzerne in absehbarer Zeit verbessern wird.

Zur Vorbereitung des vorstehend skizzierten Untersuchungsvorhabens der Konzentrationsforschungsabteilung sind neben der Materialsammlung verschiedene Voruntersuchungen notwendig. Eine der in diesem Rahmen zu lösenden Aufgaben ist von Herrn *Kroenlein* mit dem Thema „Die Wertschöpfung der Aktiengesellschaft und des Konzerns“ übernommen und in seiner gleichzeitig mit diesem Band erscheinenden Schrift behandelt worden. Herr *Kroenlein* zeigt in dieser Arbeit, daß die Jahresabschlüsse und Geschäftsberichte von Aktiengesellschaften und teilweise auch von Konzernen soviel Informationen bieten, daß die betriebliche Wertschöpfung in für Konzentrationsmessungen ausreichender Genauigkeit ermittelt werden kann. Es ist dem Verfasser gelungen, aus den Positionen der aktienrechtlichen Gewinn- und Verlustrechnung „Wertschöpfungsstaffeln“ zu entwickeln, deren Anwendung die Ermittlung der Wertschöpfung bei praktischen Konzentrationsmessungen auf ein rechnerisches Problem reduziert.

Die in diesem Band von Herrn *Göckeler* mit dem Thema „Die Wertschöpfung der Kreditinstitute“ vorgelegte Untersuchung schließt un-

* Jetzt Konzentrationsforschungsabteilung des Wirtschaftswissenschaftlichen Seminars der Universität Tübingen.

mittelbar an die Arbeit *Kroenleins* an. Die Spezialuntersuchung für die Kreditwirtschaft war notwendig, weil viele Probleme, die für die Industrie- und die Handelsunternehmungen gelöst sind, neu durchdacht werden mußten. So verlangte die Ermittlung der zentralen Größen der Wertschöpfungsrechnung, nämlich des Umsatzes und der Vorleistungen, die Entwicklung einer ganz neuen Konzeption. Des weiteren unterscheiden sich die gesetzlichen Bestimmungen über die Rechnungslegung der Kreditinstitute erheblich von denjenigen für die Industrie- und die Handelsunternehmungen. Schließlich bestehen zwischen Kreditbanken, Sparkassen, Hypothekenbanken und Bausparkassen beträchtliche Unterschiede, die sich auch in dem stark zersplitterten Recht spiegeln.

Ähnliche Besonderheiten gelten für den Bereich der Versicherungswirtschaft. Deshalb ist unter dem Thema „Die Wertschöpfung der Versicherungsunternehmen" z. Z. eine gleichartige Untersuchung in Arbeit. Ich hoffe, daß diese Schrift und die sich auf die drei hier erwähnten Darstellungen gründende Untersuchung über den Stand und die Entwicklung der Unternehmungskonzentration in der Bundesrepublik Deutschland in absehbarer Zeit in dieser Schriftenreihe der Öffentlichkeit vorgelegt werden können.

Tübingen, im Februar 1975

Dieter Pohmer

Inhaltsverzeichnis

Vorbemerkungen

Die vorliegende Arbeit schließt an die von *Dieter Pohmer* im Rahmen eines Forschungsprogramms der Konzentrationsforschungsabteilung des Wirtschaftswissenschaftlichen Seminars der Universität Tübingen zur Messung der Unternehmungskonzentration initiierte Untersuchung von *Günter Kroenlein* an, in der für Zwecke der Konzentrationsmessung Schemata zur Berechnung der betrieblichen Wertschöpfung der sog. Industrie- und Handelsunternehmungen in der Rechtsform der Aktiengesellschaft erarbeitet wurden[1].

Das Ziel der hier vorgelegten Untersuchung ist, dieses Programm fortzuführen, indem Schemata für die Berechnung der Wertschöpfung von Kreditinstituten entwickelt werden (Wertschöpfungsstaffeln); Ausgangsmaterial für die Aufstellung der Wertschöpfungsstaffeln sowie für die Berechnung der Wertschöpfung der Kreditinstitute sind — analog zu der Untersuchung von *Kroenlein* — die aufgrund gesetzlicher Vorschriften bekanntzumachenden Jahresabschlüsse der Kreditinstitute. Auf allgemeine Fragen der Wertschöpfungsrechnung soll hier nur insoweit eingegangen werden, als spezielle Tatbestände bei Kreditinstituten dies erfordern; ansonsten sind als Grundlage die von *Pohmer* und im Anschluß daran von *Kroenlein* entwickelten Grundsätze für Wertschöpfungsrechnungen übernommen[2].

Hintergrund unserer Überlegungen ist das Bestreben, einen Maßstab für die Messung der Unternehmungskonzentration zu gewinnen, der nicht den Homogenitätsbedingungen bezüglich der Zusammensetzung des Ausstoßes bzw. der Faktoreinsatz- oder Faktorbestandsmengen unterworfen ist wie die Maßgrößen Umsatz, Arbeitskräfte, Bilanzsumme u. dgl. Die restriktiven Bedingungen für die Verwendung dieser Maßstäbe gelten

---

[1] *Günter Kroenlein:* Die Wertschöpfung der Aktiengesellschaft und des Konzerns. Untersuchungen zu einem Merkmal für die Messung der Unternehmungskonzentration, Berlin 1975.

[2] *Dieter Pohmer:* Betriebswirtschaftliche Bedeutung und Ermittlung der betrieblichen Wertschöpfung, in: Die Wissenschaft im Dienst der Wirtschaftspraxis, Festschrift aus Anlaß des zehnjährigen Bestehens des Hochschulinstituts für Wirtschaftskunde, herausgegeben von Wilhelm Eich, Berlin 1958, S. 115 ff. (ein Vorabdruck erschien in: Zeitschrift für Betriebswirtschaft, 28. Jg. [1958], S. 148 ff.); *Dieter Pohmer:* Grundlagen der betriebswirtschaftlichen Steuerlehre, Berlin 1958, S. 74 - 95, S. 116 f.; *Dieter Pohmer:* Die Neuordnung der Umsatzbesteuerung, Grundlagen der bisherigen Diskussion und Grundlagen einer Reform, Bonn 1960, passim, insbes. S. 80 - 94; *Dieter Pohmer:* Be-

für die Verwendung der Wertschöpfung als Maßgröße für die Unternehmungskonzentration nicht[3]. Insbesondere *Pohmer* wies darauf hin, daß die betriebliche Wertschöpfung nicht nur die sog. Industrie- und Handelsunternehmungen ein geeignetes Maß für die Ermittlung der Unternehmungskonzentration ist[4]; „die betriebliche (Netto-)Wertschöpfung (zu Faktorkosten) ist im allgemeinen das angemessene Kriterium zur Beurteilung einer Unternehmung als Glied der Volkswirtschaft"[5].

Unter Unternehmungskonzentration — als *einer* Erscheinungsform der Konzentration in der Wirtschaft — wird verstanden die Ballung von Produktionskapazitäten unter einheitlicher Leitung. Erhebungseinheit für die statistische Erfassung der Unternehmungskonzentration ist deshalb sowohl die einzelne Unternehmung (konzernfreie Unternehmung) als auch der Konzern als Zusammenfassung von (rechtlich selbständigen) Unternehmungen unter einheitlicher wirtschaftlicher Leitung[6].

Die Wertschöpfung ist ein Merkmal für die Leistungsfähigkeit einer Unternehmung und damit für Unternehmungsvergleiche geeignet; weiterhin kann diese Größe für die Messung der Unternehmungskonzentration verwendet werden, indem concentration ratios berechnet werden,

---

trieb und Unternehmung als Merkmalsträger von Konzentrationserscheinungen, in: Der Betrieb in der Unternehmung, Festschrift für Wilhelm Rieger zu seinem 85. Geburtstag, herausgegeben von Johannes Fettel und Hanns Linhardt, Stuttgart 1963, S. 102 ff.; *Dieter Pohmer:* Über die Bedeutung des betrieblichen Werteumlaufs für das Rechnungswesen der Unternehmungen, in: Organisation und Rechnungswesen, Festschrift für Erich Kosiol zu seinem 65. Geburtstag, herausgegeben von Erwin Grochla, Berlin 1964, S. 305 ff., insbes. S. 331 ff.; *Dieter Pohmer* und *Günter Kroenlein:* Wertschöpfungsrechnung, betriebliche, in: Handwörterbuch des Rechnungswesens, herausgegeben von Erich Kosiol unter Mitarbeit von zahlreichen Fachgelehrten aus Wissenschaft und Praxis, Stuttgart 1970, Sp. 1913 ff.

[3] Vgl. *Günter Kroenlein:* Die Wertschöpfung der Aktiengesellschaft ..., S. 30 ff.

[4] *Dieter Pohmer:* Betrieb und Unternehmung als Merkmalsträger von Konzentrationserscheinungen, hier S. 106 und S. 108.

[5] *Dieter Pohmer* und *Günter Kroenlein:* Wertschöpfungsrechnung, betriebliche, Sp. 1919. Auch *Arndt/Ollenburg* und *Käfer* sehen in der Wertschöpfung — verstanden als Nettoproduktionswert bzw. Nettoleistung — einen Maßstab für die tatsächliche Bedeutung bzw. die wirtschaftliche Potenz einer Unternehmung. Vgl. *Helmut Arndt* und *Günter Ollenburg:* Begriff und Arten der Konzentration, in: Die Konzentration in der Wirtschaft, On Economic Concentration, Zweite, völlig neu bearbeitete Auflage, herausgegeben von Helmut Arndt unter redaktioneller Mitarbeit von Hans-Jürgen Scheler, Schriften des Vereins für Socialpolitik, N.F., Bd. 20/I, Berlin 1971, S. 3 ff., hier S. 24; *Karl Käfer:* Konzentration und Publizität, in: Die Konzentration in der Wirtschaft, On Economic Concentration, S. 679 ff., hier S. 690.

[6] Zum Merkmalsträger bei der Analyse der Unternehmungskonzentration vgl. *Dieter Pohmer:* Betrieb und Unternehmung als Merkmalsträger von Konzentrationserscheinungen, S. 107 ff.

z. B. durch Beziehung der betrieblichen Wertschöpfung auf das insgesamt im Inland entstandene Einkommen oder auf das im Sektor Kreditinstitute entstandene Einkommen. Es könnte hiergegen eingewendet werden, die Bedeutung der Kreditinstitute als einkommenerzeugende Wirtschaftseinheiten im gesamtwirtschaftlichen Einkommenserzeugungsprozeß sei gering[7], und die Bedeutung eines Kreditinstituts resultiere vielmehr aus seiner Stellung auf dem Geld- und Kreditmarkt. Indessen kommt es bei Konzentrationsuntersuchungen nicht darauf an, wie groß der Beitrag eines Sektors, sondern einzelner Unternehmungen des Sektors zum im Inland entstandenen Einkommen ist. Der zweite Einwand ist ein Ausfluß des Denkens in einzelnen Märkten (Frage der Marktmacht), das auch bei Kreditinstituten infolge des differenzierten Leistungsangebots problematisch ist. Allenfalls kann u. E. eingewendet werden, daß die Unternehmungsgröße eines Kreditinstituts den Einfluß des Kreditinstituts in einer Volkswirtschaft nicht widerspiegele. Dieser Einwand ist grundsätzlicher Natur; er geht aber zugleich über unsere Fragestellung hinaus und wirft das Problem der Messung wirtschaftlicher Macht auf. Die wirtschaftliche Macht einer Wirtschaftseinheit kann aber entweder nur anhand von Indikatoren geschätzt werden oder manifestiert sich in Einzelfällen. Im Zusammenhang mit der wirtschaftlichen Macht von Kreditinstituten wird vornehmlich an die Möglichkeit einer Einflußnahme auf andere Unternehmungen über Beteiligungen, aber auch über andere Formen der Kapitalüberlassung oder über das Depotstimmrecht gedacht (Konzentration der Verfügungsmacht)[8]. Der Bereich möglichen Einflusses eines Kreditinstituts könnte u. E. statistisch dadurch umrissen werden, daß die Wertschöpfung jener Unternehmungen, auf die ein Kreditinstitut Einfluß geltend machen kann, zusammengefaßt wird. Die so abgegrenzte Gruppe von Unternehmungen ist in der Regel bei weitem größer als jene Gruppe von Unternehmungen, die nach § 18 AktG[9] einen Konzern bilden. Indessen wirft die Abgrenzung

---

[7] Nach den Volkswirtschaftlichen Gesamtrechnungen der Bundesrepublik Deutschland betrug in den Jahren 1966 bis 1968 der Anteil des Sektors Kreditinstitute und Versicherungen (ohne Effektenbörsen, Vermittlung von Versicherungen und Bank- und Effektengeschäften) am Nettoinlandsprodukt zu Faktorkosten rd. 2,7 - 2,8 v. H. Vgl. Statistisches Jahrbuch für die Bundesrepublik Deutschland 1970, Herausgeber: Statistisches Bundesamt Wiesbaden, Stuttgart und Mainz 1970, S. 490 f., Tabellen 3 und 4.

[8] Nach *Arndt/Ollenburg* steht hinter der Unternehmungskonzentration in der Regel auch eine Konzentration der Verfügungsmacht. In ihrem Umfang müssen beide sich nicht decken, denn schon eine kleine Beteiligung kann zur Beherrschung einer Unternehmung ausreichend sein, wenn sich der Rest der Anteile in Streubesitz befindet und die Anteilseigner nicht koalieren. Kreditinstitute könnten z. B. durch ihre Kreditvergabepolitik, verbunden mit dem Depotstimmrecht, Unternehmungen maßgebend beeinflussen, ohne an ihnen beteiligt zu sein. Vgl. *Helmut Arndt* und *Günter Ollenburg:* Begriff und Arten der Konzentration, in: Die Konzentration in der Wirtschaft, On Economic Concentration, S. 24.

dieses Bereichs erhebliche Schwierigkeiten auf[10]. Man wird sich — auch aus Gründen einer exakten und in allen Fällen gleichen Abgrenzung — auf die Einbeziehung jener Unternehmungen beschränken müssen, an denen ein Kreditinstitut mehr als 50 v. H. der Anteile (unmittelbar oder mittelbar) besitzt[11]. Damit wird aber in der Regel jene Gruppe von Unternehmungen, auf die ein Kreditinstitut Einfluß ausüben kann, nicht in vollem Umfang erfaßt; dieses Ergebnis scheint uns aber bei Konzentrationsanalysen tragbarer zu sein als ein zu hoher Ausweis der Konzentration. Über diesen eingeschränkten Bereich hinaus kann es u. E. auch von Interesse sein, den Anteil jener Unternehmungen am im Inland entstandenen Einkommen festzustellen, bei denen Vertreter eines Kreditinstituts Aufsichtsratsmandate innehaben.

Im ersten Kapitel dieser Arbeit sollen zunächst grundlegende Fragen der Ermittlung der Wertschöpfung der Kreditinstitute diskutiert werden und ein theoretisches Grundschema für die Ermittlung der Wertschöpfung entwickelt werden. Im zweiten Kapitel sind die gesetzlichen Vorschriften über die Publizität, durch die der Kreis der statistisch erfaßbaren Kreditinstitute bestimmt ist, sodann die gesetzlichen Vorschriften über den Formalaufbau der Jahresabschlüsse sowie die Bewertungsvorschriften aufzuzeigen, damit der Aussagewert des nach dem für die Gewinn- und Verlustrechnung der Kreditinstitute vorgeschriebenen Formblatt aufgestellten Schemas für die Berechnung der betrieblichen Wertschöpfung (Wertschöpfungsstaffel) richtig gedeutet werden kann. Im dritten Kapitel wird anhand des theoretischen Grundschemas die Wertschöpfungsstaffel für die Berechnung der Wertschöpfung aus der Gewinn- und Verlustrechnung der Kreditinstitute entwickelt. Im vierten Kapitel wird dann auf Probleme der Ermittlung der Wertschöpfung des Konzerns eingegangen.

Das Schwergewicht der Analyse liegt bei den Kreditinstituten in der Rechtsform der Aktiengesellschaft. Bedingt ist dies einerseits durch die Vorschriften über die Publizität der Unternehmungen, die — grundsätzlich in Anknüpfung an die Rechtsform — den Kreis jener Unternehmungen beschränken, für die aufgrund der Veröffentlichung der

---

[9] Aktiengesetz vom 6. September 1965, BGBl. I 1965, S. 1089.

[10] Vgl. *Dieter Pohmer:* Betrieb und Unternehmung als Merkmalsträger von Konzentrationserscheinungen, S. 111 f.; *Helmut Arndt* und *Günter Ollenburg:* Begriff und Arten der Konzentration, in: Die Konzentration in der Wirtschaft, Erster Band: Stand der Konzentration, herausgegeben von Helmut Arndt, Schriften des Vereins für Socialpolitik, N.F., Bd. 20/I, Berlin 1960, S. 3 ff., hier S. 35.

[11] In Anlehnung an die statistisch praktikable Abgrenzung des Konzerns nach § 15 AktG 1937 bei *Dieter Pohmer:* Betrieb und Unternehmung als Merkmalsträger von Konzentrationserscheinungen, S. 112 f.

Gewinn- und Verlustrechnung Wertschöpfungsrechnungen aufgestellt werden können, andererseits aber auch durch den Umstand, daß den sog. Aktienbanken die größte Bedeutung im privaten Kreditgewerbe zukommt.

Erstes Kapitel

Grundannahmen für die Berechnung der Wertschöpfung der Kreditinstitute

Als Wertschöpfung einer Unternehmung, d. h. eines marktwirtschaftlichen Fremdbedarfsdeckungsbetriebs[1], wird der Beitrag der Unternehmung zum im Inland entstandenen Einkommen bezeichnet[2]. Die Wertschöpfung als Saldengröße ist an sich der Vorstellung des inner- und zwischenbetrieblichen Werteumlaufs fremd. Diese Saldengröße entsteht nur dadurch, daß bestimmte Güterströme unter einem besonderen Aspekt erfaßt und ausgesondert werden[3]. Im folgenden soll untersucht werden, welche Güterbewegungen des betrieblichen Werteumlaufs für die Ermittlung der Wertschöpfung der Kreditinstitute relevant sind. Das Schwergewicht der Untersuchung wird auf jenen Vorgängen liegen, denen bei Kreditinstituten — im Vergleich zu Industrie- und Handelsunternehmen — eine besondere Bedeutung zukommt[4]. Dabei handelt es sich vornehmlich um Erträge und Aufwendungen im Zusammenhang mit Finanzierungstransaktionen, d. h. mit der Hingabe und Hereinnahme von Darlehens- und Beteiligungswerten[5], oder anders formuliert, von Forderungen und Mitgliedschaftsrechten[6].

---

[1] Zur Abgrenzung von Betrieb und Unternehmung vgl. *Dieter Pohmer:* Grundlagen der betriebswirtschaftlichen Steuerlehre, S. 36 ff., sowie die dort angegebene Literatur.

[2] Aus der Fülle der in Anm. 2 auf S. 11 f. zitierten Literatur sei verwiesen auf *Dieter Pohmer:* Über die Bedeutung des betrieblichen Werteumlaufs . . ., S. 332.

[3] Vgl. *Dieter Pohmer:* und *Günter Kroenlein:* Wertschöpfungsrechnung, betriebliche, Sp. 1913 f.

[4] Für die Berechnung der Wertschöpfung der Industrie- und Handelsunternehmungen sei verwiesen auf die bereits zitierte Untersuchung von *Günter Kroenlein* sowie auf die Monographie von *Werner Kroeber Riel:* Die betriebliche Wertschöpfung unter besonderer Berücksichtigung der Wertschöpfung des Handels, Berlin 1963.

[5] Zu den Begriffen vgl. *Erich Kosiol:* Kritische Analyse der Wesensmerkmale des Kostenbegriffs, in: Betriebsökonomisierung durch Kostenanalyse, Absatzrationalisierung und Nachwuchserziehung, Festschrift für Rudolf Seyffert zu seinem 65. Geburtstag, herausgegeben von Erich Kosiol und Friedrich Schlieper, Köln und Opladen 1958, S. 7 ff., hier S. 13.

[6] Vgl. *Heinz Schäfer:* Zum Begriff des Bankbetriebes. Versuch seiner Bestimmung auf der Grundlage einer funktionalen Analyse und Systematik der Geschäfte am Finanzmarkt, Tübinger Dissertation, Göppingen 1971, S. 47 ff.

Rechnerisch kann die Wertschöpfung dadurch ermittelt werden, daß nach der sog. Subtraktionsmethode die in der Unternehmung erwirtschafteten Erträge um jene Aufwendungen gekürzt werden, die aus Leistungen anderer Unternehmungen resultieren (Auswertung der Entstehungsrechnung), oder daß nach der sog. Additionsmethode die in der Unternehmung entstandenen Einkommen addiert werden (Auswertung der Verteilungsrechnung). Wir werden hier sowohl ein Schema für die Berechnung der Wertschöpfung nach der sog. Additionsmethode als auch ein Schema für die Berechnung der Wertschöpfung nach der sog. Subtraktionsmethode aufstellen.

I. Das Leistungsentgelt der Kreditinstitute

Betrachtet man die Erfolgsrechnung von Kreditinstituten[1], so ist festzustellen, daß den Zinsen auf Forderungen (sowohl als Ertragszinsen wie als Aufwandszinsen) und auch den Erträgen aus Mitgliedschaftsrechten, kurz als Dividenden bezeichnet, eine erhebliche quantitative Bedeutung zukommt und demgegenüber die sonstigen Entgelte, die nicht als Entgelte für die Überlassung von Verfügungsmacht[2] in Form von Zinsen berechnet werden, von untergeordneter Bedeutung sind. Zu diesen nicht in Form von Zinsen berechneten und von den Abnehmern der Leistungen des Kreditinstituts geforderten Preisen zählen u. a. Buchungsgebühren bzw. Kontoführungsgebühren, Provisionen im Effektengeschäft, sog. Auslagenersatz, Provisionen für die Verwahrung von Wertpapieren und anderen Wertgegenständen, Provisionen für die Vermittlung von Immobilien, Versicherungen u. dgl.

Zinsen und Dividenden werden nun aber nach den Konventionen der Wertschöpfungsrechnung nicht als in der die Nominalgüter überlassenden Wirtschaftseinheit entstandenes, sondern als in der die Zinsen und Dividenden zahlenden Unternehmung entstandenes und von dieser verteiltes Einkommen angesehen. Somit sind die Ertragszinsen und Dividenden bei der Berechnung der Wertschöpfung der kapitalüberlassenden Wirtschaftseinheit nicht als wertschöpfungsrelevante Erträge zu erfassen[3]. Damit wird unterstellt, daß die Kapitalüberlassung keine unternehmerische Tätigkeit ist. Diese Annahme kann im Hinblick auf eine für statistische Erhebungen einfach anwendbare Abgrenzung der Insti-

[1] Von den Kapitalanlagegesellschaften sei hier zunächst abgesehen; vielmehr denken wir vornehmlich an jene Institute, die als Bankbetriebe bezeichnet werden. Zur Abgrenzung des Bankbetriebes von anderen Finanzierungsinstituten vgl. *Heinz Schäfer:* Zum Begriff des Bankbetriebes, passim.

[2] Vgl. *Siegfried Menrad:* Zinsen im Rechnungswesen, in: Handwörterbuch des Rechnungswesens, Sp. 2002 ff., hier Sp. 2002.

[3] Vgl. *Dieter Pohmer:* Über die Bedeutung des betrieblichen Werteumlaufs ..., S. 333; *Dieter Pohmer* und *Günter Kroenlein:* Wertschöpfungsrechnung, betriebliche, Sp. 1915.

tution Haushalt von der Institution Unternehmung dann gesetzt werden, wenn die Haushalte unmittelbar, d. h. ohne Einschaltung von Mittlern, Finanzierungsmittel den sog. Industrie- und Handelsunternehmungen überlassen.

Berechnete man die Wertschöpfung eines Kreditinstituts nach dieser Konvention und eliminierte man aus der Einkommensentstehungsrechnung die als Ströme im Bereich der Einkommensverteilung anzusehenden Zins- und Dividendenerträge, so schrumpfte der Umfang der für die Berechnung der Wertschöpfung relevanten Erträge in erheblichem Maße und in der Einkommensentstehungsrechnung wäre u. U. — trotz der Zahlung von Einkommen aus unselbständiger Tätigkeit und eines in der Bilanz ausgewiesenen Gewinnes — ein negativer Beitrag zum im Inland entstandenen Einkommen auszuweisen, der in der Verteilungsrechnung abgedeckt würde durch die empfangenen Zinsen und Dividenden, sofern sie nicht als Zinsen auf Forderungen gegen das Kreditinstitut anderen Wirtschaftseinheiten zufließen.

Das Ergebnis einer Wertschöpfungsrechnung nach dieser Konvention wird indessen der Tätigkeit eines Kreditinstituts nicht gerecht[4], da zwei Gesichtspunkte bei der Anwendung der Konvention nicht berücksichtigt sind, nämlich die Gütererzeugung durch das Kreditinstitut sowie die Eigentümlichkeit der Berechnung des Entgelts für die an den Markt abgegebenen Leistungen. Es ist deshalb erforderlich, diese Konvention bei mittelbaren Kapitalüberlassungsverhältnissen zu modifizieren.

Unter Produktion ist die Kombination von Produktionsfaktoren zur Herstellung materieller und immaterieller Realgüter zu verstehen. Stellt man allein auf die Produktion materieller Güter ab, so sind die Kreditinstitute keine Produktionsbetriebe, da ihre Leistungen immaterielle Güter sind. Die nach *Schäfer* für eine Bank typischen Geschäfte, nämlich der Erwerb von unverbrieften und in Wechselform verbrieften Forderungen von Wirtschaftssubjekten, die nicht zum Finanzmarkt gehören, für eigene Rechnung und Abgabe von Forderungen für eigene Rechnung an diese[5], sind Dienstleistungen. Auch die in § 1 KWG als konstituierend für ein Kreditinstitut darüber hinaus genannten Geschäfte wie z. B. das Effektengeschäft, Depotgeschäft, Investmentgeschäft, Garantiegeschäft und Girogeschäft sind zu den Dienstleistungen zu rechnen[6]. Die Trennung der Leistungen nach ihrer Erscheinungsform in

---

[4] Vgl. *Dieter Pohmer:* Über die Bedeutung des betrieblichen Werteumlaufs..., S. 333, Anm. 85.

[5] *Heinz Schäfer:* Zum Begriff des Bankbetriebes, S. 98.

[6] Gesetz über das Kreditwesen vom 10. Juli 1961, BGBl. 1961 I, S. 881, geändert durch § 18 Drittes Umstellungsergänzungsgesetz vom 22. Januar 1964, BGBl. 1964 I, S. 33, § 36 Einführungsgesetz zum Aktiengesetz vom 6. September 1965, BGBl. 1965 I, S. 1185, Art. 82 Einführungsgesetz zum Ordnungswidrig-

materielle und immaterielle Leistungen ist ökonomisch irrelevant, da beiden Leistungsarten der Charakter eines Wirtschaftsgutes zukommt[7]. Weiterhin ist bei Kreditinstituten zu beachten, daß die einzelnen oben angeführten Leistungen oft im Verbund erbracht werden, was dann auch Folgen für die Preispolitik der Kreditinstitute nach sich zieht; so ist z. B. mit dem Girogeschäft oft das Kreditgeschäft verbunden[8].

Zum anderen ist die bei den Kreditinstituten übliche Preispolitik zu berücksichtigen. Die Kreditinstitute fordern von den Abnehmern jener Leistungen, die zum Kreditgeschäft zu rechnen sind, keine Preise in Form von Strömungspreisen — wie es z. B. bei den Leistungen der sog. Industrieunternehmungen üblich ist —, sondern fordern Preise in Form von Bestandshaltepreisen (Zinsen)[9]. Auch bei den Abnehmern jener Leistungen des Kreditinstituts, die unter das Einlagengeschäft einzuordnen sind, werden für die Überlassung von Zahlungsmitteln gleichfalls Bestandshaltepreise bezahlt[10]. Hie und da werden gewisse Leistungen von einzelnen Kreditinstituten (noch) „gratis" erbracht, z. B. die Verwahrung von Wertpapieren oder Leistungen im Zahlungsverkehr. Diese „Gratis"leistungen sind Leistungen, die ohne spezielles Entgelt im Rahmen einer Ausgleichs-Preisstellung erbracht werden[11], d. h. der Aufwand für diese Leistungen wird aus der Gesamtheit der Erträge, bei denen die Zinserträge einen wesentlichen Bestandteil ausmachen, „gedeckt".

Aufgrund dieser Tatbestände wurde für die Ermittlung der Wertschöpfung der Kreditinstitute die Konvention getroffen, daß die Differenz zwischen Ertragszinsen (bzw. weiter: Vermögenserträgen) und Aufwandszinsen als unterstelltes Dienstleistungsentgelt behandelt wird[12].

---

keitengesetz vom 24. Mai 1968, BGBl. 1968 I, S. 503, und § 22 Abs. 4 Gesetz über die Rechnungslegung von bestimmten Unternehmen und Konzernen vom 15. August 1969, BGBl. 1969 I, S. 1189.

[7] Vgl. *Erich Kosiol:* Kritische Analyse der Wesensmerkmale des Kostenbegriffes, S. 13; *Dieter Pohmer:* Über die Bedeutung des betrieblichen Werteumlaufs ..., S. 313 ff.; *Klaus Chmielewicz:* Wirtschaftsgut, in: Handwörterbuch des Rechnungswesens, Sp. 1943 ff.

[8] Zum Leistungsverbund bei Banken vgl. *Hans-Jacob Krümmel:* Bankzinsen, Untersuchungen über die Preispolitik von Universalbanken, Köln - Berlin - Bonn - München 1964, S. 11 passim.

[9] Zu den Begriffen vgl. *Hans-Jacob Krümmel:* Bankzinsen, S. 15 ff.

[10] Die Eigentümlichkeit, daß der Abnehmer einer Leistung für die Abnahme der Leistung ein Entgelt erhält, kann dadurch plausibel gemacht werden, daß für das Kreditinstitut der Nutzen aus der Überlassung von Zahlungsmitteln durch den Einleger den Nutzenentgang infolge der Zinszahlung übersteigt.

[11] Vgl. *Hans-Jacob Krümmel:* Bankzinsen, S. 132.

[12] Vgl. *Dieter Pohmer:* Über die Bedeutung des betrieblichen Werteumlaufs ..., S. 333, Anm. 85. In den westlichen Ländern mit marktwirtschaftlicher Wirtschaftsordnung wird dieses Konzept allgemein angewendet bei der Berechnung der Wertschöpfung der Kreditinstitute. Aus der Fülle der volkswirt-

Für Zwecke der Wertschöpfungsrechnung für Kreditinstitute wird also fingiert, daß die Differenz zwischen den Erträgen aus der Überlassung von Verfügungsmacht und den Aufwandszinsen das „Eigenleistungsentgelt“[13] des Kreditinstituts darstellt. Dieses über eine Differenzbildung ermittelte unterstellte Dienstleistungsentgelt ergibt zusammen mit den sonstigen, nicht in Form von Zinsen berechneten Entgelten den Umsatz eines Kreditinstituts. In Höhe des unterstellten Dienstleistungsentgelts sind bei den Nachfragern der Leistungen Käufe zu unterstellen, die — sofern sie Unternehmungen zuzurechnen sind — als Vorleistungen bei der Berechnung der Wertschöpfung dieser Unternehmungen zu berücksichtigen sind. Da in der einzelwirtschaftlichen Wertschöpfungsrechnung eine Zurechnung des für ein Kreditinstitut ermittelten unterstellten Dienstleistungsentgelts auf die einzelnen nachfragenden Unternehmungen nicht möglich ist[14], wird die Wertschöpfung der Unternehmungen, die Bankleistungen nachfragen, zu hoch ausgewiesen, weil die gesamten Zinsaufwendungen dieser Unternehmungen als Bestandteil ihrer Wertschöpfung erfaßt werden.

Im Zusammenhang mit diesem „Zins“differenzkonzept sind aber noch einige Abgrenzungsfragen zu erörtern.

Die beschriebene Konvention zur Ermittlung des unterstellten Dienstleistungsentgelts ist nur dann sinnvoll anzuwenden, wenn das Eigenkapital eines Kreditinstituts seinem Umfang nach so gering ist, daß es keine wesentliche Grundlage für das Kreditgeschäft (bzw. weiter: Erwerb von verbrieften und unverbrieften Forderungen und Mitglied-

---

schaftlich-statistischen Literatur sei herausgegriffen: *Richard Stone:* Definition and Measurement of the National Income and Related Totals, in: Measurements of National Income and the Construction of Social Accounts, Report of the Sub-Committee on National Income Statistics of the League of Nations Committee of Statistical Experts, Studies and Reports on Statistical Methods, No. 7, Geneva 1947, S. 21 ff., hier S. 40 f., S. 87 ff.; A Standardized System of National Accounts, Published by the Organisation for European Economic Co-Operation, 1958 Edition, Paris 1959, S. 52 f. Für das volkswirtschaftliche Rechnungswesen der Bundesrepublik Deutschland vgl. *Hildegard Bartels, Karl-Heinz Raabe, Otto Schörry* und Mitarbeiter: Die Neuberechnung des Sozialprodukts für die Bundesrepublik Deutschland, Ergebnisse für die Jahre 1950 bis 1954, in: Wirtschaft und Statistik, N.F., 9. Jg. (1957), S. 123 ff., hier S. 129; *Hildegard Bartels:* Das Kontensystem für die Volkswirtschaftlichen Gesamtrechnungen der Bundesrepublik Deutschland, Erster Teil: Das angestrebte Kontensystem, in: Wirtschaft und Statistik, N.F., 12. Jg. (1960), S. 317 ff., hier S. 327; *Günter Hamer:* Revision der Volkswirtschaftlichen Gesamtrechnungen, in: Wirtschaft und Statistik, N.F., 22. Jg. (1970), S. 57 ff., hier S. 59; *Frank Dorow:* Zur Behandlung der unterstellten Bankgebühr in den Volkswirtschaftlichen Gesamtrechnungen, in: Wirtschaft und Statistik, N.F., 24. Jg. (1972), S. 377 ff.

[13] *Dieter Pohmer:* Über die Bedeutung des betrieblichen Werteumlaufs . . ., S. 333, Anm. 85.

[14] Zur Handhabung in den Volkswirtschaftlichen Gesamtrechnungen der Bundesrepublik Deutschland vgl. *Frank Dorow:* Zur Behandlung der unterstellten Bankgebühr . . ., S. 379 f.

schaftsrechten) sein kann, sondern nur eine Funktion als Haftungsgrundlage erfüllt. Wenngleich eine Spezialzurechnung nach *Krümmel* unzulässig ist[15], so ist doch mit *Krümmel* festzustellen, daß „das Eigenkapital der Banken — zu Anfang dieses Jahrhunderts noch die Basis der Finanzierung des Kreditgeschäfts — ... heute jenen Schwellenwert weit unterschritten (hat; W. G.), unter dem ihm in seiner Teilfunktion als Finanzierungsmittel keinerlei faktische Bedeutung mehr zukommt“[16]. Betrachten wir die in der Bundesrepublik Deutschland bei Kreditinstituten üblichen Relationen von Eigenkapital zu Geschäftsvolumen, so ist festzustellen, daß diese Relationen sehr niedrig sind[17]. Weiterhin sind die Unterschiede zwischen den Relationen bei den einzelnen Kreditinstituten nicht erheblich[18]. Es kann deshalb die Annahme, daß den von Kreditinstituten erworbenen Forderungen und Mitgliedschaftsrechten Forderungen anderer Wirtschaftseinheiten, also Fremdkapital, gegenüberstehen, als plausibel angesehen werden.

Zum anderen stellt sich die Frage, welche Erträge ihrer Art nach bei der „Zins“differenzbildung zur Berechnung des unterstellten Dienstleistungsentgelts zu berücksichtigen sind. Bei der Kreditgewährung fordern die Kreditinstitute neben den Zinsen („Sollzinsen“) auch andere Bestandshaltepreise, die vornehmlich als Provisionen bezeichnet werden[19]; darunter fallen z. B. die Bereitstellungsprovisionen, Kreditprovisionen, Überziehungsprovisionen und Kreditgebühren (bei Teilzahlungskreditinstituten). Gemäß ihrem Charakter als Zinsen sind diese Provisionen in die Zinsdifferenzrechnung einzustellen. Die Umsatzprovision könnte hingegen wegen ihrer Abhängigkeit von Verbuchungs- und Überweisungsvorgängen als spezielles Leistungsentgelt angesehen werden, wenngleich auf den Tatbestand der Leistungsverbundenheit hinzuweisen

---

[15] *Hans-Jacob Krümmel:* Bankzinsen, S. 222 f.

[16] *Hans-Jacob Krümmel:* Bankzinsen, S. 206.

[17] In den Jahren 1966 bis 1970 betrug der niedrigste Anteil des Eigenkapitals am Geschäftsvolumen der einzelnen Bankengruppen 2,0 v. H. (bei Girozentralen im Jahre 1968), der höchste Anteil betrug 8,0 v. H. (bei Teilzahlungskreditinstituten im Jahre 1967). Der Anteil bei der Gruppe der sog. Kreditbanken (Großbanken, Regionalbanken und sonstige Kreditbanken, Privatbankiers) sank von 5,1 v. H. im Jahre 1966 auf 4,3 v. H. in den Jahren 1969 und 1970. Vgl. Die Geschäftsentwicklung der Bankengruppen 1960 - 1970, in: Monatsberichte der Deutschen Bundesbank, 23. Jg., Nr. 4 (April 1971), S. 30 ff., insbes. S. 37 ff.

[18] Eine Auswertung der Jahresabschlüsse (Bilanzstichtag: 31. 12. 1964) von 31 Aktienbanken ergab für den Anteil (in v. H.) der „eigenen Mittel“ an der Bilanzsumme eine Schwankungsbreite zwischen 2,1 (Braunschweigische Staatsbank) und 8,6 (Deutsch-Asiatische Bank). Beide Werte sind jedoch „Ausreißer“; alle weiteren Anteilsätze liegen zwischen 3,6 und 6,7. Vgl. Institut für Bilanzanalysen: Eine Untersuchung über 31 im Jahre 1965 analysierte Aktienbanken, Schriftenreihe Branchenanalysen, Nr. 17, S. 15 ff.

[19] Zur Methode der Preisspaltung vgl. *Hans-Jacob Krümmel:* Bankzinsen, S. 135 ff., insbes. S. 141 ff.

ist. Hinsichtlich der Höhe der Wertschöpfung ist es aber ohne Bedeutung, ob die Provisionen als spezielle Leistungsentgelte behandelt werden oder in die Zinsdifferenzrechnung eingestellt werden; im Hinblick auf das Ergebnis der Rechnungen kann die Abgrenzung der Zinsdifferenz nach Praktikabilitätserwägungen bei der Ermittlung der betreffenden Größen aus dem betrieblichen Rechnungswesen entschieden werden.

Drittens ist zu berücksichtigen, daß Kreditinstitute nicht nur Erträge aus Zinsen und Forderungen, sondern auch laufende Erträge aus Mitgliedschaftsrechten (Dividenden) erzielen. Wir schlagen vor, auch diese Erträge aus Mitgliedschaftsrechten in die Zinsdifferenzrechnung einzubeziehen. Für diese Handhabung kann angeführt werden, daß die als Universalbanken bezeichneten Kreditinstitute Verfügungsmacht eben nicht nur über den Erwerb von verbrieften und unverbrieften Forderungen, sondern auch über den Erwerb von Mitgliedschaftsrechten — der zwar von untergeordneter, nicht aber ohne Bedeutung ist — überlassen, und deshalb auch diese Erträge aus Mitgliedschaftsrechten neben den Erträgen aus Forderungen in der Zinsdifferenzrechnung zu berücksichtigen sind. Im Hinblick auf die Leistung eines Kreditinstituts, Finanzierungsmittel anderen Unternehmungen in der gewünschten Höhe und Form für eine gewünschte Dauer gegen eine gewünschte Höhe und Form des Entgelts (Zins oder Dividende) zu überlassen, sehen wir keinen zwingenden Grund, Zinsen und Dividenden bei Wertschöpfungsrechnungen unterschiedlich zu behandeln. Gerechtfertigt ist die Nichteinbeziehung der Dividenden in die Zinsdifferenzrechnung dann, wenn nachgewiesen werden könnte, daß der Erwerb von Mitgliedschaftsrechten „mit Eigenkapital finanziert“ ist.

Anders wird hingegen mit den Erträgen aus Beteiligungen i. S. des Aktiengesetzes (§ 152 Abs. 1 und 2) verfahren. Als Beteiligungen i. S. von § 152 AktG gelten Anteile an anderen Unternehmungen, die dauernd dem Geschäftsbetrieb der beteiligten Gesellschaft zu dienen bestimmt sind. Wir stellen die Erträge aus Beteiligungen nicht in die Zinsdifferenzrechnung ein, sondern behandeln sie in voller Höhe als verteiltes, in der ausschüttenden Unternehmung erwirtschaftetes Einkommen. Analog werden die Erträge aus Gewinnabführungsverträgen u. dgl. behandelt.

Plausibel gemacht werden könnte dieses Vorgehen durch den Hinweis, daß den Beteiligungen bilanziell gesehen Eigenkapital gegenüberstehe[20]. Wesentlicher ist aber u. E. der Gesichtspunkt, daß es sich bei den Beteiligungen der Kreditinstitute in der Regel um wirtschaftliche Engagements handelt, die der Erfüllung betrieblicher Funktionen dienen und nicht der Anlage von Finanzierungsmitteln gegen ein (angemessenes)

[20] Nach § 12 KWG dürfen die dauernden Anlagen eines Kreditinstituts in Grundstücken, Gebäuden, Schiffen und Beteiligungen, berechnet nach den Buchwerten, zusammen das haftende Eigenkapital nicht übersteigen.

Entgelt, sei es, daß die Unternehmung, an der das Kreditinstitut beteiligt ist, bestimmte Einsatzleistungen für das Kreditinstitut erbringt, z. B. Vermietung von Räumlichkeiten, sei es, daß die Unternehmung das Leistungsangebot des Kreditinstituts hinsichtlich typischer Geschäfte (Investmentgeschäft, Teilzahlungskreditgeschäft) oder nichttypischer Geschäfte (Vermittlung von Immobilien, Versicherungen; Beratungswesen) erweitert[21]. Handelt es sich ihrer prozentualen Höhe nach um eine wesentliche Beteiligung, so erscheint es uns als gerechtfertigt, die rechtlich selbständige Unternehmung, an der das Kreditinstitut beteiligt ist, als eine unselbständige Abteilung des Kreditinstituts und beide als wirtschaftliche Einheit anzusehen. Im allgemeinen dürfte es sich auch um einen Konzern i. S. des Aktiengesetzes handeln[22]. Wird eine Konzernerfolgsrechnung aufgemacht, die nach dem Grundsatz der wirtschaftlichen Einheit aufgestellt ist, so werden die Beteiligungserträge ohnehin in dieser Rechnung storniert. Liegt indessen eine derartige konsolidierte Erfolgsrechnung für den Konzern nicht vor, sondern ermittelte man die Wertschöpfung des Konzerns durch Addition der für jede Unternehmung gesondert berechneten Wertschöpfung, so ergeben sich (zumindest) in Höhe der Erträge des Kreditinstituts aus der Beteiligung Doppelzählungen. Diese Doppelzählung bei wirtschaftlichen Einheiten, die aus rechtlich selbständigen Unternehmungen bestehen, gegenüber wirtschaftlichen Einheiten, die auch rechtlich eine Einheit sind (konzernfreie Unternehmungen) bzw. für die eine nach dem Grundsatz wirtschaftlicher Einheit aufgestellte Erfolgsrechnung vorliegt, läßt sich nur dann vermeiden, wenn die Erträge aus Beteiligungen nicht in die Zinsdifferenzrechnung eingestellt werden. Ist die Beteiligung ihrer prozentualen Höhe nach sehr niedrig, liegt in der Regel zwar kein Konzern vor, eine Nichteinbeziehung der Erträge in die Zinsdifferenz ist aber dadurch plausibel, daß bei Beteiligungen nicht der Aspekt der Erbringung einer Leistung für Dritte über den Markt gegen Entgelt dominiert, sondern Interessen an dem Gesamtkomplex der Unternehmung bestehen — wie bei Beteiligungen von Industrieunternehmungen an Industrieunternehmungen.

Der Berechnung der Wertschöpfung der Kreditinstitute für Zwecke der Volkswirtschaftlichen Gesamtrechnungen liegt die Konvention der

---

[21] Vgl. hierzu weiter unten S. 74. Voraussetzung dafür, daß Finanzanlagen als Beteiligungen zu verbuchen sind, ist die Beteiligungsabsicht. Nach *Adler/Düring/Schmaltz* liegt diese „immer dann vor, wenn die Gesellschaft bestrebt ist, mit Hilfe der ihr zustehenden Rechte aktiv einen Einfluß auf das Beteiligungsunternehmen auszuüben, um eine mehr oder weniger enge wirtschaftliche Verbindung mit dem Unternehmen herbeizuführen ... Entscheidend ist, daß die Gesellschaft mit der Beteiligung mehr verfolgt als die Absicht einer Kapitalanlage gegen angemessene Verzinsung". *Adler/Düring/Schmaltz:* Rechnungslegung und Prüfung der Aktiengesellschaft, Handkommentar, Vierte Auflage, völlig neu bearbeitet von Kurt Schmaltz, Karl-Heinz Forster u. a., Band 1: Rechnungslegung, Stuttgart 1968, Tz. 28 zu § 152 = S. 291.

[22] Vgl. hierzu weiter unten S. 115 ff.

Zinsdifferenz zugrunde. In den Volkswirtschaftlichen Gesamtrechnungen der Bundesrepublik Deutschland ist der Umfang der bei der Zinsdifferenzrechnung berücksichtigten Erträge weiter als hier abgegrenzt. Dies ist u. E. zum Teil begründet durch die Wahl der Untersuchungseinheit. Während wir hier die Wertschöpfung von Konzernen und konzernfreien Unternehmungen berechnen wollen, ist in den Volkswirtschaftlichen Gesamtrechnungen als kleinste Erhebungseinheit die „selbst bilanzierende Wirtschaftseinheit", also nicht der Konzern als Verbund selbst bilanzierender Unternehmungen, gewählt[23]. Probleme der Vergleichbarkeit zwischen Unternehmungen sind für diese Rechnung irrelevant, vielmehr müssen die Abgrenzungen für die statistische Erhebung praktikabel definiert und nach Möglichkeit international inhaltlich übereinstimmend sein. Da eine theoretisch exakte Zuordnung von Ertragsquellen und Finanzierungsquellen bei Kreditinstituten nicht möglich ist, wird bei der Berechnung der Zinsdifferenz („unterstellte Bankgebühr") die Gesamtheit der Erträge aus Vermögensanlagen (Ertragszinsen aus Forderungen, Erträge aus Mitgliedschaftsrechten einschl. verbrieften und unverbrieften Beteiligungen, darunter Erträge aus Ergebnisabführungsverträgen) den Aufwandszinsen für Forderungen gegenübergestellt[24]. Die nach den Konventionen Volkswirtschaftlicher Gesamtrechnungen ermittelte Zinsdifferenz ist also um die Erträge aus Beteiligungen (einschl. der Erträge aus Ergebnisabführungsverträgen) höher als die nach unserer Handhabung ermittelte Zinsdifferenz.

Zum anderen werden in den Volkswirtschaftlichen Gesamtrechnungen die in Form einer Differenz zwischen Auszahlungsbetrag und Rückzahlungsbetrag berechneten Zinsen nicht bei der Zinsdifferenzrechnung berücksichtigt, sondern der Unterschiedsbetrag wird als (nicht einkommensrelevante) Vermögensübertragung behandelt[25]. Die Höhe der Wertschöpfung wird durch die Nichteinbeziehung der Kreditprovisionen u. ä. bei der Berechnung der unterstellten Bankgebühr nicht berührt.

Abschließend soll auf die zunächst aus der Betrachtung ausgeschlossenen Kapitalanlagegesellschaften eingegangen werden. Nach den §§ 1 und 6 des Gesetzes über Kapitalanlagegesellschaften (KAGG) sind Kapitalanlagegesellschaften Unternehmungen, die bei ihnen angelegte Gelder

---

[23] Vgl. *Hildegard Bartels:* Das Kontensystem für die Volkswirtschaftlichen Gesamtrechnungen der Bundesrepublik Deutschland, Erster Teil ..., S. 320; Statistisches Jahrbuch für die Bundesrepublik Deutschland 1970, S. 474.

[24] Vgl. *Günter Hamer:* Revision der Volkswirtschaftlichen Gesamtrechnungen, S. 59; *Frank Dorow:* Zur Behandlung der unterstellten Bankgebühr ..., S. 378.

Zu den erforderlichen Korrekturbuchungen vgl. *Frank Dorow:* Zur Behandlung der unterstellten Bankgebühr ..., S. 378 ff.

[25] Vgl. *Frank Dorow:* Zur Behandlung der unterstellten Bankgebühr ..., S. 378.

im eigenen Namen für gemeinschaftliche Rechnung der Einleger nach dem Grundsatz der Risikostreuung in Wertpapieren und Grundstücken (sowie Erbbaurechten) anlegen, und zwar gesondert von ihrem eigenen Vermögen in einem Sondervermögen, das im Miteigentum der Zertifikatseigner oder im treuhänderischen Eigentum der Kapitalanlagegesellschaft stehen kann[26]. Das Sondervermögen wird von der Kapitalanlagegesellschaft verwaltet (§ 10 KAGG). Mit der Verwahrung des Sondervermögens sowie der Ausgabe und Rücknahme von Anteilscheinen ist ein anderes Kreditinstitut als Depotbank zu beauftragen (§ 12 KAGG). Die Leistung einer Kapitalanlagegesellschaft ist damit in der Anlage von Mitteln, die von Dritten überlassen wurden, zu sehen. Für diese Leistungen erheben die Kapitalanlagegesellschaften Gebühren (Preise), die als Leistungsentgelte bei der Berechnung der Bruttowertschöpfung zu Marktpreisen nach der Subtraktionsmethode in die Wertschöpfungsstaffel eingestellt werden[27]. Die mit dem Sondervermögen erwirtschafteten Erträge berühren die Wertschöpfungsrechnung der Kapitalanlagegesellschaft nicht; sie fließen — nach Abzug der Aufwendungen für das jeweilige Sondervermögen — den Eignern der Anteile am Sondervermögen zu.

Die Beteiligung von Kreditinstituten (Banken) an Kapitalanlagegesellschaften stellt den Regelfall dar. Im allgemeinen gliedern sich Kreditinstitute eine Kapitalanlagegesellschaft an, deren Anteilseigner und Depotbank sie zugleich sind. „So stellen die Kapitalanlagegesellschaften häufig nur rechtlich selbständige Abteilungen eines Mutterinstituts dar. Ähnliches gilt von Kapitalanlagegesellschaften, die von einer Gruppe von Kreditinstituten gegründet sind[28].“ Eine Berechnung der Wertschöpfung aus der Konzern-Erfolgsrechnung ist damit angezeigt.

II. Das vereinfachte Grundrechenschema für die Ermittlung der Wertschöpfung

Jene Aufwendungen bzw. Erträge in der Gewinn- und Verlustrechnung der Kreditinstitute, die nicht Zinsaufwendungen bzw. Erträge aus Mitgliedschaftsrechten oder Zinserträge sind, unterscheiden sich nicht

[26] Gesetz über Kapitalanlagegesellschaften (KAGG) in der Fassung der Bekanntmachung vom 14. Januar 1970, BGBl. 1970 I, S. 128.

[27] In den Volkswirtschaftlichen Gesamtrechnungen der Bundesrepublik Deutschland werden die von den Kapitalanlagegesellschaften ausgewiesenen Verwaltungskosten als spezielle Entgelte für Verkäufe von Dienstleistungen betrachtet. Vgl. *Frank Dorow:* Zur Behandlung der unterstellten Bankgebühr . . ., S. 378.

[28] *Szagunn/Neumann:* Gesetz über das Kreditwesen vom 10. Juli 1961, erläutert von Volkhard Szagunn und Walter Neumann, Kohlhammer Kommentare, Zweite, neubearbeitete und erweiterte Auflage, Stuttgart - Berlin - Köln - Mainz 1967, Tz. 54 zu § 1 = S. 72.

qualitativ im Hinblick auf ihre Behandlung bei der Wertschöpfungsrechnung von den in der Gewinn- und Verlustrechnung der Industrieunternehmungen verbuchten Aufwendungen und Erträgen; wir können deshalb hier für die Aufstellung eines Grundschemas für die Berechnung der Wertschöpfung der Kreditinstitute auf eine detailliertere Analyse der weiteren Aufwendungen und Erträge verzichten.

Zu den weiteren Aufwendungen der Kreditinstitute zählen Gehälter und Löhne, Pensionsausgaben und Pensionsrückstellungen, Spenden, Arbeitgeberbeiträge zur Alters- und Krankenversicherung, Aufwendungen für Büromaterial, Mieten für Gebäude, Abschreibungen auf Betriebs- und Geschäftsausstattung sowie auf Gebäude, Provisionen an andere Kreditinstitute, Aufwendungen für Versicherungen, Abschreibungen auf Forderungen, Verluste aus dem Abgang von Vermögensgegenständen sowie Steuern und Gebühren; als weitere Erträge sind zu nennen Mieterträge, Erträge aus sog. bankfremden Geschäften, Provisionen, sog. Kostenerstattungen, Erträge aus dem Abgang von Vermögensgegenständen und Subventionen[1]. Für die Behandlung der Aufwendungen und Erträge bei der Berechnung der Wertschöpfung gilt: Aufwandsausgaben einer Unternehmung sind dann nicht Bestandteil ihrer Wertschöpfung, wenn sie „Entgelte für jene Produktionsmittel (sind; W. G.), die eine Transformationsleistung anderer Unternehmungen darstellen"[2] (Vorleistungen); Ertragseinnahmen sind dann nicht Bestandteil der Wertschöpfung einer Unternehmung, wenn sie übertragene Wertschöpfung anderer Unternehmungen darstellen[3]. Ob die Erträge und Aufwendungen aus Bankgeschäften oder aus bankfremden Geschäften anfallen, ist nicht von Belang; wir stellen hier ab auf die Berechnung der Wertschöpfung der Unternehmung, nicht auf die Berechnung der Wertschöpfung bei einzelnen Leistungsarten.

Abgrenzungsschwierigkeiten treten bei den Mietaufwendungen und entsprechend bei den Mieterträgen auf. Wir gehen hier von einem weitgefaßten Produktionsbegriff aus und betrachten die Vermietung als unternehmerische Tätigkeit[4], denn im bebauten Grundstück — in geringerem Maße im unbebauten Grundstück — verkörpert sich eine Produktionsfaktorenkombination[5]. Die Mieterträge werden in voller Höhe als

---

[1] Diese Aufzählung erhebt keinen Anspruch auf Vollständigkeit.

[2] *Dieter Pohmer:* Über die Bedeutung des betrieblichen Werteumlaufs . . ., S. 333.

[3] Vgl. *Dieter Pohmer:* Über die Bedeutung des betrieblichen Werteumlaufs . . ., S. 333.

[4] Vgl. *Dieter Pohmer* und *Günter Kroenlein:* Wertschöpfungsrechnung, betriebliche, Sp. 1915.

[5] Vgl. *Dieter Pohmer:* Die Neuordnung der Umsatzbesteuerung . . ., S. 94; *Martin Kühnau:* Der Formalaufbau der volkswirtschaftlichen Buchhaltung, Berlin 1961, S. 121.

Bestandteil der Wertschöpfung der vermietenden, die Mietaufwendungen in voller Höhe als Vorleistungen der mietenden Unternehmung angesehen[6].

Die sog. indirekten Steuern, gekürzt um die empfangenen Subventionen, werden — analog zur Behandlung in den Volkswirtschaftlichen Gesamtrechnungen — beim Übergang von der Wertschöpfung zu Marktpreisen zur Wertschöpfung zu Faktorkosten abgesetzt[7]. Die Unterscheidung zwischen dem Sozialprodukt zu Marktpreisen und dem Sozialprodukt zu Faktorkosten wird in der volkswirtschaftlichen Literatur als Bewertungsproblem behandelt[8]. Auf die Subventionen müssen wir nicht näher eingehen, da ihnen in ihrer offenen Form als Zahlung bei Kreditinstituten keine Bedeutung zukommt, sondern nur in verdeckter Form als (z. T. vorläufiger) Verzicht des Staates auf Einnahmen. Diese Einnahmeverzichte des Staates werden in den gesamtwirtschaftlichen Einkommensrechnungen nicht als Subventionen angesehen.

Gleichfalls analog zu den Volkswirtschaftlichen Gesamtrechnungen behandeln wir die Arbeitgeberbeiträge zur Sozialversicherung als Bestandteil der Wertschöpfung zu Faktorkosten[9]. Analog zu *Kroenlein* und

---

[6] Diese Behandlung der gewerblichen Mieten entspricht der Buchung der Mieten in den Volkswirtschaftlichen Gesamtrechnungen der Bundesrepublik Deutschland. Vgl. *Günter Hamer:* Revision der Volkswirtschaftlichen Gesamtrechnungen, S. 59 f.

[7] Vgl. z. B. *Jochen Schmedtje:* Sozialprodukt und Volkseinkommen, Einige grundsätzliche Erläuterungen über Begriffe und Berechnungsmethoden, in: Wirtschaft und Statistik, N.F., 4. Jg. (1952), S. 479 ff., hier S. 479. Zur Einteilung in direkte und indirekte Steuern vgl. *Hildegard Bartels, Karl-Heinz Raabe, Otto Schörry* und Mitarbeiter: Das Kontensystem für die Volkswirtschaftlichen Gesamtrechnungen der Bundesrepublik Deutschland, Zweiter Teil: Das ausgefüllte vereinfachte Kontensystem, Erste Ergebnisse der Volkswirtschaftlichen Gesamtrechnungen von 1950 bis 1960, in: Wirtschaft und Statistik, N.F., 12. Jg. (1960), S. 571 ff., hier S. 575, S. 577.

[8] So stellt z. B. *Stone* fest: „the qualification ‚at factor cost' indicates the basis on which the product is valued". *Richard Stone:* Definition and Measurement of the National Income and Related Totals, S. 35; vgl. auch z. B. *Gottfried Bombach:* Staatshaushalt und Volkswirtschaftliche Gesamtrechnung, in: Finanzarchiv, N.F., Bd. 17 (1956/57), S. 344 ff., hier S. 365 f. Zur Kritik des „Ansatzes verschiedener Wertkategorien" vgl. *Martin Kühnau:* Der Formalaufbau der volkswirtschaftlichen Buchhaltung, Berlin 1961, S. 218 ff., insbes. S. 221.

[9] In dem OEEC-Schema für Volkswirtschaftliche Gesamtrechnungen werden die Arbeitgeberbeiträge als Bestandteil des Postens „Compensation of employees" ausgewiesen; in den Volkswirtschaftlichen Gesamtrechnungen der Bundesrepublik Deutschland werden die Arbeitgeberanteile gleichfalls als Bestandteil des Einkommens aus unselbständiger Arbeit behandelt. Vgl. A Standardized System of National Accounts, 1958 Edition, S. 21, 81; *Günter Hamer:* Revision der Volkswirtschaftlichen Gesamtrechnungen, S. 60. Zur Frage einer systematischen Einordnung der Arbeitgeberbeiträge zur Sozialversicherung s. *Dieter Pohmer:* Grundlagen der betriebswirtschaftlichen Steuerlehre, S. 88 f., und *Richard Stone:* Definition and Measurement of the National Income and Related Totals, S. 57 ff.

im Gegensatz zu den Volkswirtschaftlichen Gesamtrechnungen werden die Gebühren für Leistungen des Staates sowie die Aufwendungen für Versicherungen als Vorleistungen angesehen[10].

Abschließend sei auf die Einordnung der Abschreibungen auf Forderungen und auf Mitgliedschaftsrechte, der Verluste aus dem Abgang von Vermögensgegenständen sowie der Erträge aus Zuschreibungen und aus dem Abgang von Vermögensgegenständen eingegangen. Nach *Kroenlein* berücksichtigen wir die Verluste bzw. Erträge aus dem Abgang von Vermögensgegenständen sowie die Zuschreibungen bei der Berechnung der Bruttowertschöpfung zu Marktpreisen (nach der Subtraktionsmethode) und die Abschreibungen auf Forderungen und Mitgliedschaftsrechte beim Übergang von der Bruttowertschöpfung zur Nettowertschöpfung[11]. Wie in der betrieblichen Kostenrechnung werden dagegen in den Volkswirtschaftlichen Gesamtrechnungen diese Aufwendungen und Erträge nicht in der Rechnung erfaßt; sie werden bei der Berechnung des in der Volkswirtschaft erzeugten Einkommens nicht berücksichtigt, sondern als nicht produktionsbedingte Wertänderungen des Vermögens (sog. Kapitalgewinne[12] bzw. Kapitalverluste) angesehen[13]. Für die Ermittlung von concentration ratios ist diese Abweichung von den Berechnungskonventionen für die Grundgesamtheit nur dann von Bedeutung, wenn Kapitalgewinne von Unternehmungen nicht zu gleich hohen Kapitalverlusten anderer Unternehmungen führen[14].

---

[10] *Günter Kroenlein:* Die Wertschöpfung der Aktiengesellschaft ..., S. 22. Seit der neueren Revision der Volkswirtschaftlichen Gesamtrechnungen werden die von Unternehmungen gezahlten Verwaltungsgebühren nicht mehr als Vorleistungen, sondern wie indirekte Steuern im Unternehmungssektor gebucht. Vgl. *Günter Hamer:* Revision der Volkswirtschaftlichen Gesamtrechnungen, S. 58. Zur Behandlung der Versicherungsprämien vor und nach Revision der Volkswirtschaftlichen Gesamtrechnungen vgl. *Heinz Hipler:* Die Versicherungsunternehmen in den Volkswirtschaftlichen Gesamtrechnungen, in: Wirtschaft und Statistik, N.F., 22. Jg. (1970), S. 331 ff., hier S. 333; *Karl-Heinz Raabe:* Übereinstimmung und Unterschiede in der Definition und Messung der Abschreibungen in betrieblicher und volkswirtschaftlicher Sicht, in: Allgemeines Statistisches Archiv, 41. Bd. (1957), S. 357 ff., hier S. 366 f. Zur systematischen Einordnung in betrieblichen Rechnungen vgl. *Dieter Pohmer:* Über die Bedeutung des betrieblichen Werteumlaufs ..., S. 338 f.

[11] Vgl. *Günter Kroenlein:* Die Wertschöpfung der Aktiengesellschaft ..., S. 156.

[12] *Menrad* nennt diese Wertsteigerungen „Außenwerterhöhungen“. *Siegfried Menrad:* Der Kostenbegriff, Eine Untersuchung über den Gegenstand der Kostenrechnung, Berlin 1965, S. 52.

[13] Vgl. *Karl-Heinz Raabe:* Der Zusammenhang zwischen dem betrieblichen Rechnungswesen und der Sozialproduktsrechnung, in: Wirtschaft und Statistik, N.F., 5. Jg. (1953), S. 399 ff., hier S. 400; *Hildegard Bartels:* Das Kontensystem für die Volkswirtschaftlichen Gesamtrechnungen der Bundesrepublik Deutschland, Erster Teil ..., S. 325.

[14] Vgl. *Martin Kühnau:* Der Formalaufbau der volkswirtschaftlichen Buchhaltung, S. 87. Zu den buchungstechnischen Voraussetzungen für eine Kompensation sog. Kapitalgewinne durch Kapitalverluste bei Forderungen und

Nachdem die grundsätzlichen Probleme der Ermittlung der Wertschöpfung diskutiert wurden, können die einzelnen Ergebnisse in einem vereinfachten Grundschema zusammengefaßt werden. Wir stellen hier Staffeln für die Ermittlung der Wertschöpfung der Kreditinstitute nach der sog. Subtraktionsmethode (Wertschöpfungsstaffel A) und nach der sog. Additionsmethode (Wertschöpfungsstaffel B) auf.

A. Das vereinfachte theoretische Rechenschema zur Ermittlung der Wertschöpfung der Kreditinstitute nach der Subtraktionsmethode (Indirekte Methode)

Zinserträge
\+ Erträge aus Mitgliedschaftsrechten
— Zinsaufwand
— Erträge aus Beteiligungen

Zinsdifferenz
\+ sonstige Dienstleistungsentgelte
\+ Mieterträge und andere Erträge aus bankfremden Geschäften
\+ Erträge aus dem Abgang von Vermögensgegenständen
— Verluste aus dem Abgang von Vermögensgegenständen
— Aufwendungen für Leistungen anderer Unternehmungen
darunter: Mietaufwendungen
Aufwendungen für Versicherungen
Sachaufwand für das Bankgeschäft
Sachaufwand für das bankfremde Geschäft
— Aufwendungen für Leistungen des Staates (Gebühren)

= Bruttowertschöpfung zu Marktpreisen
— Abschreibungen auf Forderungen und Mitgliedschaftsrechte
— Abschreibungen auf Gebäude sowie auf Betriebs- und Geschäftsausstattung

---

= Nettowertschöpfung zu Marktpreisen
— sog. indirekte Steuern
\+ Subventionen

Nettowertschöpfung zu Faktorkosten

B. Das vereinfachte theoretische Rechenschema zur Ermittlung der Wertschöpfung der Kreditinstitute nach der Additionsmethode (Direkte Methode)

Erfolg (der pagatorischen Rechnung)
— Erträge aus Beteiligungen
\+ sog. direkte Steuern der Unternehmungen mit eigener Rechtspersönlichkeit
\+ Gehälter und Löhne
\+ Arbeitgeberanteile zur Sozialversicherung
\+ freiwilliger sozialer Aufwand (Unterstützungen, Spenden)

= Nettowertschöpfung zu Faktorkosten

Mitgliedschaftsrechten in derselben Rechnungsperiode vgl. *Ulrich Baßeler:* Finanzierungsrechnung und Volkswirtschaftliche Gesamtrechnung, Kieler Studien, Bd. 119, Tübingen 1971, S. 41 ff.

Zweites Kapitel

Vorschriften zur Aufstellung des Jahresabschlusses der Kreditinstitute

Bevor wir aus den publizierten Gewinn- und Verlustrechnungen der Kreditinstitute anhand des im vorigen Kapitel entwickelten Grundrechenschemas Staffeln für die Berechnung der Wertschöpfung aufstellen, ist es erforderlich, zunächst auf den Umfang und auf die Beschaffenheit des vorliegenden statistischen Materials einzugehen. Im ersten Abschnitt dieses Kapitels wird zu prüfen sein, wie der Sektor der Kreditinstitute von den übrigen Unternehmungen abgegrenzt ist, und für welche Kreditinstitute aufgrund gesetzlicher Vorschriften statistische Daten für die Berechnung der Wertschöpfung vorliegen. Im zweiten Abschnitt wird untersucht, in welchem Maße die für einzelne Gruppen von Kreditinstituten vorgeschriebenen Formblätter für die Gewinn- und Verlustrechnung vergleichbar sind und welche allgemeinen Konsequenzen aus der Aufbereitung des statistischen Materials für die Berechnung der Wertschöpfung zu ziehen sind. Im dritten Abschnitt wird dann zu erörtern sein, inwiefern die Vergleichbarkeit der für Kreditinstitute unterschiedlicher Rechtsform zu ermittelnden Wertschöpfung durch unterschiedliche Bewertungsvorschriften tangiert wird.

I. Die Publizitätspflicht der Kreditinstitute

Zum Sektor der Kreditinstitute zählen wir die Unternehmungen im Sinne von § 1 Abs. 1 KWG sowie die in § 2 Abs. 1 Nr. 1 - 3 und 6 KWG erfaßten Unternehmungen[1]. Als Kreditinstitute werden damit jene Unternehmungen bezeichnet, die Bankgeschäfte betreiben und deren Geschäftsumfang einen in kaufmännischer Weise eingerichteten Geschäftsbetrieb erfordert (§ 1 Abs. 1 KWG); als Bankgeschäfte gelten nach § 1 Abs. 1 KWG das Einlagengeschäft, das Kreditgeschäft, das Diskontgeschäft, das Effektengeschäft, das Depotgeschäft, das Investmentgeschäft, ein spezifisches „Revolving"-Geschäft, das Garantie- und das Girogeschäft. Weiterhin werden hier zu den Kreditinstituten

[1] Für die wirtschaftstheoretische Abgrenzung der Bankbetriebe sei verwiesen auf die Untersuchung von *Schäfer*. Vgl. *Heinz Schäfer:* Zum Begriff des Bankbetriebes.

die Deutsche Bundesbank (§ 2 Abs. 1 Nr. 2 KWG), die Kreditanstalt für Wiederaufbau (§ 2 Abs. 1 Nr. 3 KWG) sowie die privaten und öffentlichen Bausparkassen (§ 2 Abs. 1 Nr. 6 KWG) gerechnet[2]. In den Sektor Kreditinstitute nach der Abgrenzung der Volkswirtschaftlichen Gesamtrechnungen der Bundesrepublik Deutschland sind darüber hinaus die Wohnungsbauförderungsanstalten der Länder einbezogen; die Deutsche Bundespost wird hingegen auch hinsichtlich des Postspar- und Postscheckverkehrs zu dem Sektor Produktionsunternehmen gerechnet[3]. Für Zwecke der Konzentrationsmessung kommt den in § 2 Abs. 1 Nr. 1 - 3 KWG genannten Kreditinstituten keine Bedeutung zu, so daß wir im folgenden auf sie nicht weiter eingehen werden.

Das Ausgangsmaterial für die Berechnung der Wertschöpfung der Kreditinstitute sind die Jahresabschlüsse bzw. exakter: die Gewinn- und Verlustrechnungen sowie die zusätzlichen Angaben in den Geschäftsberichten. Die Möglichkeit der Beschaffung der erforderlichen Informationen ist dann nicht gegeben, wenn kein gesetzlicher Zwang zur Bekanntmachung des Jahresabschlusses und des Geschäftsberichts besteht oder diese nicht freiwillig publiziert werden. Ein Publizitätszwang durch gesetzliche Vorschriften besteht zum einen für Unternehmungen bestimmter Rechtsformen, zum anderen für solche Unternehmungen, die bestimmte Merkmale erfüllen, in denen ein Indiz für die Größe der Unternehmung gesehen wird.

Für Unternehmungen in den Rechtsformen der Aktiengesellschaft und der Kommanditgesellschaft auf Aktien ist die Publikation des Jahresabschlusses (Jahresbilanz und Gewinn- und Verlustrechnung) zwingend vorgeschrieben. Nach § 177 Abs. 2 AktG hat der Vorstand „den festgestellten Jahresabschluß in den Gesellschaftsblättern bekanntzumachen“; nach § 25 AktG bedeutet dies eine Veröffentlichung im Bundesanzeiger. Eine Bekanntmachung des Geschäftsberichts ist nur insofern vorgeschrieben, als dieser nach § 177 Abs. 1 AktG zum Handelsregister einzureichen ist. Nach *Birck* ist es aber „gerade . . bei Banken allgemeine und gute

[2] Diese Abgrenzung entspricht der Begriffsbestimmung in den Richtlinien. Vgl. Bundesaufsichtsamt für das Kreditwesen: Bekanntmachung Nr. 1/68 betreffend Richtlinien für die Aufstellung des Jahresabschlusses der Kreditinstitute in der Rechtsform der eingetragenen Genossenschaft, ausgenommen Zentralkassen vom 22. Juli 1968, Beilage zum Bundesanzeiger, 20. Jg. (1968), Nr. 161 vom 29. August.

Nach Abschluß dieser Arbeit wurde das Gesetz über Bausparkassen (vom 16. November 1972, BGBl. 1972 I, S. 2097) verkündet. Nach § 1 Abs. 1 des Gesetzes über Bausparkassen sind Bausparkassen Kreditinstitute. Die in dieser Arbeit durchgängige Differenzierung zwischen Kreditinstituten i. S. von §§ 1, 2 KWG und Bausparkassen gilt damit nur bis zum Inkrafttreten dieses Gesetzes (1. Januar 1973).

[3] Vgl. *Günter Hamer:* Revidierte Konten der Volkswirtschaftlichen Gesamtrechnungen, in: Wirtschaft und Statistik, N.F., 22. Jg. (1970), S. 281 ff., hier S. 282.

Übung, jedem Interessenten ein gedrucktes Exemplar des Geschäftsberichts zur Verfügung zu stellen"[4], so daß davon ausgegangen werden kann, daß auch die zusätzlichen Angaben und Erläuterungen in den Geschäftsberichten für die Berechnung der betrieblichen Wertschöpfung herangezogen werden können. Gleichfalls einem Publizitätszwang unterliegen die Hypothekenbanken[5] und die Schiffspfandbriefbanken[6], die Sparkassen[7], die Genossenschaftsbanken[8] sowie öffentlich-rechtliche Kreditanstalten[9]. Kreditinstitute in der Rechtsform der Gesellschaft mit beschränkter Haftung haben die Bilanz in den durch Gesellschaftsvertrag bestimmten öffentlichen Blättern „und in Ermangelung solcher durch die für die Bekanntmachung aus dem Handelsregister bestimmten öffentlichen Blätter" zu publizieren[10]; ein Geschäftsbericht muß nicht aufgestellt werden. Wird die Gewinn- und Verlustrechnung nicht gleichfalls bekanntgemacht[11], sind statistische Daten für die Berechnung der Wert-

---

[4] *Heinrich Birck:* Die Bankbilanz, Aufstellung, Bewertung und Gliederung der Jahresabschlüsse der Kreditinstitute nach Handels- und Steuerrecht, Ein Handbuch für Banken und Sparkassen, Zweite grundlegend erweiterte Auflage, Wiesbaden 1961, S. 528.

[5] Hypothekenbanken dürfen nur in der Rechtsform der Aktiengesellschaft und der Kommanditgesellschaft auf Aktien geführt werden (§ 2 Abs. 1 Hypothekenbankgesetz in der Fassung vom 5. Februar 1963, BGBl. 1963 I, S. 81, ber. S. 368).

Die einzige Hypothekenbank, die nicht in der Rechtsform der Aktiengesellschaft geführt wird, ist die Bayerische Landwirthschaftsbank. Sie hat die Rechtsform der Genossenschaft.

[6] Schiffspfandbriefbanken dürfen nur in der Rechtsform der Aktiengesellschaft oder Kommanditgesellschaft auf Aktien betrieben werden (§ 2 Abs. 1 des Gesetzes über Schiffspfandbriefbanken in der Fassung vom 8. Mai 1963, BGBl. 1963 I, S. 302).

[7] Die Sparkassen unterliegen landesrechtlichen Regelungen. Nach § 30 Abs. 4 des Sparkassengesetzes für Baden-Württemberg (vom 4. Juli 1967, GBl. 1967, S. 104, ber. S. 140) haben die Sparkassen den Jahresabschluß (Bilanz und Gewinn- und Verlustrechnung) zu veröffentlichen; weiterhin ist ein Geschäftsbericht aufzustellen. Vgl. auch § 25 des Satzungsmusters für Sparkassen, Erlaß des Innenministeriums über die Anpassung der Satzungen der Sparkassen an das neue Sparkassenrecht vom 15. Januar 1968, Gemeinsames Amtsblatt des Landes Baden-Württemberg (GABl.), 16. Jg. (1968), S. 105.

[8] Nach § 33 Abs. 3 des Gesetzes betreffend die Erwerbs- und Wirtschaftsgenossenschaften hat der Vorstand den Jahresabschluß zu veröffentlichen. Bei kleineren Genossenschaften findet eine Veröffentlichung nicht statt.

[9] Die überwiegende Anzahl der öffentlich-rechtlichen Kreditanstalten unterliegt landesrechtlichen Regelungen. Für Baden-Württemberg gelten folgende Regelungen: Die Badische Kommunale Landesbank-Girozentrale- und die Württembergische Girozentrale-Württembergische Landeskommunalbank haben den Jahresabschluß nach § 47 Abs. 3 des Sparkassengesetzes zu veröffentlichen.

[10] § 41 Abs. 4 in V. m. § 30 Abs. 2 des Gesetzes betreffend die Gesellschaften mit beschränkter Haftung.

[11] Nach dem Wortlaut des Gesetzes haben Kreditinstitute in der Rechtsform der Gesellschaft mit beschränkter Haftung nur die Jahresbilanz, nicht aber die Gewinn- und Verlustrechnung zu publizieren. Nach *Birck* — er vertritt die

schöpfung nicht greifbar. Bei einer Auswertung der Jahrgänge 1970 und 1971 des Bundesanzeigers ist festzustellen, daß etliche — aber nicht alle — Kreditinstitute in der Rechtsform der Gesellschaft mit beschränkter Haftung mit der Jahresbilanz auch die Gewinn- und Verlustrechnung veröffentlichen.

Für private Bausparkassen gilt nach § 114 des Gesetzes über die Beaufsichtigung der privaten Versicherungsunternehmen und Bausparkassen (VAG)[12], daß der Geschäftsbetrieb nur Aktiengesellschaften, Kommanditgesellschaften auf Aktien und Gesellschaften mit beschränkter Haftung erlaubt werden darf; die Ausnahmeregelung in § 133 VAG läßt jedoch die vor 1931 in der Rechtsform der Genossenschaft gegründeten Bausparkassen bestehen. Unabhängig von der Rechtsform haben aber private Bausparkassen nach den §§ 55, 112 VAG jedem Bausparer auf Verlangen ein Stück des Rechnungsabschlusses und des Jahresberichts (Druckbericht) auszuhändigen; ferner bestimmte das Bundesaufsichtsamt für das Versicherungs- und Bausparwesen, daß der Jahresabschluß (Bilanz sowie Gewinn- und Verlustrechnung) nach der Hauptversammlung — soweit gesetzlich vorgeschrieben — im Bundesanzeiger, im übrigen in den in der Satzung bestimmten Gesellschaftsblättern bekanntzugeben ist[13].

Ansicht, die Gewinn- und Verlustrechnung sei nicht zu publizieren — ist diese Frage allerdings streitig. *Baumbach-Hueck* vertreten die These, auch die Gewinn- und Verlustrechnung sei zu veröffentlichen. A. M. (u. a.): *Consbruch-Möller;* Referentenentwurf eines Gesetzes über Gesellschaften mit beschränkter Haftung. *Baur* hält diese Ablehnung einer Veröffentlichungspflicht für „wohl überholt", da § 27 Abs. 2 KWG in der Fassung des § 22 PublG für Kreditinstitute in der Rechtsform der Gesellschaft mit beschränkter Haftung auf § 178 Abs. 1 Nr. 1 AktG verweise; er interpretiert § 27 Abs. 2 KWG als Tatbestandsverweisung. Andererseits kann § 27 Abs. 2 Satz 2 KWG auch als Rechtsfolgeverweisung aufgefaßt werden. Vgl. *Heinrich Birck:* Die Bankbilanz ..., S. 9; *Baumbach-Hueck:* GmbH-Gesetz, Beck'sche Kurz-Kommentare, Band 20, begründet von Adolf Baumbach, fortgeführt von Alfred Hueck, 12. neubearbeitete Auflage, München und Berlin 1966, S. 158; *Consbruch-Möller:* KWG-Kommentar, Kreditwesengesetz mit Zinsverordnung und den wichtigsten anderen Ausführungsvorschriften, erläutert von Johannes Consbruch und Annemarie Möller, München und Berlin 1965, Tz. 5 zu § 26 = S. 219; Referentenentwurf eines Gesetzes über Gesellschaften mit beschränkter Haftung, herausgegeben vom Bundesministerium der Justiz, Köln - Marienburg 1969, S. 73, S. 317; *Jürgen Baur:* Investmentgesetze, Kommentar zum Gesetz über Kapitalanlagegesellschaften (KAGG) und zum Gesetz über den Vertrieb ausländischer Investmentanteile (AuslInvestmG), Berlin 1970, Abschn. II zu § 25 KAGG = S. 285.

[12] Vom 6. Juni 1931, RGBl. I, S. 315, S. 750 (mit zahlreichen Änderungen).

[13] Vorschriften für die Rechnungslegung der Bausparkassen, Veröffentlichungen des Bundesaufsichtsamtes für das Versicherungs- und Bausparwesen, Sonderheft 2 (Dezember 1954).

Die Vorschriften sind wiedergegeben in: Wirtschaftsprüfer-Handbuch 1968, bearbeitet von Wilhelm Dieterich, Wilhelm Elmendorff u. a., herausgegeben vom Institut der Wirtschaftsprüfer in Deutschland e. V., Düsseldorf 1968, S. 365 ff.

Für die öffentlich-rechtlichen Bausparkassen gelten landesrechtliche Regelungen. In Baden-Württemberg haben die öffentlich-rechtlichen Bausparkassen den Jahresabschluß nach § 47 Abs. 3 des Sparkassengesetzes bekanntzumachen. In den anderen Bundesländern mit Ausnahme von Hamburg sind die öffentlich-rechtlichen Bausparkassen nicht selbständige Anstalten des öffentlichen Rechts, sondern Abteilungen von öffentlich-rechtlichen Kreditanstalten. Der Jahresabschluß der Bausparabteilung bildet einen Bestandteil des Jahresabschlusses der Kreditanstalt; der Jahresabschluß der Kreditanstalt darf nicht ohne den Jahresabschluß der Bausparabteilung veröffentlicht werden[14]. Für den Jahresabschluß und Geschäftsbericht der Bausparabteilung gelten damit die gleichen Publizitätsvorschriften wie für den Jahresabschluß und den Geschäftsbericht der Kreditanstalt.

Die Kapitalanlagegesellschaften unterliegen hinsichtlich der Publizität den nach der Rechtsform gültigen Vorschriften. Die deutschen Kapitalanlagegesellschaften, die nicht im Immobiliengeschäft tätig sind, werden ausnahmslos in der Rechtsform der Gesellschaft mit beschränkter Haftung betrieben. Sie sind deshalb nicht verpflichtet, eine Gewinn- und Verlustrechnung und einen Geschäftsbericht zu veröffentlichen. Bei einer Auswertung der Jahrgänge 1970 und 1971 des Bundesanzeigers ist festzustellen, daß der überwiegende Teil der Kapitalanlagegesellschaften nur die Jahresbilanz publiziert. § 25 des Gesetzes über Kapitalanlagegesellschaften (KAGG)[15] schreibt allein vor, daß die Kapitalanlagegesellschaft „über jedes Sondervermögen für den Schluß eines jeden Geschäftsjahres einen Rechenschaftsbericht zu erstatten und im Bundesanzeiger bekanntzumachen" hat. Dieser Rechenschaftsbericht hat eine Aufwands- und Ertragsrechnung für jedes einzelne Sondervermögen zu enthalten. In dieser Aufwands- und Ertragsrechnung sind die Erträge des Sondervermögens sowie die aus den Erträgen des Sondervermögens zu bestreitenden Aufwendungen ausgewiesen; unter diese Aufwendungen fallen die den Zertifikatseignern angelasteten Aufwendungen für die Veröffentlichungen, die Prüfung u. dgl., die Vergütung für die Depotbank und die Vergütung für die Kapitalanlagegesellschaft. Die hilfsweise Verwendung dieser Angaben zur Berechnung der Wertschöpfung der Kapitalanlagegesellschaft führt aus mehreren Gründen nicht weiter, denn zum einen werden in dieser Ertragsrechnung allein die aus den Erträgen des Sondervermögens zu zahlenden Entgelte ausgewiesen (und z. B. nicht der Ausgabeaufschlag), zum anderen wird die Vergütung für die Kapitalanlagegesellschaft nur global ausgewiesen und nicht in die für die Wertschöpfungsrechnung relevanten Aufwendungen untergliedert. Darüber

---

[14] Vgl. *Heinrich Birck:* Die Bankbilanz ..., S. 359 f., insbesondere S. 360. Vgl. weiterhin § 18 Abs. 3 und 6 des Gesetzes über Bausparkassen.

[15] In der Fassung vom 14. Januar 1970, BGBl. 1970 I, S. 127.

hinaus muß die Rechnungsperiode für das einzelne Sondervermögen nicht mit der Rechnungsperiode der Kapitalanlagegesellschaft zusammenfallen. Eine Berechnung der Wertschöpfung der Kapitalanlagegesellschaft aufgrund dieser Angaben ist deshalb problematisch.

Die Kreditinstitute in der Rechtsform der Einzelfirma, der offenen Handelsgesellschaft und der Kommanditgesellschaft unterliegen nicht einer an der Rechtsform der Unternehmung anknüpfenden Publizitätspflicht.

Das Gesetz über die Rechnungslegung von bestimmten Unternehmen und Konzernen (Publizitätsgesetz)[16] erweitert den Kreis der publizitätspflichtigen Kreditinstitute. Nach den §§ 1 Abs. 3, 3 Abs. 1 und 2, 10 PublG haben Kreditinstitute (mit Ausnahme der Deutschen Bundesbank und der Deutschen Bundespost) in der Rechtsform der Gesellschaft mit beschränkter Haftung, der Personenhandelsgesellschaft, des Einzelkaufmanns, des Vereins, der rechtsfähigen Stiftung des bürgerlichen Rechts, der Körperschaft, Stiftung oder Anstalt des öffentlichen Rechts den Jahresabschluß im Bundesanzeiger bekanntzumachen, wenn die Bilanzsumme[17] in den Jahresbilanzen für drei aufeinanderfolgende Abschlußstichtage 300 Millionen Deutsche Mark übersteigt. Nach *Kropff* liegt das Größenmerkmal für Kreditinstitute im Verhältnis zu den Größenmerkmalen für Industrie- und Handelsunternehmungen vergleichsweise niedrig; betroffen von der Publizitätspflicht seien „vor allem 9 Privatbankiers“[18]. Die Kapitalanlagegesellschaften in der Rechtsform der Gesellschaft mit beschränkter Haftung sind nach diesem Gesetz nicht publizitätspflichtig, da ihre Bilanzsumme weit unter 300 Millionen Deutsche Mark liegt[19].

Für den nach § 10 PublG bekanntzumachenden Jahresabschluß einer Personenhandelsgesellschaft oder eines Einzelkaufmanns gilt jedoch, daß nach § 9 Abs. 4 Nr. 3 PublG anstelle der Gewinn- und Verlustrechnung nur ein Anhang zur Jahresbilanz bekanntgemacht werden muß, der fol-

---

[16] Vom 15. August 1969, BGBl. 1969 I, S. 1189, ber. BGBl. 1970 I, S. 1113.

[17] Zuzüglich der den Kreditnehmern abgerechneten eigenen Ziehungen im Umlauf, der Indossamentsverbindlichkeiten aus weitergegebenen Wechseln und der Verbindlichkeiten aus Bürgschaften, Wechsel- und Scheckbürgschaften sowie aus Gewährleistungsverträgen.

[18] *Bruno Kropff:* Gesetzentwurf über Rechnungslegung von Großunternehmen und Konzernen, in: Bulletin des Presse- und Informationsamtes der Bundesregierung 1968, Nr. 82 vom 28. Juni, S. 719 ff., hier S. 720.

[19] z. B. beträgt die Bilanzsumme für das 1970 abgeschlossene Geschäftsjahr bei der Kapitalanlagegesellschaft Deutscher Investment-Trust rd. 19,5 Millionen DM, bei der Deutsche(n) Kapitalanlagegesellschaft rd. 5,1 Millionen DM und bei der Deutsche(n) Gesellschaft für Fondsverwaltung rd. 1,6 Millionen DM.
Vgl. Bundesanzeiger, 23. Jg. (1971), Nr. 109 vom 19. Juni, S. 32, Nr. 80 vom 29. April, S. 24, Nr. 60 vom 27. März, S. 20.

gende Angaben zu enthalten hat: a) die Umsatzerlöse im Sinne des § 158 Abs. 1, 2 AktG, b) die Erträge aus Beteiligungen, c) die Löhne, Gehälter, sozialen Abgaben sowie Aufwendungen für Altersversorgung und Unterstützung, d) die Zahl der Beschäftigten. Eine Berechnung der Wertschöpfung aufgrund dieser Angaben und des in der Jahresbilanz ausgewiesenen Gewinns ist u. E. sehr problematisch[20]. Wird dagegen das für Unternehmungen in der Rechtsform der Aktiengesellschaft vorgeschriebene Gliederungsschema für die Gewinn- und Verlustrechnung gewählt, dürfen die Steuern unter den sonstigen Aufwendungen ausgewiesen werden (§ 5 Abs. 2 Nr. 6 PublG). Der Informationswert dieser Angaben für die Berechnung der Wertschöpfung ist dementsprechend geringer. Zur Aufstellung eines Geschäftsberichtes sind Personalhandelsgesellschaften und Einzelkaufleute nicht verpflichtet (§ 5 Abs. 1 PublG); die Unternehmungen anderer Rechtsformen haben dagegen einen Geschäftsbericht aufzustellen und zum Handelsregister einzureichen.

Zusammenfassend können wir feststellen, daß der wichtigste Teil der Kreditinstitute uneingeschränkt publizitätspflichtig ist, da der Jahresabschluß (d. h. die Jahresbilanz und die Gewinn- und Verlustrechnung) zu veröffentlichen und ein Geschäftsbericht — der in der Regel Außenstehenden zugänglich ist — aufzustellen ist. Beschränkt publizitätspflichtig sind Kreditinstitute in der Rechtsform der Gesellschaft mit beschränkter Haftung, da sie — sofern sie nicht Bausparkassen sind — nur die Jahresbilanz zu veröffentlichen haben; festzustellen ist allerdings, daß etliche Kreditinstitute dieser Rechtsform auch die Gewinn- und Verlustrechnung publizieren. Nicht publizitätspflichtig sind die Kreditinstitute in der Rechtsform der Personenhandelsgesellschaft und der Einzelfirma, sofern sie nicht wegen der Höhe ihrer Bilanzsumme unter die Vorschriften des Publizitätsgesetzes fallen. Sind sie nach den Vorschriften dieses Gesetzes publizitätspflichtig, handelt es sich um eine in hohem Grade eingeschränkte Publizität. Uneingeschränkt publizitätspflichtig nach den Vorschriften des Publizitätsgesetzes sind demnach nur die Kreditinstitute in der Rechtsform der Gesellschaft mit beschränkter Haftung.

---

[20] Zu berücksichtigen ist, daß nach § 9 Abs. 4 Nr. 1 PublG die Bildung von Rücklagen aus dem Jahresüberschuß, die Zuschreibung des Gewinns auf die Kapitalanteile der Gesellschafter und die Abschreibung von Entnahmen von den Kapitalanteilen bereits in der Jahresbilanz vorgenommen werden können, so daß der in der Jahresbilanz ausgewiesene Gewinn nur geringen Aussagewert besitzt.

II. Der Formalaufbau der Gewinn- und Verlustrechnung

1. Rechtsquellen

Für Kreditinstitute gelten grundsätzliche besondere Gliederungsvorschriften für den Jahresabschluß, die einerseits den Besonderheiten der Kreditinstitute gegenüber den anderen Unternehmungen, andererseits den Unterschieden zwischen den einzelnen Arten von Kreditinstituten Rechnung tragen. Die Ermächtigungen für den Bundesminister der Justiz, Formblätter für die Gliederung des Jahresabschlusses zu erlassen, finden sich in §§ 134 Ziff. 1, 219 Abs. 2 AktG 1937 bzw. nach der Reform des Aktienrechts in §§ 161 Abs. 1, 278 Abs. 3 AktG, § 33 g GenG, § 24 Abs. 2 Hypothekenbankgesetz, § 22 Abs. 2 Schiffsbankgesetz und im Gesetz über Formblätter für die Gliederung des Jahresabschlusses[21]. „Für die öffentlich-rechtlichen Kreditinstitute (Sparkassen, Landesbanken und Girozentralen, Staatsbanken, Grundkreditanstalten, Spezialinstitute) sind die nach den jeweiligen Vorschriften zuständigen Staatsaufsichtsbehörden für den Erlaß der Formblätter maßgebend[22].“ Aufgrund dieser Ermächtigungen wurden zahlreiche Verordnungen über die Gliederung des Jahresabschlusses erlassen[23]; Formblätter für die Gewinn- und Verlustrechnung werden erlassen für Kreditgenossenschaften und Zentralkassen, für Kreditinstitute in der Rechtsform der Einzelfirma, der offenen Handelsgesellschaft und der Kommanditgesellschaft, für Sparkassen, Hypotheken- und Schiffspfandbriefbanken sowie für Bausparkassen. Den Kreditinstituten in der Rechtsform der Aktiengesellschaft, der Kommanditgesellschaft auf Aktien und der Gesellschaft mit beschränkter Haftung wurden Formblätter für die Aufstellung der Gewinn- und Verlustrechnung nicht vorgeschrieben, sondern diese konnten die Erfolgsrechnung frei aufstellen.

Die in gewissem Sinne eigentümliche Situation, daß gerade bei den publizitätspflichtigen privaten Kreditinstituten eine freie Aufstellung der Gewinn- und Verlustrechnung zulässig war, wurde im Jahre 1967 beendet durch die Verordnung über Formblätter für die Gliederung des Jahresabschlusses von Kreditinstituten[24]; mit dieser Verordnung wurden

---

[21] Vom 11. Dezember 1935, RGBl. I, S. 1432.

[22] *Hammer/Montag:* Bilanzen der Kreditinstitute mit amtlichen Richtlinien 1968 sowie einer Einleitung und Erläuterung zu den Bilanzierungsvorschriften der Aktienbanken (AG, KGaA, GmbH), Genossenschaftsbanken, Privatbanken (Einzelfirma, OHG, KG), Zentralkassen, Sparkassen, herausgegeben von Klaus Hammer unter Mitarbeit von Wolfgang Montag, Frankfurt 1968, S. 12.

[23] Eine Zusammenstellung dieser alten und in der Zwischenzeit außer Kraft gesetzten Formblätter ist zu finden bei *Heinrick Birck:* Die Bankbilanz ..., S. 574 ff.

[24] Vom 20. Dezember 1967, BGBl. 1967 I, S. 1300, ber. 1968 I, S. 190, geändert durch die Verordnung vom 27. Mai 1969, BGBl. 1969 I, S. 444.

zugleich die alten Formblätter aufgehoben und an ihrer Stelle — aus Gründen einer besseren Vergleichbarkeit — neue Formblätter vorgeschrieben. Die neuen Formblätter waren nach § 6 dieser Verordnung erstmals für den Jahresabschluß des nach dem 31. Dezember 1967 beginnenden Geschäftsjahres anzuwenden. Der Jahresabschluß ist nach § 1 dieser Verordnung von Kreditinstituten in der Rechtsform der

Aktiengesellschaft, der Kommanditgesellschaft auf Aktien und der Gesellschaft mit beschränkter Haftung nach Muster 1,

eingetragenen Erwerbs- und Wirtschaftsgenossenschaft nach Muster 2,

Einzelfirma, der offenen Handelsgesellschaft und der Kommanditgesellschaft nach Muster 3

aufzustellen. Zentralkassen in der Rechtsform der eingetragenen Genossenschaft oder der Aktiengesellschaft haben — soweit die Rechtsform der Aktiengesellschaft nicht Abweichungen erfordert — ihren Jahresabschluß nach Muster 4 aufzustellen. Nach § 1 Abs. 5 kann für die Gewinn- und Verlustrechnung entweder die Kontoform oder die Staffelform verwendet werden. Die Richtlinien für die Aufstellung des Jahresabschlusses nach den Formblatt-Mustern 1 - 4 erließ das Bundesaufsichtsamt für das Kreditwesen mit der Bekanntmachung Nr. 1/68 vom 22. Juli 1968[25].

Diese Verordnung vom 20. Dezember 1967 gilt nicht für Hypotheken- und Schiffspfandbriefbanken, für Unternehmen, die nach § 2 KWG keine Kreditinstitute sind (hierunter fielen vor allem die privaten und öffentlich-rechtlichen Bausparkassen[26]) sowie Unternehmen, die einen Immobilienfonds betreiben[27]. Für die Schiffspfandbriefbanken und die Hypothekenbanken wurden neue Formblätter für den Jahresabschluß durch die Verordnung über Formblätter für die Gliederung des Jahresabschlusses der Hypothekenbanken vom 17. Dezember 1968 vorgeschrieben[28]. Nach § 5 dieser Verordnung gelten die neuen Formblätter erstmals für den Jahresabschluß des nach dem 31. Dezember 1968 beginnenden Geschäftsjahres. Das Bundesaufsichtsamt für das Kreditwesen erließ am 28. Februar 1969 die Bekanntmachung Nr. 2/69 betreffend Richtlinien für die Aufstellung der Jahresbilanz sowie der Gewinn- und Verlust-

---

[25] Die Richtlinien zu den Formblatt-Mustern 1 - 4 ergingen als Anlage 1 - 4 dieser Bekanntmachung. Zur Fundstelle s. Anm. 2 auf S. 31.

[26] Für diese Institute war das Bundesaufsichtsamt für das Kreditwesen nicht zuständig.

[27] Immobilienfonds (in der Rechtsform der Aktiengesellschaft) haben ihrer Gewinn- und Verlustrechnung das aktienrechtliche Gliederungsschema (§ 157 AktG) zugrunde zu legen.

[28] BGBl. 1968 I, S. 1337, geändert durch die Verordnung vom 27. Mai 1969, BGBl. 1969 I, S. 444.

rechnung der Hypothekenbanken und der Schiffspfandbriefbanken[29]. Für die Bausparkassen wurden noch keine neuen Formblätter für den Jahresabschluß vorgeschrieben; mit dem Erlaß neuer Formblätter ist erst nach der Verabschiedung des Bausparkassengesetzes zu rechnen. Für die Aufstellung des Jahresabschlusses gelten damit noch die mit den „Vorschriften für die Rechnungslegung der Bausparkassen“ vom 21. Dezember 1954 eingeführten, in der Zwischenzeit geringfügig geänderten Formblätter[30].

Wie bereits weiter oben aufgezeigt wurde, sind für den Erlaß der Formblätter für die Jahresabschlüsse der Sparkassen und öffentlich-rechtlichen Kreditanstalten die jeweiligen Staatsaufsichtsbehörden zuständig. Nach der landesrechtlichen Regelung für Baden-Württemberg bestimmt nach § 55 des Sparkassengesetzes das Innenministerium durch Rechtsverordnung die Gliederung des Jahresabschlusses (und den Mindestinhalt des Geschäftsberichts). Für die Sparkassen in Baden-Württemberg gilt die Verordnung des Innenministeriums über die Gliederung des Jahresabschlusses und den Mindestinhalt des Geschäftsberichts (Jahresabschlußverordnung für Sparkassen) vom 13. Dezember 1968[31]. Die Formblätter gelten erstmals für den Jahresabschluß per 31. Dezember 1968. Da sich die obersten Sparkassenaufsichtsbehörden über ein inhaltlich übereinstimmendes Formblatt einigten, gelten in allen Bundesländern die gleichen Vorschriften[32]. Die Richtlinien für den Jahresabschluß der Sparkassen wurden in Baden-Württemberg vom Innenministerium am 18. Dezember 1968 im Einvernehmen mit dem Bundesaufsichtsamt für das Kreditwesen erlassen[33]. Die Verordnung des Innenministeriums über die Gliederung des Jahresabschlusses und den Mindestinhalt des Geschäftsberichts der öffentlich-rechtlichen Kreditanstalten (Jahresabschlußverordnung für öffentlich-rechtliche Kreditanstalten) erging am 11. Oktober 1969[34]. Nach § 8 dieser Verordnung sind die Formblätter erstmals für das Geschäftsjahr 1969 anzuwenden. Festzuhalten ist, daß in allen Bundesländern für die Sparkassen und die öffentlich-

---

[29] Bundesanzeiger, 21. Jg. (1969), Nr. 51 vom 14. März, S. 3.

[30] Veröffentlichungen des Bundesaufsichtsamtes für das Versicherungs- und Bausparwesen, Sonderheft 2 (Dezember 1954); zu den Änderungen der Formblätter vgl. *Erich R. Prölss:* Versicherungsaufsichtsgesetz, Bundesaufsichtsgesetze, Kartellrecht der Versicherungswirtschaft (§ 102 GWB) und andere Nebengesetze, Beck'sche Kurz-Kommentare, Band 15, Fünfte, stark veränderte Auflage, München und Berlin 1966, Erl. 3 zu § 112 VAG = S. 823.

[31] GBl. 1968, S. 468.

[32] Vgl. *Hammer/Montag:* Bilanzen der Kreditinstitute ..., S. 152.

[33] Erlaß des Innenministeriums über die Jahresabschlüsse der Sparkassen vom 18. Dezember 1968, Gemeinsames Amtsblatt des Landes Baden-Württemberg (GABl.), 17. Jg. (1969), S. 49, ber. GABl., 18. Jg. (1970), S. 6.

[34] GBl. 1969, S. 266.

rechtlichen Kreditanstalten jeweils einheitliche Formblätter und Richtlinien gelten[34a].

Die mit dem Formblatt-Muster vorgeschriebene Gliederung der Gewinn- und Verlustrechnung ist als Mindestgliederung anzusehen. Für Aktiengesellschaften und Kommanditgesellschaften auf Aktien gilt darüber hinaus die Bestimmung des § 161 Abs. 2 AktG, daß beim Vorliegen mehrerer Geschäftszweige, die eine Gliederung des Jahresabschlusses nach verschiedenen Gliederungsvorschriften bedingen, die Gesellschaft den Jahresabschluß nach der für einen ihrer Geschäftszweige vorgeschriebenen Gliederung aufzustellen und nach der für ihre anderen Geschäftszweige vorgeschriebenen Gliederung zu ergänzen hat. Durch lex specialis ist die Gliederung des Jahresabschlusses der sog. gemischten Hypothekenbanken (§ 46 Abs. 1 Hypothekenbankgesetz) geregelt. Die sog. gemischten Hypothekenbanken haben nach § 24 Abs. 1 Hypothekenbankgesetz den Jahresabschluß nach den Vorschriften aufzustellen, die für ihre nicht zum Betrieb einer Hypothekenbank gehörenden Geschäftszweige gelten; der so gegliederte Jahresabschluß ist zu ergänzen um jene Gliederung, die für die zum Betrieb einer Hypothekenbank gehörenden Geschäfte in dem Formblatt-Muster für Hypothekenbanken vorgeschrieben ist[35].

2. Vergleich der Formblatt-Muster

Betrachten wir zunächst die durch die Formblattverordnung von 1967 vorgeschriebenen Formblätter sowie die Formblätter für die Sparkassen und öffentlich-rechtlichen Kreditanstalten. Die Unterschiede zwischen dem Formblatt-Muster 1 (Aktiengesellschaften, Kommanditgesellschaften auf Aktien, Gesellschaften mit beschränkter Haftung), dem Formblatt-Muster 2 (eingetragene Genossenschaften), dem Formblatt-Muster 3 (Einzelfirmen, offene Handelsgesellschaften und Kommanditgesellschaften), dem Formblatt-Muster 4 (Zentralkassen in der Rechtsform der Aktiengesellschaft und eingetragenen Genossenschaft), dem Formblatt-Muster für die Sparkassen und dem Formblatt-Muster für die öffentlich-rechtlichen Kreditanstalten sind teils bedingt durch die unterschiedliche Rechtsform der Kreditinstitute, teils durch die unterschiedliche Bedeutung einzelner Geschäftsarten (z. B. des bankfremden Ge-

---

[34a] Vgl. Wirtschaftsprüfer-Handbuch 1973, bearbeitet von Wilhelm Dietrich, Wolfgang Dörner u. a., herausgegeben vom Institut der Wirtschaftsprüfer in Deutschland e. V., Düsseldorf 1973, S. 389 ff.

[35] In Baden-Württemberg haben die öffentlich-rechtlichen Kreditanstalten, die Hypothekengeschäfte betreiben, nach § 3 Abs. 2 der Jahresabschlußverordnung für öffentlich-rechtliche Kreditanstalten bei der sinngemäßen Anwendung von § 25 Hypothekenbankgesetz nur in der Jahresbilanz unter den Rechnungsabgrenzungsposten einen Unterposten zu bilden; die Gewinn- und Verlustrechnung ist nicht zu modifizieren.

schäfts)[36]. Zurückzuführen auf eine unterschiedliche Geschäftsstruktur sind zwei Abweichungen. In den Formblättern für Genossenschaftsbanken (Muster 2) und Privatbanken (Muster 3) sind „Erträge aus Warenverkehr oder Nebenbetrieben" in einem gesonderten Posten (4) neben „Andere Erträge einschließlich der Erträge aus der Auflösung von Rückstellungen im Kreditgeschäft" (Posten 5) auszuweisen, während in den übrigen Formblättern beide Posten zusammengefaßt sind in Posten 4 (Ertrag 4 bei den Sparkassen) mit der Bezeichnung „Andere Erträge einschließlich der Erträge aus der Auflösung von Rückstellungen im Kreditgeschäft"[37]. Wenngleich ein gesonderter Ausweis des bankfremden Geschäfts generell von Interesse ist, schreibt der Gesetzgeber nur jenen Bankengruppen einen gesonderten Ausweis vor, bei denen das bankfremde Geschäft üblicherweise einen größeren Umfang annimmt. Aus dem unterschiedlichen Aufgabenbereich folgt weiterhin, daß in den Formblättern für die Genossenschaftsbanken, für die Zentralkassen sowie für die Sparkassen und öffentlich-rechtlichen Kreditanstalten jene Posten fehlen, die der Erfassung der Ergebnisse aus Unternehmensverträgen dienen.

Bedingt durch die Rechtsform ist die abweichende Gestaltung des Steuerausweises im dem Formblatt für die Privatbanken (Posten 19 des Musters 3). Bei der Einzelfirma bzw. der Personenhandelsgesellschaft entfällt die Gliederung des Steuerausweises in „Steuern vom Einkommen, vom Ertrag und vom Vermögen" und in „sonstige Steuern", da nicht die Unternehmung, sondern der (Mit-)Unternehmer der Einkommen- und Vermögensteuer unterliegt und somit im ersten Unterposten nur die Gewerbesteuer auszuweisen wäre.

Schließlich ist noch auf eine Abweichung des Formblatt-Musters 2 von den anderen Formblatt-Mustern hinzuweisen. In Posten 11 der Gewinn- und Verlustrechnung der Genossenschaftsbanken sind die — bei den übrigen Formblättern gesondert ausgewiesenen — „Gehälter und Löhne" und „Aufwendungen für Altersversorgung und Unterstützung" zusammengefaßt.

Die Formblätter für die Gewinn- und Verlustrechnung der Hypothekenbanken und der Schiffspfandbriefbanken unterscheiden sich nur unwesentlich voneinander. Die Abweichungen von dem Formblatt-Muster 1 (Aktienbanken) sind nicht von größerer Bedeutung. Die gewichtigste

---

[36] Daß für die Sparkassen nach § 2 der Jahresabschlußverordnung die Kontoform für die Gewinn- und Verlustrechnung vorgeschrieben ist, ist materiell nicht von Bedeutung; auch die z. T. gekürzte Bezeichnung einzelner Posten der Gewinn- und Verlustrechnung ist für deren Inhalt im Vergleich zu den anderen Formblättern bedeutungslos.

[37] Die Numerierung der Posten bezieht sich — mit Ausnahme der Sparkassen — stets auf die Staffelform der Gewinn- und Verlustrechnung.

Abweichung ist der gesonderte Ausweis der einmaligen Erträge (Aufwendungen) aus dem (im) Emissions- und Darlehensgeschäft in Posten 3 (Posten 8) der Muster für die Hypotheken- und Schiffspfandbriefbanken. Der Posten 3 des Formblatt-Musters 1 „Provisionen und andere Erträge aus Dienstleistungsgeschäften" fehlt dagegen in diesen Formblättern.

Das Formblatt für die Gewinn- und Verlustrechnung der privaten Bausparkassen (Vordruck Bauspar IIö) wurde nicht überarbeitet; es weicht deshalb in stärkerem Maße von den neu erlassenen Formblättern ab. Insbesondere von Bedeutung ist, daß „außerordentliche" Aufwendungen und Erträge gesondert ausgewiesen werden müssen, während nach Ziffer 7 der Richtlinien vom 22. Juli 1968 für die Kreditinstitute „Aufwendungen und Erträge .. auch dann den Posten zuzuordnen (sind; W. G.), zu denen sie ihrer Art nach gehören, wenn es sich um Posten mit aperiodischem und außerordentlichem Charakter handelt"[38]. Weiterhin ist bei Bausparkassen der Mehrerlös und Mindererlös aus Wertpapierverkäufen gesondert auszuweisen und nicht in einem Sammelposten wie in den übrigen Formblättern.

Der weiteren Untersuchung werden wir das Formblatt-Muster 1 für die Gewinn- und Verlustrechnung zugrunde legen. Dies ist u. E. deshalb gerechtfertigt, weil die Abweichungen der anderen Formblätter nicht stark ins Gewicht fallen; auf die Abweichungen und ihre Bedeutung für die Wertschöpfungsrechnung soll jedoch jeweils hingewiesen werden. Zum anderen wählen wir dieses Formblatt, weil die größten Kreditinstitute in der Bundesrepublik Deutschland in der Rechtsform der Aktiengesellschaft betrieben werden. Die Gewinn- und Verlustrechnung der Bausparkassen wird gesondert ausgewertet werden.

3. Die Bedeutung der Gliederungsvorschriften

Die Unternehmungsrechnungen, zu denen der Jahresabschluß der Unternehmung zählt, sind nicht Selbstzweck, sondern ein Mittel zur Erfüllung von Zielen[39]. Der Formalaufbau der Gewinn- und Verlustrechnung, vor allem die Zusammenfassung von Aufwands- und Ertragsarten zu Sammelposten, erfolgt unter der Zielsetzung der Rechnung. Wir können davon ausgehen, daß es Zweck der Gewinn- und Verlustrechnung ist, „Aufwendungen und Erträge zu verrechnen und das Zustandekommen des Periodenerfolgs zu erklären"[40]. In der Gewinn- und Verlustrechnung

---

[38] Bekanntmachung Nr. 1/68 ...

[39] Vgl. *Erich Kosiol:* Bilanzreform und Einheitsbilanz, Grundlegende Studien zu den Möglichkeiten einer Rationalisierung der periodischen Erfolgsrechnung, 2. Auflage, Berlin - Stuttgart 1949, S. 14; *Dieter Pohmer:* Über die Bedeutung des betrieblichen Werteumlaufs ..., S. 309.

[40] *Edmund Heinen:* Handelsbilanzen, Fünfte Auflage, Wiesbaden 1969, S. 249.

wird der periodenbezogene Erfolg ermittelt, der nur bei der Einzelfirma oder der Personenhandelsgesellschaft mit dem einkommenbezogenen Erfolg, d. h. mit den Einkünften des Unternehmerhaushalts aus der Unternehmung, identisch ist, bei den Kapitalgesellschaften aber von den rechtlichen Beziehungen zwischen Kapitalgesellschaft und Eignern der Kapitalgesellschaft abhängig ist[41]. Wenn wir feststellen, es sei die Funktion der Gewinn- und Verlustrechnung, das Zustandekommen des Erfolges des Unternehmers (der Unternehmung) zu erklären, so wird damit nur ein Teil der Wertschöpfung als Summe aller in der Unternehmung entstandenen Einkommen erfaßt. Die Wertschöpfungsrechnung erfordert deshalb eine Um- und Aufgliederung der Gewinn- und Verlustrechnung.

Das Zustandekommen des Erfolges wird in der Gewinn- und Verlustrechnung durch eine Gegenüberstellung von Aufwendungen und Erträgen erklärt. Auf eine ausführliche Beschreibung der Formblätter wollen wir hier verzichten, da auf den Inhalt der einzelnen Positionen im Zusammenhang mit der Aufstellung der Wertschöpfungsstaffeln eingegangen wird; wir wollen uns hier auf die Darstellung der Grundzüge des Formalaufbaus und die grundsätzliche Problematik der Gliederung der Gewinn- und Verlustrechnung beschränken.

Die Erträge sind (vornehmlich) gegliedert nach der Quelle, insbesondere nach Geschäftsarten. Gesondert auszuweisen sind Erträge aus Kredit- und Geldmarktgeschäften, aus Geldanlagen und Erträge aus Dienstleistungsgeschäften; die Erträge aus dem Abgang von Vermögensgegenständen sowie andere Wertänderungsgewinne sind nicht gesondert auszuweisen, sondern werden bei der Mehrzahl der Kreditinstitute mit Erträgen aus dem bankfremden Geschäft zusammengefaßt. Gesondert auszuweisen sind die aufgrund von Unternehmensverträgen von anderen Unternehmungen abgeführten und an andere Unternehmungen abgeführte Gewinne. Die Aufwendungen sind grundsätzlich nicht nach den verursachenden Geschäftsarten gegliedert, sondern nach der Art der verzehrten Güter zusammengefaßt.

Die Gliederung der Erträge nach der Quelle und der Aufwendungen nach der Art der verzehrten Güter entspricht der Gliederung der Wertschöpfungsstaffel. Probleme bei der Berechnung der Wertschöpfung aus der Gewinn- und Verlustrechnung entstehen jedoch dadurch, daß in der publizierten Gewinn- und Verlustrechnung einerseits zur Begrenzung des quantitativen Umfangs der Rechnung, zum anderen zur Einschränkung des Informationswerts der Rechnung für Außenstehende folgende Operationen vorgenommen werden:

---

41 Vgl. *Dieter Pohmer:* Über die Bedeutung des betrieblichen Werteumlaufs . . ., S. 329 ff.

(a) Zusammenfassung von unterschiedlichen Aufwands-bzw. Ertragsarten zu Sammelposten,

(b) Zusammenfassung von aperiodischen und außergewöhnlichen Aufwendungen bzw. Erträgen mit regelmäßigen Aufwendungen bzw. Erträgen,

(c) Saldierung von Aufwendungen mit Erträgen.

Zu a): Werden Aufwendungen, die Vorleistungen anderer Unternehmungen sind, zusammen mit Aufwendungen ausgewiesen, die Faktoreinkommen oder Einkommensübertragungen (z. B. Spenden) sind, ist zunächst zu prüfen, ob nicht durch zusätzliche Angaben, z. B. in den Geschäftsberichten, eine Ausgliederung dieser Einkommensteile möglich ist. Ist nur bei einzelnen Unternehmungen infolge freiwilliger Veröffentlichung zusätzlicher Angaben eine Ausgliederung möglich, so kann zwar deren Wertschöpfung exakt berechnet werden; es stellt sich aber die Frage, ob ein solch differenziertes Vorgehen tunlich ist, da sich dann zwischen Unternehmungen mit besserer bzw. schlechterer Publizität bei Vergleichen Verzerrungen ergeben können. Für die Behandlung solcher Mischposten schließen wir uns — sofern eine Aufspaltung nicht möglich ist — dem Vorschlag von *Kroenlein* an, bei Konzentrationsuntersuchungen im Zweifelsfalle vorsichtig zu verfahren und eher eine zu kleine als eine zu große Wertschöpfung zu ermitteln[42].

Zu b): Aperiodische Aufwendungen und Erträge müssen nicht gesondert ausgewiesen werden, sondern sind — wie auch Aufwendungen und Erträge außerordentlichen Charakters — nach Ziffer 7 der Richtlinien „den Posten zuzuordnen, zu denen sie ihrer Art nach gehören“[43]. Diese Vorschrift gilt für alle Kreditinstitute im Sinne der §§ 1, 2 KWG. Außerordentliche Aufwendungen und aperiodische Aufwendungen und Erträge können jedoch die Vergleichbarkeit der aus den Gewinn- und Verlustrechnungen der einzelnen Kreditinstitute ermittelten Wertschöpfung beeinträchtigen.

Indessen ist die Abgrenzung außerordentlicher Erträge und Aufwendungen in Grenzfällen willkürlich. Wenn z. B. *Birck* feststellt, „als einmalige *Erträge* kommen bei Kreditinstituten im allgemeinen wohl nur die Währungs- und Effektenkursgewinne in Betracht, die aus außergewöhnlichen Kursschwankungen herrühren“[44], so stellt sich die Frage, welche Kursschwankungen als normal bezeichnet werden können; für Währungskursgewinne ließe sich dies u. E. in einem System fester Wech-

[42] Vgl. *Günter Kroenlein:* Die Wertschöpfung der Aktiengesellschaft . . ., S. 52.
[43] Bekanntmachung Nr. 1/68 . . .
[44] *Heinrich Birck:* Die Bankbilanz . . ., S. 450.

selkurse beantworten, bei Effektenpreisänderungen ist u. E. eine Abgrenzung jedoch recht problematisch.

Durch die Zusammenfassung aperiodischer und der Rechnungsperiode zuzuordnender Aufwendungen bzw. Erträge läßt sich der Erfolg nicht mehr ausschließlich als Ergebnis des wirtschaftlichen Handelns in einer Rechnungsperiode erklären. Festzustellen ist aber, daß der Gewinn durch aperiodische Aufwendungen in weit höherem Maße belastet ist als die Wertschöpfung, da sämtliche aperiodischen Aufwendungen, die Bestandteil der Wertschöpfung sind, ausschließlich den Gewinn, nicht aber die Wertschöpfung tangieren. Bei den aperiodischen Aufwendungen und Erträgen (vornehmlich als Korrekturposten zu in früheren Perioden zu hoch angesetzten Aufwendungen) müßte zur Ermittlung der periodengerechten Wertschöpfung eine nachträgliche Umperiodisierung vorgenommen werden. Für eine periodengerechte Zuordnung fehlen jedoch die statistischen Unterlagen. In der Regel hat man sich mit der Feststellung zu begnügen, daß in einem Posten der Gewinn- und Verlustrechnung aperiodische Größen verrechnet sein können; aufgrund von Angaben im Geschäftsbericht kann darüber hinaus ausgesagt werden, daß tatsächlich aperiodische Aufwendungen in einem Posten enthalten sind. Gelegentliche Angaben über die Höhe aperiodischer Größen im Geschäftsbericht helfen nicht weiter, da damit nur die Wertschöpfung des berichtenden Kreditinstituts „periodengerecht" ermittelt werden kann und von daher wiederum Verzerrungen zu den anderen Kreditinstituten zu befürchten sind. Folglich empfiehlt es sich, wegen der in der Regel nicht aussonderbaren aperiodischen und außergewöhnlichen Posten bei Konzentrationsanalysen Untersuchungen für mehrere aufeinanderfolgende Stichtage anzustellen, auf jeden Fall aber bei der Interpretation der Rechnungsergebnisse diesen Sachverhalt zu berücksichtigen.

Zu c): Für die Gewinn- und Verlustrechnung gilt grundsätzlich das Prinzip, Aufwendungen und Erträge nicht außerhalb der Rechnung zu kompensieren. Dieses „Bruttoprinzip" wird jedoch insoweit durch § 4 der Verordnung über Formblätter für die Gliederung des Jahresabschlusses von Kreditinstituten durchbrochen, als „Erträge aus höherer Bewertung oder dem Eingang ganz oder teilabgeschriebener Forderungen sowie aus höherer Bewertung oder dem Abgang von Wertpapieren . . . mit Abschreibungen und Wertberichtigungen auf Forderungen oder Wertpapiere" verrechnet werden dürfen; nur der nicht kompensierbare Teil der Aufwendungen bzw. Erträge ist in die Gewinn- und Verlustrechnung einzustellen. Diese Möglichkeit der Kompensation ist sämtlichen Kreditinstituten mit Ausnahme der Bausparkassen gegeben[45]. Die

[45] Vgl. § 4 der Verordnung über Formblätter für die Gliederung des Jahresabschlusses der Hypothekenbanken und Schiffspfandbriefbanken; § 5 Abs. 2

Saldierung anderer Aufwendungen und anderer Erträge ist nicht zulässig[46]. Die Saldierung von Aufwendungen und Erträgen kann für die Berechnung der Wertschöpfung bedeutungslos sein, nämlich immer dann, wenn die Kompensation der bei der Wertschöpfungsrechnung vorzunehmenden Saldierung entspricht. Unter diese „unschädlichen" Saldierungen fällt z. B. die Aufrechnung von Ertragszinsen mit Aufwandszinsen.

Zusammenfassend kann festgestellt werden, daß der Informationsgehalt der Gewinn- und Verlustrechnung für die Berechnung der Wertschöpfung weniger eingeschränkt wird durch die Saldierung von Aufwendungen und Erträgen als vielmehr durch die Zusammenfassung außerordentlicher und aperiodischer Aufwendungen bzw. Erträge mit ordentlichen und der Berechnungspriode zuzuordnenden Aufwendungen bzw. Erträgen sowie durch die Zusammenfassung von bei Wertschöpfungsrechnungen unterschiedlich zu behandelnden Aufwendungen bzw. Erträgen.

III. Die Bewertungsvorschriften

1. Rechtsquellen

Wenn *Birck* 1961 feststellte: „Wenn man ... berücksichtigt, daß die ... Bewertungsvorschriften für die Nichtaktienbanken — von unbedeutenden Ausnahmen abgesehen — sich in materieller Hinsicht mit den Vorschriften des § 133 AktG (1937; W. G.) decken, so kann zusammenfassend festgestellt werden, daß für das gesamte Bankwesen praktisch ein einheitliches Bewertungsrecht nach den aktienrechtlichen Bestimmungen besteht"[47], so ist diese Aussage nach der Aktienrechtsreform im Jahre

---

der Jahresabschlußverordnung für Sparkassen (Baden-Württemberg); § 6 Abs. 2 der Jahresabschlußverordnung für öffentlich-rechtliche Kreditanstalten (Baden-Württemberg).

[46] Demgegenüber zeichnete sich die bis Ende des Geschäftsjahres 1967 bei den Aktienbanken übliche Gewinn- und Verlustrechnung neben der Zusammenfassung von Aufwendungen bzw. Erträgen zu wenigen Sammelposten vor allem durch weitgehende Kompensationen aus. Wenn *Birck* schreibt, „überhaupt gilt von dem Grundsatz, daß alle in die Gewinn- und Verlustrechnung eingestellten Positionen mit ihrem vollen Betrag ausgewiesen werden müssen, insoweit eine Ausnahme, als die *Bildung stiller Reserven* in Frage steht", so kann davon ausgegangen werden, daß sämtliche — d. h. überhaupt ausgewiesenen — Ertragsposten vorweg zur Legung stiller Reserven gekürzt wurden. Eine Berechnung der Wertschöpfung aus einer derart verkrüppelten Gewinn- und Verlustrechnung ist nicht möglich. Vgl. *Heinrich Birck:* Die Bankbilanz ..., S. 479.

[47] *Heinrich Birck:* Die Bankbilanz ..., S. 17 (im Original z. T. hervorgehoben). Gleichfalls *Adler/Düring/Schmaltz:* „Da ... § 133 AktG (1937; W.G.) ... nichts enthält, was nicht schon nach den Grundsätzen ordnungsmäßiger Buchführung zu einer fachgerechten Bewertung nach § 40 HGB gehört, gelten die aktienrechtlichen Bewertungsbestimmungen praktisch auch für diejenigen Unternehmen (Kaufleute im Sinne des HGB), die den Vorschriften des Aktienget-

1965 einzuschränken, da die Reform des Aktienrechts eine Änderung der Bewertungsvorschriften (bzw. allgemeiner: der Rechnungslegungsvorschriften) brachte. Da das Aktiengesetz 1965 nicht — wie das Aktiengesetz 1937 — hauptsächlich von dem Grundsatz des „Gläubigerschutzes" geprägt ist[48], „ist die für Nicht-Aktiengesellschaften sehr bedeutsame Frage wieder in den Vordergrund gerückt, ob und inwiefern die aktienrechtlichen Bewertungsvorschriften mit den Grundsätzen identisch sind, die nach § 40 Abs. 2 HGB der Bewertung zugrunde zu legen sind"[49]. *Adler/Düring/Schmaltz* folgern, daß es innerhalb des Aktiengesetzes 1965 zwei Schichten von Vorschriften gebe: solche, die allgemeine Bewertungsgrundsätze zum Ausdruck bringen, und solche, die sich nur aus den für das Aktienrecht geltenden Zielsetzungen erklären lassen; es sei nicht möglich, generell die aktienrechtlichen Bewertungsbestimmungen mit den Bewertungsvorschriften des HGB und damit den Bewertungsvorschriften für Nicht-Aktiengesellschaften gleichzusetzen[50]. Da für Kreditinstitute grundsätzlich die gleichen Bewertungsvorschriften gelten wie für andere Unternehmungen derselben Rechtsform, gibt es hinsichtlich der Bewertungsvorschriften zwei Gruppen von Kreditinstituten: Kreditinstitute, für die die aktienrechtlichen Bewertungsvorschriften als lex specialis Gültigkeit besitzen, und Kreditinstitute, für die ausschließlich die Vorschriften des Handelsgesetzbuchs maßgeblich sind.

Zu der letzteren Gruppe zählen die Kreditinstitute in der Rechtsform der Einzelfirma, der offenen Handelsgesellschaft, der Kommanditgesellschaft, der Gesellschaft mit beschränkter Haftung und der eingetragenen Genossenschaft. Die allgemeinen Bewertungsvorschriften finden sich in § 40 HGB, der insbesondere auf die Grundsätze ordnungsmäßiger Buchführung verweist. § 42 GmbHG verweist auf § 40 HGB. Die Vorschriften des § 33 b GenG verweisen für die Aufstellung des Jahresabschlusses auf

---

zes nicht unterliegen ... § 133 AktG kann daher als Kodifizierung der in § 40 HGB allgemein ausgesprochenen Bewertungsgrundsätze gelten." *Adler/Düring/Schmaltz:* Rechnungslegung und Prüfung der Aktiengesellschaft, Handkommentar für die Bilanzierungs- und Prüfungspraxis nach dem Aktiengesetz unter Berücksichtigung der sonstigen handelsrechtlichen Vorschriften von Hans Adler, Walther Düring, Kurt Schmaltz, Dritte neubearbeitete Auflage, Stuttgart 1957, Tz. 4 zu § 133 = S. 388 (im Original z. T. hervorgehoben; im folgenden stets als „3. Aufl." zitiert).

48 Vgl. *Adler/Düring/Schmaltz:* Rechnungslegung und Prüfung der Aktiengesellschaft, Handkommentar, Vierte Auflage, völlig neu bearbeitet von Kurt Schmaltz, Karl-Heinz Forster u. a., Band 1: Rechnungslegung, Stuttgart 1968, Tz. 98 zu § 149 = S. 57 f.

49 *Adler/Düring/Schmaltz:* Rechnungslegung ..., Tz. 98 zu § 149 = S. 57.

50 *Adler/Düring/Schmaltz:* Rechnungslegung ..., Tz. 98 zu § 149 = S. 57 f.; vgl. auch *Hermann Greifenhagen:* Zur Bedeutung aktienrechtlicher Rechnungslegungsvorschriften als Grundsätze ordnungsmäßiger Buchführung für Unternehmungen außerhalb der Aktiengesellschaft, in: Die Wirtschaftsprüfung, 19. Jg. (1966), S. 141 ff., S. 145 f.

die Bestimmungen des Handelsgesetzbuchs und auf die Grundsätze ordnungsmäßiger Buchführung und Bilanzierung; die Bestimmungen des § 33 c GenG sind im wesentlichen identisch mit den Bestimmungen des § 133 AktG 1937.

In die erste Gruppe und damit unter die Bewertungsbestimmungen des Aktiengesetzes fallen die Kreditinstitute in der Rechtsform der Aktiengesellschaft und der Kommanditgesellschaft auf Aktien. Durch Verordnungen bzw. Erlasse der obersten Aufsichtsbehörden gelten die aktienrechtlichen Bewertungsbestimmungen weiterhin für die Sparkassen und öffentlich-rechtlichen Kreditanstalten[51]. Neben den allgemeinen aktienrechtlichen Vorschriften haben die Hypothekenbanken bzw. Schiffspfandbriefbanken die speziellen Vorschriften in den §§ 25 und 26 Hypothekenbankgesetz bzw. §§ 23 und 24 Schiffsbankgesetz zu beachten.

Diese Trennung in zwei Gruppen ist jedoch nicht so scharf, wie sie zunächst zu sein scheint, denn die Bewertungsvorschriften des Aktiengesetzes wurden in dem Umfang für Kreditinstitute im Sinne der §§ 1, 2 KWG aufgehoben, wie es dem Gesetzgeber in Anbetracht der besonderen Geschäftstätigkeit erforderlich erschien. Durch § 36 EGAktG[52] wurde in das Kreditwesengesetz der § 26 a eingefügt, der in Abs. 1 die aktienrechtlichen Bestimmungen über die Wertansätze für Forderungen und Wertpapiere des Umlaufvermögens (§ 155 AktG) einschränkt. Diese Einschränkung der Bewertungsvorschrift des § 155 AktG gilt auch für die Sparkassen und öffentlich-rechtlichen Kreditanstalten.

2. Vorschriften des Handelsrechts und Grundsätze ordnungsmäßiger Buchführung

Das Handelsrecht setzt in § 40 HGB explizit zwei Vorschriften für die Bewertung: Das Stichtagsprinzip, nach dem bei der Aufstellung der Bilanz für die Vermögensgegenstände und die Schulden der Wert anzusetzen ist, der ihnen für den Bilanzstichtag zukommt, und das Wahrscheinlichkeitsprinzip, nach dem zweifelhafte Forderungen nach ihrem wahrscheinlichen Wert anzusetzen sind und uneinbringliche Forderungen abzuschreiben sind. Nach der herrschenden Meinung enthält § 40 HGB keinen bestimmten Wert, sondern schreibt nur eine Bewertungsmethode vor[53]. Grundsätzlich sind deshalb bei der Wertfindung die Grundsätze ordnungsmäßiger Buchführung heranzuziehen.

---

[51] Vgl. Erlaß des Innenministeriums Baden-Württemberg Nr. VI 7330/148 vom 2. Februar 1967; Erlasse gleichen Inhalts ergingen auch in den anderen Bundesländern.

[52] Einführungsgesetz zum Aktiengesetz vom 6. September 1965, BGBl. 1965 I, S. 1185.

[53] Vgl. *Adler/Düring/Schmaltz:* Rechnungslegung ..., AktG 1937, 3. Aufl., Tz. 6 zu § 129 = S. 162. Vgl. auch *Eugen Schmalenbach:* Dynamische Bilanz, 13.,

Die Grundsätze ordnungsmäßiger Buchführung sind nach *Leffson* „Kriterien zur Entscheidung, wie einzelne Sachverhalte in Buchführung und Jahresabschluß erfaßt, d. h. bewertet und ausgewiesen werden sollen“[54]. *Leffson* stellt folgendes System der Grundsätze auf:

a) Rahmengrundsätze: Richtigkeit und Willkürfreiheit, Klarheit, Vollständigkeit;

b) Abgrenzungsgrundsätze: Abgrenzung der Sache und der Zeit nach, Realisationsprinzip, Imparitätsprinzip;

c) ergänzende Grundsätze: Stetigkeit, Vorsicht[55].

Von Interesse sind für uns die Abgrenzungsgrundsätze sowie der Grundsatz der Vorsicht.

Die Abgrenzungsgrundsätze dienen zur Verteilung des Totalerfolgs auf einzelne Perioden. Sehen wir von Konsortien u. dgl. ab, kommt dem Totalerfolg für unternehmerische Dispositionen keine Bedeutung zu; interessant ist allein der Periodenerfolg, und deshalb besteht das Kernproblem der buchhalterischen Erfolgsrechnung in der Periodenabgrenzung[56]. Von den drei von *Leffson* angeführten Abgrenzungsgrundsätzen werden nur das Realisationsprinzip und das Imparitätsprinzip im Schrifttum zu den Grundsätzen ordnungsmäßiger Buchführung gezählt[57].

Das Realisationsprinzip wird als Eckpfeiler der Periodenabgrenzung bezeichnet[58]. „Das Realisationsprinzip fordert die Erfassung des Erfolgs entsprechend seiner Verwirklichung im Umsatzprozeß“[59]; es verhütet damit eine Antizipation des Erfolgs. Nicht nach dem Realisationsprinzip zu periodisieren sind jene Erträge, „die streng nach der Zeit anfallen, aber erst verspätet zu Forderungen führen, z. B. postnumerando fällige Zinserträge“[60]. Diese Erträge sind nach dem Grundsatz der Abgrenzung der Zeit nach zeitanteilig zu erfassen und in der Bilanz zu aktivieren.

verbesserte und erweiterte Auflage, bearbeitet von Richard Bauer, Köln und Opladen 1962, S. 34.

[54] *Ulrich Leffson:* Die Grundsätze ordnungsmäßiger Buchführung, 2. veränderte und erweiterte Auflage, Düsseldorf 1970, S. 3.

[55] Vgl. *Ulrich Leffson:* Buchführung und Bilanzierung, Grundsätze ordnungsmäßiger, in: Handwörterbuch des Rechnungswesens, Sp. 307 ff., hier Sp. 309.

[56] Vgl. *Erich Kosiol:* Bilanzreform und Einheitsbilanz, S. 44.

[57] Vgl. *Ulrich Leffson:* Die Grundsätze ordnungsmäßiger Buchführung, S. 155.

[58] *Ulrich Leffson:* Buchführung und Bilanzierung, Grundsätze ordnungsmäßiger, Sp. 311.

[59] *Hans Münstermann:* Realisation und Rechnungswesen, in: Handwörterbuch des Rechnungswesens, Sp. 1493 ff., hier Sp. 1493.

[60] *Ulrich Leffson:* Die Grundsätze ordnungsmäßiger Buchführung, S. 174.

Soweit Aufwendungen zeitraumbezogen anfallen, sind sie gleichfalls nach diesem Grundsatz zeitanteilig zu erfassen[61].

Das Imparitätsprinzip schränkt das Realisationsprinzip insofern ein, als erwartete negative Erfolgsbeiträge aus Geschäften bereits als Aufwand der Erkenntnisperiode und nicht erst als Aufwand der Periode des Eintritts zu erfassen sind[62].

Als ergänzenden Grundsatz führt *Leffson* u. a. den Grundsatz der Vorsicht an. *Leffson* lehnt jene Deutung des Grundsatzes durch *Heinen* ab, daß dem Grundsatz der Vorsicht ein Vorrang vor dem Grundsatz der Richtigkeit zukomme; das Vorsichtsprinzip regele vielmehr — und zwar als Ergänzung zum Grundsatz der Richtigkeit — welchen Wertansatz der Bilanzierende bei ungewissen Erwartungen wählen müsse[63]. Zu dieser einschränkenden Deutung stellt *Leffson* allerdings fest, daß sie in der kaufmännischen Praxis keine Stütze finde. Das Vorsichtsprinzip werde herangezogen, „um ganz weitgehend einen Manipulationsspielraum (vornehmer ‚Ermessensspielraum' genannt) zu schaffen. Das heißt, es wird nicht, wie es einem Prinzip gebührt, grundsätzlich und in immer gleicher Weise angewandt, sondern es wird angewandt — und dann oft übertrieben — wenn die Unternehmung auf diese Weise Selbstfinanzierung treiben will, und es wird nicht angewandt, wenn es gerade nicht den Zielen entspricht"[64].

Nachdem wir den Kern der Grundsätze ordnungsmäßiger Buchführung dargestellt haben, können wir die Ergebnisse zusammenfassen und die Bewertungsvorschriften für die Kreditinstitute, die Nicht-Aktiengesellschaften sind, erörtern.

Grundlage für die Bewertung der Wirtschaftsgüter im Jahresabschluß ist der Anschaffungswert. Der Wertverlauf eines Gutes wird als Funktion des Anschaffungswertes und der Wertminderung ausgedrückt; der Anschaffungswert abzüglich der Wertminderung ist die für den Ansatz in der Bilanz maßgebliche Größe[65]. Das Imparitätsprinzip findet seinen Niederschlag im Ansatz von niedrigeren Tageswerten. Für die Nicht-Aktiengesellschaften gilt das Niederstwertprinzip als Grenzwertprin-

---

[61] Vgl. *Ulrich Leffson:* Die Grundsätze ordnungsmäßiger Buchführung, S. 174.

[62] Vgl. *Ulrich Leffson:* Buchführung und Bilanzierung, Grundsätze ordnungsmäßiger, Sp. 311 f.

[63] Vgl. *Ulrich Leffson:* Die Grundsätze ordnungsmäßiger Buchführung, S. 335; *Edmund Heinen:* Handelsbilanzen, S. 85. Nach *Adler/Düring/Schmaltz* ist die Handelsbilanz gleichfalls „in erster Linie" beherrscht durch das Prinzip der vorsichtigen Bilanzierung. Vgl. *Adler/Düring/Schmaltz:* Rechnungslegung . . ., AktG 1937, 3. Aufl., Tz. 61 zu § 129 = S. 161.

[64] *Ulrich Leffson:* Die Grundsätze ordnungsmäßiger Buchführung, S. 339.

[65] Vgl. *Richard Mattessich:* Messung und Bewertung, in: Handwörterbuch des Rechnungswesens, Sp. 1105 ff., hier Sp. 1107.

zip[66]. Für die Gegenstände des Umlaufvermögens gilt das Grenzwertprinzip in seiner strengen Fassung (vgl. § 133 Ziff. 3 AktG 1937), für die Gegenstände des Anlagevermögens in seiner gemilderten Fassung (vgl. § 133 Ziff. 1 und 2 AktG 1937). Die Untergrenzen bei der Bewertung sind aus den Grundsätzen ordnungsmäßiger Buchführung abzuleiten. Infolge der in der Praxis weiten Auslegung des Grundsatzes der Vorsicht ist ein breiter Ermessensspielraum gegeben: *Adler/Düring/Schmaltz* stellen in der Kommentierung zu § 133 AktG 1937 fest, daß unter Berücksichtigung der reichsgerichtlichen Rechtsprechung vor der Einführung des AktG 1937 willkürliche Unterbewertungen zulässig sind außer in dem Falle, daß Aktionäre zur Aufgabe ihrer Aktien bewegt werden sollen[67].

Im Hinblick auf die besonderen Probleme bei Kreditinstituten ist noch etwas ausführlicher auf die Bewertung der Forderungen und Verbindlichkeiten einzugehen.

Alle Forderungen der Kreditinstitute zählen ohne Rücksicht auf die Fristigkeit zum Umlaufvermögen der Kreditinstitute[68]. Sie sind deshalb grundsätzlich nach dem Niederstwertprinzip zu bewerten[69]. Die bis zum Bilanzstichtag zu berechnenden Zinsen können aktiviert werden. Durch den Grundsatz der Abgrenzung der Zeit nach ist eine Aktivierung ohnehin geboten; nach *Birck* wird die Aktivierung der fälligen und anteiligen Zinsen regelmäßig vorgenommen[70]. Dem Ausfallrisiko bei Forderungen wird auf zweierlei Arten Rechnung getragen. Ist der Ausfall bezifferbar (akutes Risiko), ist diesem Ausfall durch Bildung einer Einzelwertberichtigung Rechnung zu tragen. Nach *Birck* entspricht es „den Grundsätzen solider Bankbilanzierung", daß „in Anbetracht der besonderen Schwierigkeiten einer wirklich zutreffenden Wertfindung" bei notleidenden Krediten die Einzelwertberichtigung eher zu hoch als zu niedrig bemessen wird[71]. Da dem Grundsatz der Vorsicht bei Kreditinstituten eine überragende Bedeutung zugemessen wird, und das Niederstwertprinzip als Grenzwertprinzip gilt, enthalten die Einzelwertberichtigungen

---

[66] Zum Begriff vgl. *Erich Kosiol:* Buchhaltung und Bilanz, 2. überarbeitete und veränderte Auflage, Berlin 1967, S. 101.

[67] Vgl. *Adler/Düring/Schmaltz:* Rechnungslegung ..., AktG 1937, 3. Aufl., Tz. 9 ff. zu § 133 = S. 390, vgl. auch Tz. 71 ff. zu § 129 = S. 165 f. Als Beispiel für eine unzulässige Bildung stiller Reserven führt *Birck* den „krassen Fall" des Ansatzes „der wertmäßig bedeutsamsten Aktivpositionen der Bilanz nur zu Merkwerten" und die Aktivierung von „erstklassigen Barwerten wie den Kassenbestand, die Guthaben bei der Bundesbank und den Postscheckämtern sowie Nostroguthaben usw. überhaupt unter ihrem feststehenden wirklichen Wert". *Heinrich Birck:* Die Bankbilanz ..., S. 33 f.

[68] Vgl. *Heinrich Birck:* Die Bankbilanz ..., S. 67.

[69] Zur Handhabung des Niederstwertprinzips bei den sog. unverzinslichen Wertpapieren vgl. *Heinrich Birck:* Die Bankbilanz ..., S. 61.

[70] Vgl. *Heinrich Birck:* Die Bankbilanz ..., S. 67.

[71] Vgl. *Heinrich Birck:* Die Bankbilanz ..., S .74.

stille Reserven, die bewußt gebildet werden oder durch Besserung der Forderung entstehen, da eine Auflösung der Wertberichtigung bei der gleichen Forderung nicht vorgeschrieben ist[72]. Zur Berücksichtigung der latenten Risiken haben die Kreditinstitute Sammelwertberichtigungen zu bilden. Der „Grundsatz ordnungsmäßiger Bilanzierung von Bankforderungen"[73] wurde vom Bundesaufsichtsamt für das Kreditwesen durch die „Bekanntmachung Nr. 1/65 betreffend Anordnung über die Bildung von Sammelwertberichtigungen bei Kreditinstituten"[74] vom 14. Juli 1965 konkretisiert. Die Anordnung schreibt für die Bildung von Sammelwertberichtigungen Mindestsätze vor; diese Mindestsätze sind zugleich steuerlich anerkannt[75]. Soweit es die Umstände erfordern, können höhere Sätze angewendet werden; für die Höhe der Bemessung und die Möglichkeit der Legung stiller Reserven gilt das zu den Einzelwertberichtigungen Gesagte. Sammelwertberichtigungen in Höhe der Mindestsätze sind auch dann zu bilden, wenn dadurch ein Verlust entstünde.

Im Zusammenhang mit der Bilanzierung von Forderungen ist noch auf die Bilanzierung eines Damnums bei längerfristigen Ausleihungen einzugehen.

Im langfristigen Kreditgeschäft ist es üblich, bei der Darlehensgewährung ein Disagio (Damnum) einzubehalten. Soweit darin nicht ein Beitrag zur Deckung der unmittelbaren Kosten zu sehen ist, stellt dieser Abzug eine Aufbesserung der laufenden Verzinsung dar. Das Auszahlungsdisagio in Höhe der zusätzlichen Verzinsung ist — als Korrektiv des Darlehenszinssatzes — unter Berücksichtigung der Laufzeit des Darlehens so abzugrenzen, daß sich während der gesamten Laufzeit des Darlehens eine gleich hohe Verzinsung ergibt[76]. Bei einem Rückzahlungsagio ist gleichfalls so vorzugehen.

Für die Bilanzierung von Anleihen schrieb § 133 AktG 1937 — der in der Praxis als Kodifizierung der Grundsätze ordnungsmäßiger Buchführung verstanden wird — einen Ansatz zum Rückzahlungsbetrag vor. Ein Disagio kann unter die Rechnungsabgrenzungsposten der Aktivseite der Bilanz aufgenommen werden, muß aber nicht; der eingesetzte Betrag kann über die gesamte Laufzeit der Anleihe verteilt werden durch jährliche Abschreibungen. Aktiviert werden dürfen nicht nur das eigent-

[72] Vgl. *Heinrich Birck:* Die Bankbilanz ..., S. 74.

[73] *Heinrich Birck:* Die Bankbilanz ..., S. 79.

[74] Bundesanzeiger, 17. Jg. (1965), Nr. 244 vom 29. Dezember.

[75] Vgl. Allgemeine Verwaltungsvorschrift des Bundesministers der Finanzen über die steuerliche Anerkennung von Sammelwertberichtigungen bei Kreditinstituten vom 21. März 1966 [Bundesanzeiger, 18. Jg. (1966), Nr. 58 vom 24. März], mit Änderung vom 17. Dezember 1970 [Bundesanzeiger, 22. Jg. (1970), Nr. 239 vom 23. Dezember].

[76] Vgl. *Heinrich Birck:* Die Bankbilanz ..., S. 121.

liche Disagio, d. h. der einmalige Zins, sondern sämtliche Kosten, die durch die Ausgabe der Anleihe entstanden sind[77]. Diese Verfahrensweise gilt auch für das Damnum bei langfristigen Krediten, die keine Anleihen sind[78]. Ein Rückzahlungsaufgeld ist wie ein Disagio zu behandeln[79]. Abschließend ist noch auf die Behandlung des Begebungsagios (Rückzahlungsdisagio), d. h. auf die Differenz zwischen höherem Ausgabekurs und Nennwert der Verbindlichkeit, einzugehen. Betriebswirtschaftlich gesehen ist das Begebungsagio ein vom Gläubiger gezahltes Entgelt für die künftigen Zinszahlungen des Schuldners zu Zinsen, die über dem landesüblichen Zinssatz liegen[80]. Das Begebungsagio ist zu passivieren; zur periodengerechten Ermittlung des Gewinns ist dieser Passivposten entsprechend der Mehrbelastung durch die laufenden Zinsen erfolgserhöhend aufzulösen.

Bei der Behandlung dieser einmaligen Zinsen und Geldbeschaffungskosten ist demnach eine gewisse Asymmetrie festzustellen: Einmalige Aufwandszinsen und die Geldbeschaffungskosten dürfen, einmalige Zinserträge müssen über die Laufzeit der Verbindlichkeit verteilt werden.

3. Vorschriften des Aktiengesetzes und Sondervorschriften

Die Aktienrechtsform 1965 schränkte für Aktiengesellschaften die Zulässigkeit der Bildung stiller Reserven insoweit ein, als das Niederstwertprinzip in seiner Ausprägung als Grenzwertprinzip zugunsten des exakten Niederstwertprinzips aufgegeben wurde. Das exakte Niederstwertprinzip legt im Gegensatz zu dem Grenzwertprinzip nicht nur Höchstwerte fest, sondern exakt jenen niedrigeren Wert, der einem Gut beizulegen ist[81].

Für die Güter des Anlagevermögens gilt nach § 153 AktG ein Ansatz zu Anschaffungs- und Herstellungskosten, vermindert um Abschreibungen oder Wertberichtigungen nach § 154 AktG. Bei Anlagegütern, deren Nutzung zeitlich begrenzt ist, sind nach § 154 AktG die Anschaffungs- oder Herstellungskosten um planmäßige Abschreibungen oder Wertberichtigungen zu vermindern. Der wesentliche Unterschied gegen-

---

[77] Vgl. *Adler/Düring/Schmaltz:* Rechnungslegung ..., AktG 1937, 3. Aufl., Tz. 202 zu § 133 = S. 453 (a. M. in 4. Aufl., Tz. 38 zu § 156 = S. 578); Wirtschaftsprüfer-Handbuch 1963, bearbeitet von Hans Adler, Wilhelm Dieterich u. a., herausgegeben vom Institut der Wirtschaftsprüfer in Deutschland e. V., Düsseldorf 1963, S. 409.

[78] Vgl. Wirtschaftsprüfer-Handbuch 1963, S. 409; *Adler/Düring/Schmaltz:* Rechnungslegung ..., AktG 1937, 3. Aufl., Tz. 203 zu § 133 = S. 454.

[79] Vgl. *Ulrich Hüttemann:* Grundsätze ordnungsmäßiger Bilanzierung für Verbindlichkeiten, Düsseldorf 1970, S. 98, sowie die dort angegebene Literatur.

[80] Vgl. *Heinrich Birck:* Die Bankbilanz ..., S. 29, S. 145 f.

[81] Vgl. *Erich Kosiol:* Buchhaltung und Bilanz, S. 99.

über § 133 AktG 1937 ist darin zu sehen, daß die Anschaffungs- oder Herstellungskosten planmäßig auf die voraussichtlichen Jahre der Nutzung zu verteilen sind. Der Verteilungsplan muß eine den Grundsätzen ordnungsmäßiger Buchführung entsprechende Abschreibungsmethode vorsehen[82]. Neben diesen planmäßigen Abschreibungen sind bei abnutzbaren Gegenständen des Anlagevermögens außerplanmäßige Abschreibungen zulässig für Zwecke der Steuern vom Einkommen und Ertrag (§ 154 Abs. 2 Ziff. 2 AktG) und zum Ansatz des niedrigeren Stichtagswertes (§ 154 Abs. 2 Ziff. 1 AktG). Für Gegenstände des Anlagevermögens, deren Nutzung zeitlich nicht begrenzt ist, sind gleichfalls außerplanmäßige Abschreibungen nach § 154 Abs. 2 AktG zulässig. Für die Güter des Anlagevermögens gilt das gemilderte Niederstwertprinzip; außerplanmäßige Abschreibungen sind nur bei dauernden Wertminderungen vorzunehmen. Der niedrigere Wertasatz darf beibehalten werden, wenn die Gründe für die außerplanmäßige Abschreibung nicht mehr bestehen.

Die Gegenstände des Umlaufvermögens sind nach § 155 AktG grundsätzlich nach dem exakten Niederstwertprinzip zu bewerten; ein Abwertungswahlrecht kann nach Abs. 3 Ziff. 1 (Verhinderung einer Änderung des Wertansatzes in nächster Zukunft infolge von Wertschwankungen) oder nach Abs. 3 Ziff. 2 (Zulässigkeit eines niedrigeren Ansatzes für Zwecke der Steuern vom Einkommen und Ertrag) in Anspruch genommen werden. Wie bei den Gütern des Anlagevermögens besteht ein Aufwertungswahlrecht bei Wegfall der Gründe für einen niedrigeren Wertansatz (§ 155 Abs. 4 AktG). Die in § 155 AktG festgelegte Untergrenze für die Bewertung ist jedoch für Kreditinstitute, die den aktienrechtlichen Bewertungsvorschriften unterliegen (nicht jedoch für Bausparkassen), durch § 26 a KWG durchbrochen. Nach § 26 a Abs. 1 KWG können Kreditinstitute in der Rechtsform der Aktiengesellschaft und Kommanditgesellschaft auf Aktien Forderungen und Wertpapiere des Umlaufvermögens mit einem niedrigeren Wert als dem nach § 155 AktG zugelassenen Wert ansetzen, „soweit dies nach vernünftiger kaufmännischer Beurteilung zur Sicherung gegen die besonderen Risiken des Geschäftszweigs der Kreditinstitute notwendig ist". Das Maß der zulässigen Unterbewertung von Forderungen und Wertpapieren des

---

[82] Die Grundsätze ordnungsmäßiger Buchführung sollen einen periodengerechten Ausweis des Gewinns sicherstellen (wenngleich dieser in der Praxis durch ein weite Interpretation des Vorsichtsprinzips verhindert werden kann); die Formulierung des Gesetzestextes soll insbesondere eine Bemessung der Abschreibungen nach dem angestrebten Gewinnausweis oder nach dem allgemeinen Unternehmungsrisiko verhindern. Vgl. *Karl-Heinz Forster:* Neue Pflichten des Abschlußprüfers nach dem Aktiengesetz von 1965, in: Die Wirtschaftsprüfung, 18. Jg. (1965), S. 585 ff., hier S. 590; *Bruno Kropff:* Bilanzwahrheit und Ermessensspielraum in den Rechnungslegungsvorschriften des Aktiengesetzes 1965, in: Die Wirtschaftsprüfung, 19. Jg. (1966), S. 369 ff., hier S. 375.

Umlaufvermögens begrenzte der Gesetzgeber damit durch die Bedingung „nach vernünftiger kaufmännischer Beurteilung ... notwendig". § 26 a Abs. 1 KWG gilt gleichfalls für die unter das Publizitätsgesetz fallenden Kreditinstitute (§ 5 Abs. 2 Ziff. 6 PublG).

Zur Bewertung der Verbindlichkeiten schreibt § 152 Abs. 2 AktG vor, daß Verbindlichkeiten „zu ihrem Rückzahlungsbetrag anzusetzen sind". Damit gilt für alle Verbindlichkeiten die gleiche Bewertungsvorschrift, die ihrerseits der Vorschrift des § 133 Ziff. 6 AktG 1937 entspricht. Die Bewertungsvorschrift des § 133 Ziff. 6 AktG 1937 galt nach dem Wortlaut des Gesetzes nur für Anleihen, nach der herrschenden Meinung waren aber andere Verbindlichkeiten wie Anleihen zu bilanzieren[83]. Bei der Bilanzierung nach § 156 Abs. 2 AktG ist nicht zu berücksichtigen, ob es sich um unverzinsliche oder besonders niedrig verzinsliche Verbindlichkeiten handelt, bei denen früher eine Abzinsung für zulässig erachtet wurde; „verglichen mit der bisher für zulässig erachteten Abzinsungsmöglichkeit entspricht das neue Recht insoweit stärker dem Grundsatz vorsichtigen, d. h. eher zu hohen als zu niedrigen Ansatzes von Verbindlichkeiten"[84].

Für die Verrechnung eines Disagios schreibt § 156 Abs. 3 AktG vor, daß dieser Posten unter die Rechnungsabgrenzungsposten der Aktivseite aufgenommen werden darf; das Disagio ist durch planmäßige jährliche Abschreibungen, die auf die gesamte Laufzeit der Verbindlichkeit verteilt werden dürfen, zu tilgen[85]. Beim Rückzahlungsagio — analog zur Behandlung des Disagios — ist eine sofortige Verrechnung als Aufwand zulässig, in der Literatur wird jedoch überwiegend eine Verrechnung über die Laufzeit der Verbindlichkeit befürwortet[86]. Für die Verrechnung des Unterschiedsbetrags zwischen Rückzahlungsbetrag und höherem Ausgabebetrag als Ertrag gelten für die nach Aktienrecht bilanzierenden Kreditinstitute keine besonderen Vorschriften; nach den Grundsätzen ordnungsmäßiger Buchführung ist der Unterschiedsbetrag entsprechend den laufenden Zinszahlungen erfolgswirksam auf die Laufzeit der Verbindlichkeiten zu verteilen[87].

---

[83] Vgl. Entwürfe a) eines Aktiengesetzes, b) eines Einführungsgesetzes zum Aktiengesetz, Deutscher Bundestag, 4. Wahlperiode, Drucksache IV/171, S. 177 (im folgenden zitiert als: Begründung zum Regierungsentwurf), sowie die in Anm. 78 auf S. 53 zitierte Literatur.

[84] *Peter Scherpf:* Die aktienrechtliche Rechnungslegung und Prüfung (Sonderdruck aus: Handbuch der Aktiengesellschaft), Köln 1967, Tz. 250 = S. VI 13.

[85] Zur planmäßigen Abschreibung vgl. *Ulrich Hüttemann:* Grundsätze ordnungsmäßiger Bilanzierung für Verbindlichkeiten, S. 96 ff.

[86] Vgl. *Ulrich Hüttemann:* Grundsätze ordnungsmäßiger Bilanzierung für Verbindlichkeiten, S. 99.

[87] Vgl. *Ulrich Hüttemann:* Grundsätze ordnungsmäßiger Bilanzierung für Verbindlichkeiten, S. 100.

Für die ertragswirksame Verrechnung eines Damnums oder Rückzahlungsagios bei Forderungen gelten für die nach Aktienrecht bilanzierenden Kreditinstitute keine besonderen Vorschriften.

Schließlich ist noch auf die besonderen Bewertungsvorschriften für Hypotheken- und Schiffspfandbriefbanken einzugehen. Dabei handelt es sich um die Behandlung des Hypothekendamnums (§ 25 Abs. 1 Hypothekenbankgesetz), des Pfandbriefdisagios (§ 25 Abs. 2 Hypothekenbankgesetz) sowie um das Verbot der Bilanzierung künftiger Jahresleistungen[88].

Nach § 25 Abs. 1 Hypothekenbankgesetz dürfen Hypotheken in der Jahresbilanz zum Nennwert angesetzt werden, auch wenn der Auszahlungsbetrag geringer ist. Werden sie mit dem Nennbetrag angesetzt, ist der Unterschiedsbetrag unter die Rechnungsabgrenzungsposten der Passivseite aufzunehmen. Die Verrechnung des Unterschiedsbetrages als Ertrag hat jedoch nicht über die gesamte Laufzeit der Hypothek zu erfolgen, sondern unterliegt einer komplizierteren Regelung, die damit begründet wird, daß die Laufzeit der Hypothek nicht genügend abzusehen ist und daß verhindert werden soll, daß das Hypothekendamnum nicht gemäß seinem Charakter als vorwegempfangene Zinsen auf mehrere Perioden der Erfolgsrechnung verteilt wird[89].

Der Unterschiedsbetrag zwischen dem in der Bilanz angesetzten Betrag und dem Auszahlungsbetrag ist folgendermaßen zu verrechnen:

a) Nach § 25 Abs. 1 Satz 2 Ziff. 1 Hypothekenbankgesetz sind mindestens 0,5 v. H. des für die Hypothek angesetzten Betrags unter den Rechnungsabgrenzungsposten zu passivieren;

b) nach § 25 Abs. 1 Satz 2 Ziff. 2 Hypothekenbankgesetz sind vier Fünftel des Unterschiedsbetrags zu passivieren; der Betrag nach a) sowie die durch den Erwerb der Hypothek entstandenen unmittelbaren Kosten können von dem Unterschied abgesetzt werden.

Für die Verrechnung der passiven Rechnungsabgrenzungsposten als Ertrag gilt:

a) Der nach § 25 Abs. 1 Satz 2 Ziff. 1 Hypothekenbankgesetz gebildete Posten darf in jedem folgenden Jahr nur insoweit aufgelöst werden,

---

[88] Die Bestimmungen der §§ 23 Abs. 1, Abs. 2, 24 Schiffsbankgesetz sind nahezu identisch mit den Regelungen der §§ 25 Abs. 1, Abs. 2, 26 Hypothekenbankgesetz; Unterschiede bestehen nur insoweit, als in § 25 Abs. 1 Ziff. 1 Hypothekenbankgesetz ein von § 23 Abs. 1 Ziff. 1 Schiffsbankgesetz abweichender Prozentsatz festgelegt wurde.

[89] Vgl. *Barlet-Karding-Fleischmann:* Hypothekenbankgesetz, Kommentar von Kurt Barlet, Ernst Karding, 2. Auflage, neu bearbeitet und ergänzt von Rudolf Fleischmann, München und Berlin 1964, Anm. 2 - 5 zu § 25 = S. 164 ff.

als er 0,5 v. H. des Restbetrags der Hypothek am Ende des Geschäftsjahres übersteigt (§ 25 Abs. 1 Satz 4 Hypothekenbankgesetz);

b) der nach § 25 Abs. 1 Satz 2 Ziff. 2 Hypothekenbankgesetz gebildete Posten darf in jedem folgenden Jahr zu höchstens einem Viertel aufgelöst werden (§ 25 Abs. 1 Satz 5 Hypothekenbankgesetz).

Für die relativ rasche Verrechnung des Unterschiedsbetrags in 5 Jahren als Ertrag soll zur Verhinderung eines zu hohen Gewinnausweises in diesen Jahren die langsamere Verrechnung des nach § 25 Abs. 1 Satz 2 Ziff. 1 Hypothekenbankgesetz gebildeten Postens einen gewissen Ausgleich schaffen[90]. Anzumerken ist, daß der Unterschiedsbetrag auch über einen längeren Zeitraum als fünf Jahre verrechnet werden darf.

Die Bilanzierung des Pfandbriefdisagios ist in § 25 Abs. 2 Hypothekenbankgesetz geregelt. Danach dürfen der Betrag, um den die Hypothekenpfandbriefe unter dem Nennbetrag ausgegeben worden sind, und die durch die Hypothekenpfandbriefausgabe entstandenen unmittelbaren Kosten (einschließlich der Unterbringungsprovisionen) höchstens zu vier Fünfteln unter den Rechnungsabgrenzungsposten aktiviert werden. Der aktivierte Betrag muß in jedem folgenden Geschäftsjahr zu mindestens einem Viertel aufgelöst werden. Das Disagio und die unmittelbaren Kosten können also sofort als Aufwand verrechnet werden, mindestens jedoch in einem Zeitraum von fünf Jahren; bei Nicht-Hypothekenbanken können hingegen die entstandenen unmittelbaren Kosten sowie das Disagio über die gesamte Laufzeit der Verbindlichkeit verteilt werden. Innerhalb dieses durch das Gesetz abgesteckten Rahmens ist den Hypothekenbanken die Behandlung des Disagios freigestellt; insbesondere sind sie nicht verpflichtet, im Interesse einer Vergleichbarkeit der Jahresabschlüsse ein einmal gewähltes Verfahren der Verrechnung beizubehalten.

Schließlich ist noch auf die Bilanzierungsvorschrift des § 26 Hypothekenbankgesetz einzugehen. Nach § 26 Satz 1 Hypothekenbankgesetz dürfen Ansprüche der Bank auf Jahresleistungen der Hypothekenschuldner für die auf das Geschäftsjahr folgende Zeit nicht aktiviert werden. Dieses Verbot gilt nach § 26 Satz 2 Hypothekenbankgesetz nicht für Ansprüche der Hypothekenbank auf Erstattung von Geldbeschaffungskosten, die durch zusätzliche Leistungen des Hypothekenschuldners zu begleichen sind.

[90] Vgl. *Barlet-Karding-Fleischmann:* Hypothekenbankgesetz, Anm. 5 zu § 25 = S. 167.

4. Die Bedeutung der Bewertungsvorschriften für die Wertschöpfungsrechnung

Den Bewertungsvorschriften kommt bei der Wertschöpfungsrechnung für Zwecke des Größenvergleichs und der Konzentrationsmessung eine doppelte Bedeutung zu. Zum einen werfen sie die Frage auf, ob durch unterschiedliche Bewertungsvorschriften für einzelne Gruppen von Kreditinstituten nicht die Vergleichbarkeit beeinträchtigt wird. Zum anderen stellt sich die Frage, in welchem Maße die gesetzlichen Bewertungsvorschriften den Grundsätzen einer pagatorischen Einkommensentstehungsrechnung (bzw. enger: einer pagatorischen Gewinnermittlungsrechnung) genügen.

Unterschiedliche Bewertungsvorschriften bei Kreditinstituten gelten für die Güter des Anlagevermögens. Nach § 154 AktG ist eine „willkürliche" Bildung stiller Reserven bei den Gegenständen des Anlagevermögens untersagt. Mit dieser Vorschrift wird den nach aktienrechtlichen Vorschriften bilanzierenden Kreditinstituten die früher übliche Handhabung verwehrt, die Gebäude sowie die Betriebs- und Geschäftsausstattung innerhalb kurzer Frist auf einen Merkposten abzuschreiben. Nach *Birck* ist aber anzunehmen, daß durch die Ausstrahlungswirkung der Aktienbanken, Sparkassen und öffentlich-rechtlichen Kreditanstalten auch bei der Gruppe der anderen Banken die Neigung zur Placierung stiller Reserven in den Sachanlagewerten an Intensität verlieren wird[91]. Festzuhalten ist, daß bei der wichtigen Gruppe der Aktienbanken und der öffentlich-rechtlichen Kreditinstitute planmäßige Abschreibungen zu verrechnen sind.

Bei den üblicherweise quantitativ bedeutsamsten Posten in den Jahresbilanzen der Kreditinstitute, den Forderungen und Wertpapieren des Umlaufvermögens, gilt für die nach Aktienrecht bilanzierenden Kreditinstitute nicht das Niederstwertprinzip als Grenzwertprinzip. Indessen ist fraglich, wie restriktiv die Einschränkung in § 26 a Abs. 1 KWG in der Praxis interpretiert wird und somit de facto ein Unterschied zu einer Bewertung nach dem Grenzwertprinzip gegeben ist. In welchem Maße indessen der Bewertungsspielraum von den einzelnen Kreditinstituten genutzt wird und damit sowohl die Vergleichbarkeit der Wertschöpfung der einzelnen Kreditinstitute als auch die Vergleichbarkeit mit der Wertschöpfung der sog. Industrie- und Handelsunternehmungen, für die nach § 155 AktG das exakte Niederstwertprinzip gilt, berührt wird, ist eine Tatfrage.

Für die Verrechnung der laufenden Erträge aus diesen Werten in der Gewinn- und Verlustrechnung bestehen keine unterschiedlichen Vor-

---

[91] *Heinrich Birck:* Maßnahmen der Bilanzstrukturpolitik bei Kreditinstituten, in: Die Wirtschaftsprüfung, 22. Jg. (1969), S. 440 ff., hier S. 446.

schriften. Rechtliche Unterschiede sind ausschließlich bei der Verrechnung der einmaligen Aufwendungen und Erträge aus der Vergabe bzw. Aufnahme von langfristigen Krediten gegeben, und zwar streng genommen nur bei der Verrechnung des Disagios bei Hypothekenpfandbriefen. Infolge des Aktivierungswahlrechts ist ohnehin von einer de facto unterschiedlichen Verrechnungspraxis bei den einzelnen Kreditinstituten auszugehen. Die Abweichungen infolge unterschiedlicher Verrechnungspraxis sind aber unbedeutend, da die laufenden — streng zeitanteilig auszuweisenden — Zinsen entschieden stärker ins Gewicht fallen.

Im folgenden ist nun zu prüfen, in welchem Maße die Bewertungsvorschriften für den Jahresabschluß der Kreditinstitute den Grundsätzen einer pagatorischen Einkommensentstehungsrechnung genügen.

Infolge der Bewertungsregeln, Einnahmenbestände und Einnahmengegenwerte zum ursprünglichen Einnahmenwert, Ausgabenbestände und Ausgabengegenwerte zum ursprünglichen Ausgabenwert anzusetzen, ist die pagatorische Bilanz eine sog. Anschaffungswertbilanz[92]; diese Bewertungsregeln bestimmen gleichfalls die Gewinn- und Verlustrechnung, da dieser Abrechnungskreis mit den erfolgswirksamen Zahlungsvorgängen der einfachen systematischen Buchhaltung korrespondiert[93]. In die realisiert-pagatorische Erfolgsrechnung nach dem Anschaffungswertprinzip läßt sich nach *Kosiol* jedoch „zusätzlich und verträglich" das Niederstwertprinzip einführen[94]. Mit dem Niederstwertprinzip als Grenzwertprinzip wird nach *Kosiol* jedoch „die willkürliche Durchbrechung des Realisationsprinzips dem Ermessen des Kaufmanns überantwortet"[95]. Die Bildung von Niederstwertrücklagen führt zu einer Modifizierung der Erfolgsermittlungsrechnung unter dem Aspekt der Erfolgsverwendung (bzw. Erfolgsverteilung); beide Rechnungsarten werden bei einer Bewertung nach dem Grenzwertprinzip miteinander vermengt[96]. Teile des Erfolgs, die in einer Erfolgsermittlungsrechnung (auch in der Modifizierung durch das exakte Niederstwertprinzip) ausgewiesen würden, werden in der Erfolgs„ermittlungs"rechnung nach dem Grenzwertprinzip still den „Rücklagen" zugewiesen und der in dieser Rechnung ausgewiesene Erfolg ist damit um die bereits verwendeten Teile des Erfolgs (der reinen Erfolgsermittlungsrechnung) gekürzt ausgewiesen.

---

[92] Vgl. *Erich Kosiol:* Bilanztheorie, pagatorische, in: Handwörterbuch des Rechnungswesens, Sp. 279 ff., hier Sp. 294.

[93] Vgl. *Erich Kosiol:* Buchhaltung und Bilanz, S. 53 f.

[94] *Erich Kosiol:* Bilanztheorie, pagatorische, Sp. 295.

[95] *Erich Kosiol:* Buchhaltung und Bilanz, S. 102.

[96] Vgl. *Erich Kosiol:* Bilanztheorie, pagatorische, Sp. 296; *Ralf-Bodo Schmidt:* Gewinnverwendung und Rechnungswesen, in: Handwörterbuch des Rechnungswesens, Sp. 633 ff., hier Sp. 633 f.

Eine Ermittlung des Erfolgs in der Gewinn- und Verlustrechnung unter dem Aspekt der Verwendung des Erfolgs über die Bewertung der Forderungen und Wertpapiere des Umlaufvermögens ist bei allen Kreditinstituten im Sinne der §§ 1, 2 KWG möglich[97]. Während durch die Aktienrechtsreform 1965 grundsätzlich die Berücksichtigung der Erfolgsverwendung bei der Erfolgsermittlung durch eine Begrenzung der Wertansätze nach unten untersagt wurde, um den in § 149 Abs. 2 AktG geforderten „möglichst sicheren Einblick in die Vermögens- und Ertragslage der Gesellschaft" zu gewährleisten, schränkte der Gesetzgeber diesen Grundsatz für die Aktienbanken durch die Einführung von § 26 a KWG bewußt ein. Damit wurde den von Kreditinstituten vorgetragenen Argumenten Rechnung getragen[98]. Der Rechts- und Wirtschaftsausschuß des Deutschen Bundestags waren der Auffassung, „daß die von Seiten der Kreditinstitute und der Kreditaufsicht vorgetragenen Bedenken nicht sicher entkräftet werden könnten. Dann könne die Verantwortung dafür, daß Aktienbanken in vollem Umfang den aktienrechtlichen Bewertungsvorschriften unterstellt würden, nicht übernommen werden"[99]. Der Bildung stiller Reserven seien jedoch dadurch Grenzen gezogen — darauf wies der Präsident des Bundesaufsichtsamts für das Kreditwesen hin —, daß die „Grundsätze über das Eigenkapital und die Liquidität der Kreditinstitute" ein bestimmtes Verhältnis zwischen Kreditvolumen und haftendem Eigenkapital vorschreiben; ein krasses Mißverhältnis

---

[97] Daß die Möglichkeit zur Bildung stiller Reserven genutzt wird, teilen einige Kreditinstitute in ihrem Geschäftsbericht mit. So berichtet z. B. die Berliner Bank in ihrem Geschäftsbericht 1970 (S. 16), daß die den Banken gebotene Möglichkeit zur Bildung stiller Reserven auch im Berichtsjahr wieder in angemessenem Umfang genutzt worden sei; vgl. auch Frankfurter Hypothekenbank, Geschäftsbericht 1969, S. 20.

[98] Die Kreditinstitute wiesen bei der Beratung des Gesetzes insbesondere darauf hin, daß die Erträge und Aufwendungen sich im Konjunkturverlauf gegenläufig verhalten; ferner seien die Kreditinstitute besonders auf das Vertrauen ihrer Kundschaft angewiesen und das Publikum dürfe nicht durch einen plötzlichen Rückgang der Gewinne beunruhigt werden. Durch die Kette Verlustausweis — Einlagenabzug — Zahlungseinstellung sei das Vertrauen in das gesamte Bankgewerbe gefährdet. Vgl. Schriftlicher Bericht des Rechtsausschusses (12. Ausschuß) über die von der Bundesregierung eingebrachten Entwürfe a) eines Aktiengesetzes, b) eines Einführungsgesetzes zum Aktiengesetz — Drucksache IV/171 —, über den von der Fraktion der SPD eingebrachten Entwurf eines Gesetzes zur Verbesserung der Publizität von Aktiengesellschaften, Gesellschaften mit beschränkter Haftung und Konzernen — Drucksache IV/203 —, über den von der Fraktion der SPD eingebrachten Entwurf eines Gesetzes zum Schutz von Minderheiten in Kapitalgesellschaften — Drucksache IV/204 —, Bericht des Abgeordneten Dr. Wilhelmi, Deutscher Bundestag, 4. Wahlperiode, zu Drucksache IV/3296, S. 62 (im folgenden als „Wilhelmi-Bericht" zitiert).

Damit wurden im wesentlichen die von *Birck* angeführten Argumente aufgegriffen; vgl. *Heinrich Birck:* Stille Reserven im Jahresabschluß der Kreditinstitute, in: Die Wirtschaftsprüfung, 17. Jg. (1964), S. 415 ff., hier S. 417.

[99] „Wilhelmi-Bericht", S. 62.

zwischen den Zuweisungen zu den stillen und den offenen Reserven sei damit ausgeschlossen[100].

Das Grundprinzip für die Bewertung der Forderungen und Wertpapiere des Umlaufvermögens dürfte in dem Ausweis eines stetigen Gewinns gesehen werden[101]. Von dieser Maxime her ist die Wertschöpfung nicht als untauglicher — da manipulierbarer — Maßstab anzusehen, weil auch aus Gründen der Repräsentanz die einzelnen Kreditinstitute einen angemessenen Gewinn ausweisen müssen. Sofern die Kreditinstitute bedacht sind, Schwankungen der Periodenerfolge infolge von Konjunkturzyklen auszugleichen, ist die Bildung stiller (Willkür-)-Reserven von untergeordneter Bedeutung[102]. Dienen die stillen Reserven nicht nur einem mittelfristigen Gewinnausgleich, sondern werden darüber hinaus stille Reserven akkumuliert, so wird — bei weiterem Wachstum des Geschäftsumfangs — die Wertschöpfung der einzelnen Kreditinstitute ständig niedriger ausgewiesen als bei einer Gewinnausgleichspolitik. Werden bei allen Kreditinstituten in gleichem (prozentualem) Verhältnis die Gewinne zur Akkumulierung stiller Reserven reguliert, wird die relative Konzentration im Sektor Kreditinstitute nur unwesentlich verzerrt (gegenüber dem Stand bei Ausweis der Reserven), und zwar nur dann, wenn der Anteil des Gewinns an der betrieblichen Wertschöpfung bei den einzelnen Kreditinstituten unterschiedlich hoch ist.

Die stillen Reserven stellen indessen nicht nur für die betriebliche Wertschöpfung als Merkmal für die Messung der Konzentration ein Problem dar, sondern auch für die Merkmale Bilanzsumme bzw. Geschäftsvolumen. Während mit dem Merkmal betriebliche Wertschöpfung nicht die Zuführungen zu den stillen Reserven erfaßt werden, wird mit dem Merkmal Bilanzsumme bzw. Geschäftsvolumen nicht der Bestand an stillen Reserven erfaßt. Sollen die stillen Reserven bei der Ermittlung der Unternehmungsgröße einbezogen werden, müßten bei der Wertschöpfungsrechnung Verfahren zur Schätzung der Zuführungen zu den stillen Reserven bzw. zur Schätzung des nichtregulierten Gewinns, bei dem Merkmal Bilanzsumme bzw. Geschäftsvolumen Verfahren zur Schätzung des Bestandes an stillen Reserven angewendet werden. In der Nichterfassung der stillen Reserven ist damit kein spezieller Mangel des Merkmals betriebliche Wertschöpfung, sondern ein genereller Mangel der publizierten Jahresabschlüsse der Kreditinstitute, d. h. der greifbaren statistischen Daten, zu sehen.

---

100 Vgl. „Wilhelmi-Bericht“, S. 62.

101 *Birck* spricht von einer „Geradlinigkeit des Erfolgsausweises“. Vgl. *Heinrich Birck:* Stille Reserven im Jahresabschluß der Kreditinstitute, S. 417.

102 Im Ergebnis stimmt diese Gewinnregulierung mit der Glättung von Zeitreihen des unregulierten Gewinns überein.

Drittes Kapitel

Die Berechnung der Wertschöpfung der Kreditinstitute

Nachdem in den beiden vorhergehenden Kapiteln das vereinfachte theoretische Grundrechenschema für die Ermittlung der Wertschöpfung der Kreditinstitute und die Grundzüge der Bilanzierungsvorschriften dargestellt wurden, soll in diesem Kapitel das ausführliche Schema zur Berechnung der betrieblichen Wertschöpfung aus den Daten der Gewinn- und Verlustrechnung aufgestellt werden. Wir werden dabei so vorgehen, daß zunächst der Inhalt der einzelnen Positionen des für die Gewinn- und Verlustrechnung vorgeschriebenen Formblatts dargestellt und dann seine Relevanz für die Wertschöpfungsrechnung untersucht wird. Den weiteren Ausführungen zu den Kreditinstituten im Sinne der §§ 1, 2 KWG legen wir das Formblatt-Muster 1 für die Gewinn- und Verlustrechnung der Aktienbanken zugrunde[1]; auf die Abweichungen von den anderen Formblättern soll jeweils hingewiesen werden. Das Formblatt für die Gewinn- und Verlustrechnung der Bausparkassen wird einer gesonderten Betrachtung unterzogen, da dessen Formalaufbau sich in stärkerem Maße von den Formblatt-Mustern 1 - 4 unterscheidet.

I. Die Ertragsposten des Formblatts für die Gewinn- und Verlustrechnung der Kreditinstitute in der Rechtsform der Aktiengesellschaft, der Kommanditgesellschaft auf Aktien und der Gesellschaft mit beschränkter Haftung

1. Zinsen und zinsähnliche Erträge aus Kredit- und Geldmarktgeschäften

Nach den Bilanzierungsrichtlinien gehören zu den in diesem Posten auszuweisenden Zinsen und zinsähnlichen Erträgen aus Kredit- und Geldmarktgeschäften auch Erträge aus dem Factoringgeschäft sowie aus der Auflösung eines passivierten Disagios, Kredit-, Überziehungs- und Bereitstellungsprovisionen, Zessionsgebühren, Kreditgebühren aus Teilzahlungsfinanzierungsgeschäften sowie Akzept-, Rembours- und Aval-

[1] Wenngleich die Gewinn- und Verlustrechnung der Kreditinstitute vornehmlich in der Kontoform aufgestellt wird (für die Sparkassen ist die Kontoform zwingend vorgeschrieben), übernehmen wir hier die Postennumerierung der Staffelform, da in den Richtlinien sich die Numerierung der einzelnen Posten der Gewinn- und Verlustrechnung auf die Staffelform bezieht.

provisionen; namentlich erwähnt sind in den Bilanzierungsrichtlinien auch die Zinserträge aus dem Diskontgeschäft (darunter: Diskonterträge aus Schatzwechseln, unverzinslichen Schatzanweisungen und sonstigen diskontierten Geldmarktpapieren)[2].

Die Erträge sind brutto auszuweisen, d. h. sie dürfen nicht mit Zinsaufwendungen saldiert werden. Diskonterträge dürfen jedoch mit dagegenstehenden Diskontabzügen verrechnet werden; die Kreditinstitute können also die Diskonterträge für hereingenommene Wechsel mit den Diskontaufwendungen bei der Weitergabe dieser Wechsel verrechnen[3].

In Posten 1 sind somit die offenen und verdeckten Ertragszinsen aus dem Kredit- und Geldmarktgeschäft auszuweisen. Diese Zinserträge sind in die Zinsdifferenzrechnung zur Ermittlung des fiktiven Dienstleistungsentgelts der Kreditinstitute einzustellen. Indessen entspricht die Abgrenzung des Inhalts dieser Position der Gewinn- und Verlustrechnung nicht voll der Abgrenzung der Zinserträge, die in den Volkswirtschaftlichen Gesamtrechnungen bei der Zinsdifferenzrechnung berücksichtigt werden. Zum einen werden in dieser Rechnung sämtliche Provisionen im Kreditgeschäft — trotz ihres zinsähnlichen Charakters — nicht in die Zinsdifferenzrechnung eingestellt, sondern gesondert als Dienstleistungsentgelte berücksichtigt. Die Höhe der Wertschöpfung wird durch diese Art der Verrechnung der Kreditprovisionen jedoch nicht berührt. Zum anderen werden bei der Zinsdifferenzrechnung nur die verdeckten Zinsen bei kurz- und mittelfristigen Titeln, nicht aber bei langfristigen Titeln berücksichtigt; der Unterschied zwischen Begebungskurs und Rückzahlungskurs wird nicht als zusätzliche Verzinsung, sondern als Vermögensübertragung behandelt[4]. Da bei der betrieblichen Wertschöpfungsrechnung diese Erträge nicht aus der Summe der in Posten 1 aus-

---

[2] Vgl. Bekanntmachung Nr. 1/68 betreffend Richtlinien für die Aufstellung des Jahresabschlusses der Kreditinstitute und das Muster für die Anlage zur Jahresbilanz der Kreditinstitute in der Rechtsform der eingetragenen Genossenschaft, ausgenommen Zentralkassen vom 22. Juli 1968, Anlage 1: Richtlinien für die Aufstellung der Jahresbilanz sowie der Gewinn- und Verlustrechnung der Kreditinstitute in der Rechtsform der Aktiengesellschaft, der Kommanditgesellschaft auf Aktien und der Gesellschaft mit beschränkter Haftung, III. Richtlinien zu den einzelnen Posten der Gewinn- und Verlustrechnung (Staffelform), Zu Posten 1, Beilage zum Bundesanzeiger, 20. Jg. (1968), Nr. 161 vom 29. August [im folgenden zitiert als: Richtlinien für die Gewinn- und Verlustrechnung (Aktienbanken)].

[3] Vgl. Richtlinien für die Gewinn- und Verlustrechnung (Aktienbanken), Zu Posten 5. *Adler/Düring/Schmaltz* stellen fest, eine Aufrechnung sei notwendig, da sonst Erträge ausgewiesen werden, die der Unternehmung nicht zugeflossen sind. Vgl. *Adler/Düring/Schmaltz:* Rechnungslegung ..., Tz. 108 zu § 157 = S. 651.

[4] Vgl. *Alfred Stobbe:* Volkswirtschaftliches Rechnungswesen, 2., revidierte und erweiterte Auflage, Berlin - Heidelberg - New York 1969, S. 180; *Frank Dorow:* Zur Behandlung der unterstellten Bankgebühren ..., S. 378.

gewiesenen Erträge eliminiert werden (können), ergibt sich — gemessen an der Bezugsgröße — ein zu hohes unterstelltes Dienstleistungsentgelt; eine Kompensation tritt allerdings insofern ein, als in den Aufwandszinsen gleichfalls verdeckte Zinsen aus langfristigen Titeln erfaßt sind.

Bei den Hypotheken- und Schiffspfandbriefbanken sind die einmaligen Erträge aus dem Emissions- und Darlehensgeschäft gesondert auszuweisen (Posten 3 des Formblatts). Nach den Richtlinien zu Posten 3 sind hier auch die Erträge nach § 25 Hypothekenbankgesetz bzw. § 23 Schiffsbankgesetz auszuweisen[5]. Der Inhalt dieses Postens ist demnach heterogen: Der Posten enthält jenen Teil des Unterschiedsbetrags, der als eine Aufbesserung der Nominalverzinsung der Forderung anzusehen ist, und jenen Teil des Unterschiedsbetrags, der zur Deckung der Geldbeschaffungskosten dient; neben den Unterschiedsbeträgen werden in dieser Position darüber hinaus andere wertschöpfungsrelevante Erträge, z. B. Prüfungsgebühren, ausgewiesen[6], die sich nicht gesondert erfassen lassen[7]. Im Interesse einer besseren Vergleichbarkeit zwischen Hypotheken- bzw. Schiffspfandbriefbanken und anderen Kreditinstituten, bei denen sich gleichfalls die Beträge aus der Auflösung passivierter Unterschiedsbeträge nicht eliminieren lassen, stellen wir die in Posten 3 des Formblatts für die Gewinn- und Verlustrechnung der Hypotheken- bzw. Schiffspfandbriefbanken ausgewiesenen Erträge in die Zinsdifferenzrechnung ein.

---

[5] Bekanntmachung Nr. 2/69 des Bundesaufsichtsamts für das Kreditwesen betreffend Richtlinien für die Aufstellung der Jahresbilanz sowie der Gewinn- und Verlustrechnung der Hypothekenbanken und der Schiffspfandbriefbanken vom 28. Februar 1969, Anlage 1: Richtlinien für die Aufstellung der Jahresbilanz sowie der Gewinn- und Verlustrechnung der Hypothekenbanken, III. Richtlinien zu den einzelnen Posten der Gewinn- und Verlustrechnung (Staffelform), Zu Posten 3, Bundesanzeiger, 21. Jg. (1969), Nr. 51 vom 14. März. In der entsprechenden Richtlinie für die Gewinn- und Verlustrechnung der Schiffspfandbriefbanken ist „§ 25 HBG“ ersetzt durch “§ 23 SchBG“.

[6] Nach den Erläuterungen im Geschäftsbericht 1970 (S. 26) der Vereinsbank in Nürnberg sind in dieser Ertragsposition „neben den Geldbeschaffungskosten (Damnum) Prüfungsgebühren, Entschädigungen für die Nichtabnahme von zugesagten Darlehen und für die vorzeitige Rücknahme von bereits ausgezahlten Darlehen u. ä.“ enthalten.

[7] Die Beträge aus der Auflösung des passiven (wie auch des aktiven) Rechnungsabgrenzungspostens nach § 25 Hypothekenbankgesetz müssen nicht angegeben werden. Auch aus der Veränderung dieser Posten in der Jahresbilanz — sofern sie nicht überhaupt nach § 23 Abs. 3 Hypothekenbankgesetz aufgerechnet sind — kann nicht auf die Entnahmen geschlossen werden, da sie gegen Einstellungen aufgerechnet sind. Für eine Eliminierung dieser Erträge ist man ausschließlich auf freiwillige Angaben in den Geschäftsberichten angewiesen; Zahlenangaben zu der Entwicklung der Posten, insbesondere über Zuweisungen und Auflösungen, geben z. B. Vereinsbank in Nürnberg (Geschäftsbericht 1970, S. 25), Pfälzische Hypothekenbank (Geschäftsbericht 1970, S. 30), Hypothekenbank in Hamburg (Geschäftsbericht 1970, S. 20), Bayerische Landwirthschaftsbank (Geschäftsbericht 1970, S. 17). Die Mehrzahl der von uns

2. Laufende Erträge aus Wertpapieren, Schuldbuchforderungen und Beteiligungen

Nach den Richtlinien sind in diesem Posten zu erfassen: Zinsen aus festverzinslichen Wertpapieren und Schuldbuchforderungen (in Unterposten 2 a), Zinsen und Dividenden aus anderen Wertpapieren (in Unterposten 2 b) sowie Erträge aus verbrieften und unverbrieften Beteiligungen (in Unterposten 2 c)[8].

In diesem Posten dürfen nur die laufenden Erträge erfaßt werden; Gewinne aus der Veräußerung von Wertpapieren bzw. verbrieften und unverbrieften Beteiligungen sind in Posten 4 („Andere Erträge einschließlich der Erträge aus der Auflösung von Rückstellungen im Kreditgeschäft") auszuweisen. Zu verbuchen sind die Bruttoerträge; die einbehaltenen Kapitalertragsteuern dürfen nicht von den Erträgen abgesetzt werden, sondern sind in dem Steuerposten auszuweisen[9].

Nach den in Kapitel I entwickelten Grundsätzen stellen wir nur die Zinsen aus festverzinslichen Wertpapieren und Schuldbuchforderungen (Unterposten 2 a) sowie die Zinsen und Dividenden aus anderen Wertpapieren ein, nicht dagegen die Erträge aus Beteiligungen. Die nach den Konventionen Volkswirtschaftlicher Gesamtrechnungen ermittelte Wertschöpfung eines Kreditinstituts ist um den Betrag der empfangenen Beteiligungserträge höher[10].

3. Provisionen und andere Erträge aus Dienstleistungsgeschäften

Nach den Richtlinien zu der Position 3 des Formblatts für die Gewinn- und Verlustrechnung sind hier u. a. Provisionen und Erträge aus dem Zahlungsverkehr, Außenhandelsgeschäft, Wertpapierkommissions- und Depotgeschäft, Umsatzprovisionen, Provisionen aus der Vermittlung von Krediten, Bauspar- und Versicherungsverträgen, Kontoführungsgebühren, Erträge aus durchlaufenden Krediten und Verwaltungskrediten sowie Provisionen im Zusammenhang mit der Veräußerung von Devisen, Sorten und Edelmetallen auszuweisen[11].

---

untersuchten Geschäftsberichte aus dem Archiv der Konzentrationsforschungsabteilung des Wirtschaftswissenschaftlichen Seminars der Universität Tübingen enthält keine Daten über eine Verrechnung.

[8] Vgl. Richtlinien für die Gewinn- und Verlustrechnung (Aktienbanken), Zu Posten 2.

[9] Vgl. *Adler/Düring/Schmaltz:* Rechnungslegung ..., Tz. 96 zu § 156 = S. 647.

[10] Nach Auskunft des Statistischen Bundesamtes Wiesbaden werden in den Volkswirtschaftlichen Gesamtrechnungen die Beteiligungserträge in die Zinsdifferenzrechnung für das Jahr des Zuflusses eingestellt; es wird also die zeitliche Zuordnung in der Gewinn- und Verlustrechnung der Kreditinstitute übernommen.

[11] Richtlinien für die Gewinn- und Verlustrechnung (Aktienbanken), Zu Posten 3.

In diesem Posten werden damit vornehmlich die gesondert in Rechnung gestellten Preise für Dienstleistungen erfaßt. Bei den Provisionen im Zusammenhang mit der Kreditgewährung ist zu beachten, daß nach den Richtlinien für die Gewinn- und Verlustrechnung ausschließlich die Provisionen aus dem Zahlungsverkehr (Umsatzprovisionen) als Erträge aus Dienstleistungsgeschäften angesehen werden, und die Kreditprovisionen wegen ihres zinsähnlichen Charakters unter Posten 1 auszuweisen sind[12]. In den Volkswirtschaftlichen Gesamtrechnungen werden dagegen auch die Kreditprovisionen zu den gesonderten Dienstleistungsentgelten gezählt, und nicht in die Zinsdifferenzrechnung eingestellt. Diese unterschiedliche Zuordnung hat aber auf die Höhe der Wertschöpfung keinen Einfluß[13].

Als weitere Dienstleistungsentgelte sind in diesem Posten die Erträge aus durchlaufenden Krediten und Verwaltungskrediten zu erfassen. Grundsätzlich gilt für die Gewinn- und Verlustrechnung der Kreditinstitute das Bruttoprinzip; dieser Grundsatz wird jedoch hinsichtlich der Erträge und Aufwendungen aus durchlaufenden Krediten und Verwaltungskrediten durchbrochen, da die Aufwandszinsen und Ertragszinsen saldiert werden und nur der Überschuß „als in Form des Zinses berechnetes Entgelt für eine Dienstleistung" in Posten 3 eingestellt wird[14]. Sofern die Verwaltungsvergütung in Form einer Provision gezahlt wird, ist sie gleichfalls in diesem Posten auszuweisen.

Weiterhin sind in diesem Posten die Provisionen im Zusammenhang mit der Veräußerung von Devisen, Sorten, Edelmetallen u. dgl. zu erfassen. Sofern das Dienstleistungsentgelt als Kursunterschied berechnet wird, ist es gleichfalls hier zu verbuchen[15]. Haben die Geschäfte, bei denen Kursgewinne erwirtschaftet werden, vorwiegend nicht den Charakter von Dienstleistungsgeschäften, sind die Erträge nicht hier, son-

---

[12] Die Zuordnung in der Gewinn- und Verlustrechnung der Kreditinstitute entspricht der Zuordnung im aktienrechtlichen Schema für die Gewinn- und Verlustrechnung: Kreditprovisionen, Überziehungsprovisionen und Kreditbereitstellungsprovisionen fallen unter den Posten „Zinsen und zinsähnliche Aufwendungen" (§ 157 Abs. 1 Ziff. 23 AktG), während Umsatzprovisionen als Aufwendungen des Zahlungsverkehrs unter der Position „sonstige Aufwendungen" (§ 157 Abs. 1 Ziff. 26 AktG) zu verbuchen sind. Vgl. *Adler/Düring/Schmaltz:* Rechnungslegung . . ., Tz. 166 zu § 157 = S. 673.

[13] Die Aufschlüsselung der von Teilzahlungskreditinstituten erhobenen Kreditgebühren in den Volkswirtschaftlichen Gesamtrechnungen ist für die Berechnung der Wertschöpfung dieser Kreditinstitute gleichfalls ohne Bedeutung.

[14] Bankenfachausschuß des Instituts der Wirtschaftsprüfer: Stellungnahme BFA 1/1969: Fragen zu den Bilanzierungsrichtlinien und dem Inhalt der Prüfungsberichte zu den Jahresabschlüssen der Kreditinstitute, in: Die Wirtschaftsprüfung, 22. Jg. (1969), S. 206 ff., hier S. 207.

[15] Bankenfachausschuß des Instituts der Wirtschaftsprüfer: Stellungnahme BFA 1/1969, S. 207.

dern in Posten 4 unter den anderen Erträgen aus Außenwerterhöhungen einzustellen.

Da in diesem Posten ausschließlich Entgelte für Dienstleistungen des Kreditinstituts enthalten sind, ist dieser Posten in die Wertschöpfungsstaffel einzustellen.

In dem Formblatt-Muster für die Gewinn- und Verlustrechnung der Schiffspfandbriefbanken fehlt dieser Posten. Dies ist wohl insbesondere darauf zurückzuführen, daß infolge der Beschränkung der Hypotheken- bzw. Schiffspfandbriefbanken auf die in § 5 Hypothekenbankgesetz bzw. § 5 Schiffsbankgesetz genannten Geschäfte den sonstigen Dienstleistungsentgelten nur eine quantitativ geringere Bedeutung zukommt.

4. Andere Erträge einschließlich der Erträge aus der Auflösung von Rückstellungen im Kreditgeschäft

Nach den Richtlinien sind in diesem Posten jene Erträge auszuweisen, die nicht einem anderen Ertragsposten zugeordnet werden können. Namentlich erwähnt sind: Zurückerstattete Steuern, Erträge aus nichtbankgeschäftlichen Umsätzen, Kassenüberschüsse sowie Erträge aus dem Abgang von Gegenständen des Anlagevermögens und aus Zuschreibungen von Gegenständen des Anlagevermögens; weiterhin sind in diesem Posten zu verbuchen die Erträge aus höherer Bewertung von Forderungen und Wertpapieren, aus dem Eingang voll- oder teilabgeschriebener Forderungen, aus dem Abgang von Wertpapieren und aus der Auflösung von Rückstellungen im Kreditgeschäft, jedoch nur insofern, als diese Erträge nicht mit Abschreibungen und Zuführungen zu den Wertberichtigungen auf Forderungen und Wertpapiere, mit Verlusten aus dem Abgang von Wertpapieren oder mit Zuführungen zu den Rückstellungen im Kreditgeschäft verrechnet werden[16].

Spalten wir den Ertragsposten 4 unter dem Gesichtspunkt der Art der Transaktionen, aus denen die Erträge resultieren, auf, so ist festzustellen, daß dieser Posten einen in hohem Grade uneinheitlichen Charakter besitzt und eine reine Sammelposition darstellt. Die in den Richtlinien aufgeführten Erträge lassen sich grob in folgende Klassen einteilen: Erträge aus dem Abgang von Sachen und Rechten (Erträge aus dem Abgang von Sachen des Anlagevermögens und aus dem Abgang von Wertpapieren), Erträge, die Korrekturen zu Aufwandsverrechnungen früherer Perioden darstellen (Erträge aus Zuschreibungen zu Gegenständen des Anlagevermögens, Erträge aus höherer Bewertung von Forderungen und Wertpapieren, Erträge aus dem Eingang voll- oder teil-

[16] Vgl. Richtlinien für die Gewinn- und Verlustrechnung (Aktienbanken), Zu Posten 4.

abgeschriebener Forderungen und aus der Auflösung von Rückstellungen im Kreditgeschäft sowie Erträge aus der Zurückerstattung von Steuern), Kassenüberschüsse sowie Erträge aus nichtbankgeschäftlichen Umsätzen (Vermietung und Verpachtung, Handelstätigkeit). Überschneidungen zwischen den beiden erstgenannten Kategorien sind jedoch insofern möglich, als z. B. Erträge aus dem Abgang von Vermögensgegenständen allein daraus resultieren können, daß in früheren Perioden zu hohe Aufwendungen verrechnet wurden.

Diskutieren wir zunächst die Frage der Behandlung der Erträge aus der Auflösung von Rückstellungen im Kreditgeschäft sowie der Erträge aus der Höherbewertung von Gegenständen des Anlage- und Umlaufvermögens.

Zur Periodisierung dieser Erträge ist festzustellen, daß es sich um aperiodische Erträge handelt, die allein infolge in früheren Perioden zu hoch verrechneter Aufwendungen entstehen. Bei den Erträgen aus Aufwertungen und Rückstellungen handelt es sich nicht um in der Rechnungsperiode erwirtschaftetes Einkommen, sondern um in dieser Periode rechnerisch ausgewiesenes Einkommen; der Gewinn — und damit die betriebliche Wertschöpfung — ist nicht nach dem Realisationsprinzip periodisiert. Werden diese aperiodischen Erträge nicht in die Wertschöpfungsstaffel eingestellt, gilt die Beziehung, daß die Nettowertschöpfung in der Totalperiode gleich der Summe der für die einzelnen Perioden errechneten Nettowertschöpfung ist, nicht mehr. Indessen ist dieses Argument für die Berücksichtigung der aperiodischen Erträge bei der Berechnung der Wertschöpfung insofern von sekundärer Bedeutung, als nicht auf die Betrachtung der Totalperiode abgestellt wird; die Totalperiode ist für Betriebsgrößenmessungen wie auch für die Konzentrationsanalyse nicht relevant. Für diese Messungen ist die Periodenwertschöpfung von Bedeutung, und für diese gilt festzustellen, daß sie in der Periode der Unterbewertung der Gegenstände niedriger, in der Periode der Aufhebung der Unterbewertung (Aufwertung) höher ausgewiesen wird als die nach dem Realisationsprinzip sich ergebende Wertschöpfung. U. E. wäre es bei der Periodenrechnung auch möglich, diese aperiodischen Erträge nicht in die Wertschöpfungsstaffel aufzunehmen; damit würde von der Ertragsseite her die für eine bestimmte Periode berechnete Wertschöpfung nicht mit diesem Posten belastet. Im Ergebnis würde dadurch die für einzelne Perioden ermittelte Nettowertschöpfung infolge der Berücksichtigung der Aufwendungen aus der Unterbewertung wohl regelmäßig zu niedrig ausgewiesen. Stellt man diese Erträge jedoch in die Wertschöpfungsstaffel ein, wird zumindest — wenngleich in unbekannter Höhe — zu hoch verrechneter Aufwand der Untersuchungsperiode kompensiert. Wir stellen deshalb — dem

Vorgehen von *Kroenlein* folgend — diese Erträge in die Wertschöpfungsstaffel ein[17].

Erträge infolge einer Zurückerstattung von Steuern stellen gleichfalls eine nachträgliche Korrektur von in früheren Perioden zu hoch verrechneten Aufwendungen dar. Wird die Wertschöpfung zu Marktpreisen als Vergleichsmaßstab herangezogen, sind diese Erträge nicht in die Wertschöpfungsstaffel einzustellen; dient dagegen die Wertschöpfung zu Faktorkosten als Vergleichsmaßstab, so sind die zurückerstatteten Steuern — soweit sie bei der Berechnung der Wertschöpfung zu Faktorkosten zu berücksichtigen sind — wie die Erträge aus Aufwertungen und aus der Auflösung von Rückstellungen im Kreditgeschäft zu behandeln. Erstattungen sog. direkter Steuern sind grundsätzlich nicht als wertschöpfungsrelevante Erträge zu behandeln.

Die Erträge aus dem Abgang von Gegenständen des Anlagevermögens und von Wertpapieren des Umlaufvermögens haben einen Mischcharakter; teils handelt es sich um die Auflösung von stillen Niederstwert-Reserven, teils um Gewinne aus Preisänderungen. Im Anschluß an *Kroenlein* sind diese Erträge in die Wertschöpfungsstaffel (nach Subtraktionsmethode) einzustellen[18].

Die in diesem Posten zu erfassenden Kassenüberschüsse stellen einseitige Güterzuflüsse dar. Wir behandeln sie nicht analog zu anderen einseitigen Zuflüssen wie Geschenke, Spenden u. dgl., sondern stellen sie als Erträge in die Wertschöpfungsstaffel ein. Innerhalb einer Volkswirtschaft tritt eine Kompensation von Kassenfehlbeträgen und Kassenüberschüssen ein; da zudem das quantitative Gewicht gering ist, kann diese Frage auch unter dem Aspekt der Zweckmäßigkeit entschieden werden.

Weiterhin sind in diesem Sammelposten die Erträge aus nichtbankgeschäftlichen Umsätzen auszuweisen. Nach dem Formblatt-Muster für die Gewinn- und Verlustrechnung der Kreditinstitute in der Rechtsform der eingetragenen Genossenschaft, ausgenommen Zentralklassen (Muster 2) und dem Formblatt-Muster für die Gewinn- und Verlustrechnung der Kreditinstitute in der Rechtsform der Einzelfirma, der offenen Handelsgesellschaft und der Kommanditgesellschaft (Muster 3) ist für diese Kreditinstitute ein gesonderter Ausweis von nichtbankgeschäftlichen Umsätzen unter der Position 4 „Erträge aus Warenverkehr oder Nebenbetrieben“ vorgeschrieben; andere Erträge einschließlich der Erträge aus der Auflösung von Rückstellungen im Kreditgeschäft sind

---

[17] Vgl. *Günter Kroenlein:* Die Wertschöpfung der Aktiengesellschaft ..., S. 156.

[18] Vgl. *Günter Kroenlein:* Die Wertschöpfung der Aktiengesellschaft ..., S. 156.

in Posten 5 der Formblätter für diese Kreditinstitute auszuweisen. Diese Ausgliederung trägt der Tatsache Rechnung, daß nichtbankgeschäftlichen Umsätzen bei Genossenschaftsbanken und Privatbanken eine nicht geringe Bedeutung zukommt und die Zusammenfassung dieser Erträge mit Erträgen aus dem Bankgeschäft die Aussagefähigkeit der Gewinn- und Verlustrechnung beeinträchtigen würde[19].

Die Richtlinien zu der Gewinn- und Verlustrechnung der Aktienbanken geben keinen Aufschluß über die Berechnung der Erträge aus nichtbankgeschäftlichen Umsätzen sowie der Erträge aus Nebenbetrieben. Nach den Richtlinien zu Posten 4 der Gewinn- und Verlustrechnung der Genossenschaftsbanken und der Privatbanken ist der Rohertrag aus dem Warengeschäft oder aus Nebenbetrieben auszuweisen. „Dieser ist durch Kürzung der Umsatzerlöse um die Aufwendungen für Roh-, Hilfs- und Betriebsstoffe sowie für bezogene Waren zu errechnen. Preisnachlässe und zurückgewährte Entgelte, die Erhöhung oder Verminderung des Bestandes an fertigen und unfertigen Erzeugnissen und andere aktivierte Eigenleistungen sind zu berücksichtigen[20].“ Diese Vorschrift zur Berechnung des Rohertrages entspricht dem in § 157 Abs. 1 AktG vorgeschriebenen Rechenweg zur Ermittlung des Rohertrages. Wir können uns hier deshalb auf die Feststellung beschränken, daß die Erträge aus nichtbankgeschäftlichen Umsätzen bei der Wertschöpfungsrechnung zu berücksichtigen sind, und verweisen hinsichtlich der Prüfung der Wertschöpfungsrelevanz auf die Untersuchung von *Kroenlein*[21].

Zusammenfassend kann gesagt werden, daß die in diesem Posten ausgewiesenen Erträge ihrer Art nach in die Wertschöpfungsstaffel einzustellen sind, z. T. allerdings nur bei der Berechnung der Nettowertschöpfung zu berücksichtigen sind. Die Nettowertschöpfung wird in entschieden geringerem Maße als die Bruttowertschöpfung falsch i. S. der Totalperiodenrechnung ermittelt, und zwar nur in Höhe der zurückerstatteten sog. direkten Steuern. Aber auch aus anderem Grunde ist die Verwendung der Bruttowertschöpfung problematisch: Die nach § 4 der Verordnung über Formblätter für die Gliederung der Jahresabschlüsse von Kreditinstituten zulässige — und in der Regel vorgenommene — (Teil-)Kompensation der kompensationsfähigen Erträge (Erträge aus höherer Bewertung von Forderungen, aus dem Eingang voll- oder

[19] Vgl. *Hammer/Montag:* Bilanzen der Kreditinstitute . . ., S. 121.

[20] Bekanntmachung Nr. 1/68 . . ., Anlage 2: Richtlinien für die Aufstellung der Jahresbilanz sowie der Gewinn- und Verlustrechnung der Kreditinstitute in der Rechtsform der eingetragenen Genossenschaft, ausgenommen Zentralkassen, III. Richtlinien zu den einzelnen Posten der Gewinn- und Verlustrechnung (Staffelform), Zu Posten 4; die Richtlinien für die Privatbanken wurden als Anlage 3 dieser Bekanntmachung erlassen.

[21] Vgl. *Günter Kroenlein:* Die Wertschöpfung der Aktiengesellschaft . . ., S. 55 ff.

teilabgeschriebener Forderungen, aus dem Abgang von Wertpapieren und aus der Auflösung von Rückstellungen im Kreditgeschäft) mit den in Posten 7 der Gewinn- und Verlustrechnung auszuweisenden kompensationsfähigen Aufwendungen (Abschreibungen und Zuführungen zu Wertberichtigungen auf Forderungen und Wertpapiere, Verluste aus dem Abgang von Wertpapieren und Zuführungen zu Rückstellungen im Kreditgeschäft) führt dazu, daß nicht die volle Höhe der Bruttowertschöpfung ermittelt werden kann, sondern nur eine „Rumpf-Bruttowertschöpfung". Eine Berechnung der Bruttowertschöpfung ist nur dann möglich, wenn es gelingt, die tatsächlich angefallenen kompensationsfähigen Aufwendungen zu ermitteln und die Rumpf-Bruttowertschöpfung um die Differenz zwischen tatsächlich angefallenen kompensationsfähigen Aufwendungen und den in Posten 7 ausgewiesenen kompensationsfähigen Aufwendungen aufzustocken.

Nach den Prinzipien Volkswirtschaftlicher Gesamtrechnungen werden bei der Ermittlung der Wertschöpfung von den in diesem Sammelposten ausgewiesenen Erträgen nur die Erträge aus nichtbankgeschäftlichen Umsätzen berücksichtigt, d. h. Erträge aus Vermietung und Verpachtung, Erträge aus Warenverkehr u. dgl. Im folgenden soll nun — auch im Hinblick auf eine Quantifizierung des Unterschieds der Rechenergebnisse nach beiden Konzeptionen — untersucht werden, ob sich dieser Sammelposten in die unterschiedlich zu behandelnden Erträge aufspalten läßt.

Zur Analyse der Zusammensetzung dieses Sammelpostens können im Einzelfall nur die Erläuterungen im Geschäftsbericht herangezogen werden. Die Erläuterungen zu diesem Posten beschränken sich aber in der Mehrzahl der untersuchten Fälle ausschließlich auf die Bezeichnung der Erträge, die in diesem Posten verbucht sind; in einzelnen Fällen wird darüber hinaus angegeben, auf welche Faktoren die Änderung des insgesamt ausgewiesenen Betrags gegenüber dem Vorjahr zurückzuführen ist[22]. Beziffert werden die einzelnen Ertragsarten in der Regel aber nicht. Indessen ist aus jenen Gründen, die zur Bildung dieses Sammelpostens in der Gewinn- und Verlustrechnung der Kreditinstitute führten, nicht anzunehmen, daß die Kreditinstitute freiwillig über die quantitative Zusammensetzung dieses Postens berichten, denn die Kompensation von Aufwendungen mit Erträgen sowie die Zusammenfassung der Erträge aus nichtbankgeschäftlichen Umsätzen mit den kompensa-

[22] z. B. ist dem Geschäftsbericht 1970 der Bank für Gemeinwirtschaft zu entnehmen (S. 38), daß die Erhöhung der Erträge in Posten 4 (in dem „neben aperiodischen und sonstigen Erträgen im wesentlichen die Gewinne aus Devisengeschäften und Mieteinnahmen enthalten sind") auf „höhere Devisenkursgewinne, Steuererstattungen, Buchgewinne aus der Veräußerung von Anlagewerten und andere aperiodische und sonstige Erträge" zurückzuführen ist.

tionsfähigen Erträgen sowie weiteren Erträgen dient der Verschleierung der Bildung stiller Reserven über eine Unterbewertung der Forderungen und Wertpapiere des Umlaufvermögens[23].

Auch die Saldierung der kompensationsfähigen Aufwendungen und Erträge läßt keine Aufgliederung der nichtkompensationsfähigen Erträge zu. Voraussetzung für eine Ausgliederung dieser Erträge ist, daß die verrechnungsfähigen Aufwendungen die verrechnungsfähigen Erträge übersteigen, d. h. nach erfolgter Vollverrechnung der kompensationsfähigen Erträge müssen in Posten 7 der Gewinn- und Verlustrechnung noch kompensationsfähige Aufwendungen ausgewiesen sein[24]. Da jedoch kein Zwang zur Verrechnung der kompensationsfähigen Aufwendungen und Erträge besteht, sondern die Inanspruchnahme dieses Rechts den Kreditinstituten überlassen ist, kann aus dem Ausweis von Aufwendungen in Posten 7 nicht geschlossen werden, daß die in Posten 4 ausgewiesenen Erträge nichtkompensationsfähige Erträge sind; es kann sein, daß die kompensationsfähigen Aufwendungen nicht in der zulässigen Höhe verrechnet wurden. Nach *Birck* ist dabei „die Wahlmöglichkeit zwischen Brutto-, Teilbrutto- oder Nettoausweis ... in jedem Jahr unabhängig von der vorjährigen Handhabung gegeben, ohne daß sich daraus eine Offenlegungspflicht im Geschäftsbericht ergibt“[25]. Die Ge-

---

[23] Zur Diskussion über die Gestaltung des Formblatts für die Gewinn- und Verlustrechnung der Aktienbanken unter besonderer Berücksichtigung der Zielsetzungen von § 26a KWG und § 149 Abs. 1 AktG (i. V. m. § 157 Abs. 1 Satz 1 AktG) vgl. *Rolf Hammerschmidt:* Wie sollen die Jahresabschlüsse der Aktienbanken in Zukunft aussehen?, in: Bank-Betrieb, 6. Jg. (1966), S. 318 ff.; *Walter Scholz:* Zur Gewinn- und Verlustrechnung der Aktienbanken, in: Die Wirtschaftsprüfung, 19. Jg. (1966), S. 57 ff.; ders.: Die Bildung und Auflösung stiller Reserven in der Gewinn- und Verlustrechnung der Aktienbanken, in: Die Wirtschaftsprüfung, 20. Jg. (1967), S. 342 ff.; *Klaus Mertin:* Zur Gleichwertigkeit der künftigen Gewinn- und Verlustrechnung der Aktienbanken, in: Die Wirtschaftsprüfung, 19. Jg. (1966), S. 148 ff.; *Paul Gummlich:* Zur Gestaltung eines Formblatts für die Gewinn- und Verlustrechnung der Geschäftsbanken, in: Die Wirtschaftsprüfung, 20. Jg. (1967), S. 281 ff.; *Wilhelm Engel:* Zur Gestaltung eines Formblatts für die Gewinn- und Verlustrechnung der Geschäftsbanken, in: Die Wirtschaftsprüfung, 20. Jg. (1967), S. 471 ff.; *Wolfgang Dieter Budde:* Die stille Bildung und Auflösung von zulässigen Bewertungsreserven in den Jahresabschlüssen der Aktienbanken, in: Die Wirtschaftsprüfung, 20. Jg. (1967), S. 473 ff.

[24] In der Gewinn- und Verlustrechnung der Bank für Gemeinwirtschaft für das Jahr 1970 sind die gesamten Aufwendungen in Posten 7 gegen die Erträge in Posten 4 verrechnet; auch dem Geschäftsbericht ist zu entnehmen (S. 34), daß in Posten 4 weitere kompensationsfähige Erträge enthalten sind. In der Gewinn- und Verlustrechnung der Deutsche(n) Bank für das Geschäftsjahr 1968 ist gleichfalls der gesamte Posten 7 mit Erträgen des Postens 4 verrechnet; im Geschäftsbericht 1968 (S. 45) wird festgestellt, daß in Posten 4 kompensationsfähige Erträge in Höhe des nicht verrechneten Teils ausgewiesen sind.

[25] *Heinrich Birck:* Maßnahmen zur Regulierung des Erfolgsausweises bei Kreditinstituten, in: Zeitschrift für das gesamte Kreditwesen, 22. Jg. (1969), S. 349 ff., hier S. 352. Nach § 160 Abs. 2 Satz 4 AktG sind Abweichungen des

schäftsberichte geben keine Hinweise über die Verrechnung, die eine Ausgliederung der relevanten Erträge zulassen[26].

Könnte davon ausgegangen werden, daß die kompensationsfähigen Erträge voll verrechnet sind, müssen aus den restlichen Erträgen die nach den Prinzipien Volkswirtschaftlicher Gesamtrechnungen nicht relevanten Erträge wie Kassenüberschüsse und Zuschreibungen zu Gegenständen des Anlagevermögens eliminiert werden. Die Schwierigkeiten sind hier nicht unüberwindlich; den Kassenüberschüssen dürfte eine so geringe Bedeutung zukommen, daß auf ihre Eliminierung verzichtet werden kann, und die Zuschreibungen zu Gegenständen des Anlagevermögens sind von Aktiengesellschaften und Kommanditgesellschaften auf Aktien im Geschäftsbericht anzugeben, und zwar gesondert für jeden Posten der Jahresbilanz[27]. Den Zuschreibungen zu den Gegenständen des Anlagevermögens kommt gleichfalls nur eine geringe quantitative Bedeutung zu[28].

Jahresabschlusses von dem letzten Jahresabschluß, die die Vergleichbarkeit beeinträchtigen, im Geschäftsbericht zu erläutern; nach § 26a Abs. 2 KWG sind jedoch die Kreditinstitute von dieser Erläuterungspflicht befreit.

[26] In den Geschäftsberichten ist vorwiegend zu lesen, daß nach der zulässigen Aufrechnung Aufwendungen verbleiben (Commerzbank, 1969, S. 54; Deutsch-Asiatische Bank, 1970, S. 22) oder daß von der gesetzlichen Möglichkeit einer Kompensation Gebrauch gemacht wurde (Rheinische Bank, 1970, S. 11; Braunschweigische Staatsbank, 1969, S. 19; Deutsche Genossenschaftskasse, 1969, S. 44). Keine Angaben über die (vorgenommene) Kompensation macht z. B. die Bayerische Landwirthschaftsbank (1970). In der Gewinn- und Verlustrechnung für das Jahr 1969 der Westdeutsche(n) Landesbank Girozentrale sind die Kursgewinne aus dem Wertpapier- und Devisengeschäft voll in Posten 4 enthalten (Geschäftsbericht 1969, S. 35), während im Geschäftsbericht 1970 angegeben wird (S. 43), daß Kursgewinne aus dem Wertpapier- und Devisengeschäft teils verrechnet, teils in Posten 4 enthalten sind. Den Erläuterungen im Geschäftsbericht der Bayerische(n) Vereinsbank (1969, S. 41; 1970, S. 39) und im Geschäftsbericht der Deutsche(n) Bank (1968, S. 45) ist zu entnehmen, daß die kompensationsfähigen Erträge nur zum Teil mit Aufwendungen verrechnet wurden.

[27] § 3 Abs. 1 der Verordnung über Formblätter für die Gliederung des Jahresabschlusses von Kreditinstituten. Gleiches gilt für die öffentlich-rechtlichen Kreditanstalten [§ 6 Ziff. 10 der Jahresabschlußverordnung für Sparkassen (Baden-Württemberg), § 7 Ziff. 10 der Jahresabschlußverordnung für öffentlich-rechtliche Kreditanstalten (Baden-Württemberg)] sowie für die Hypotheken- und Schiffspfandbriefbanken (§ 3 Abs. 1 der Verordnung über Formblätter für die Gliederung des Jahresabschlusses der Hypothekenbanken und der Schiffspfandbriefbanken).

[28] Zuschreibungen werden vornehmlich nach steuerlichen Betriebsprüfungen zur Anpassung der Werte der Handelsbilanz an die Werte der Steuerbilanz vorgenommen. Vgl. z. B. Geschäftsbericht 1970 der Badische(n) Kommunale(n) Landesbank-Girozentrale, S. 34; Geschäftsbericht 1969 der Berliner Handels-Gesellschaft, S. 18.

5. Erträge aus Gewinngemeinschaften, Gewinnabführungs- und Teilgewinnabführungsverträgen

Die Richtlinien zu diesem Posten (8 der Staffelform) verweisen auf die §§ 291 und 292 AktG[29]. Es ist deshalb zunächst erforderlich, die in diesen Paragraphen beschriebenen Unternehmensverträge darzustellen.

Eine Gewinngemeinschaft liegt dann vor, wenn eine Unternehmung sich durch Vertrag verpflichtet, „ihren Gewinn oder den Gewinn einzelner ihrer Betriebe ganz oder zum Teil mit dem Gewinn anderer Unternehmen oder einzelner Betriebe anderer Unternehmen zur Aufteilung eines gemeinschaftlichen Gewinns zusammen zu legen“ (§ 292 Abs. 1 Ziff. 1 AktG). Bei einem Gewinnabführungsvertrag verpflichtet sich eine Unternehmung, ihren ganzen Gewinn an ein anderes Unternehmen abzuführen; „als Vertrag über die Abführung des ganzen Gewinns gilt auch ein Vertrag, durch den eine Aktiengesellschaft oder Kommanditgesellschaft auf Aktien es übernimmt, ihr Unternehmen für Rechnung eines anderen Unternehmens zu führen“ (§ 291 Abs. 1 AktG). Bei einem Teilgewinnabführungsvertrag verpflichtet sich eine Gesellschaft, einen Teil ihres Gewinns oder den Gewinn einzelner ihrer Betriebe ganz oder zum Teil an eine andere Gesellschaft abzuführen (§ 291 Abs. 1 Ziff. 2 AktG).

Bei den Erträgen aus Unternehmensverträgen handelt es sich vornehmlich um Erträge aus Unternehmungen, denen besondere Aufgaben durch das beteiligte Kreditinstitut delegiert werden. Diese Unternehmungen könnten als rechtlich selbständige Abteilungen des Kreditinstituts angesehen werden. Eine Begründung für diese Ausgliederung gibt *Birck:* „Sowohl unter dem publizitätspolitischen Aspekt der Zahlungsbereitschaft als auch unter den Gesichtspunkten der Ertragskraft und des Risikos erscheint es den Banken des öfteren vorteilhaft, größere Teile des Sachanlagevermögens, aber auch der Finanzanlagen, nicht direkt, sondern auf dem Wege über ein Tochterunternehmen zu halten (Bankkommandite oder Grundstücksgesellschaft bzw. Vermögensanlagegesellschaft meist in der Rechtsform der GmbH) ... Dabei kann es sich um Grundstücke, Gebäude (auch betriebsfremde), Schiffe, wertvolle Teile der Betriebs- und Geschäftsausstattung, Beteiligungen oder Wertpapiere des Anlagevermögens handeln ... Die Finanzierung des Tochterunternehmens der Bank erfolgt bei einer durchweg verhältnismäßig nur sehr geringen Eigenkapitalausstattung im wesentlichen mit von der Mutterbank gewährten Krediten ... “[30].

---

[29] Vgl. Richtlinien für die Gewinn- und Verlustrechnung (Aktienbanken), Zu Posten 8. Dieser Posten ist nur in den Formblatt-Mustern 1 (Aktienbanken) und 3 (Privatbanken) sowie in den Formblatt-Mustern für die Hypothekenbanken sowie die Schiffspfandbriefbanken enthalten.

Nach den in Kapitel I entwickelten Grundsätzen beziehen wir die Erträge aus Unternehmensverträgen — wie die Erträge aus Beteiligungen — nicht in die Zinsdifferenzrechnung ein. Wir behandeln diese Ströme als Transaktionen im Bereich der Einkommensverteilung, gleichgültig, ob es sich um Zuflüsse aufgrund von Kapitalverflechtungen — das ist die Regel — oder rein vertraglicher Regelungen handelt. In den Volkswirtschaftlichen Gesamtrechnungen der Bundesrepublik Deutschland werden die Erträge aus Gewinnabführungsverträgen bei der Berechnung der unterstellten Bankgebühr berücksichtigt[31]. Damit ergibt sich eine Divergenz zwischen der hier vorgeschlagenen Methode und der Methode zur Berechnung der gesamtwirtschaftlichen Grundgesamtheit für eine Konzentrationsanalyse.

6. Erträge aus der Auflösung von Rückstellungen, soweit sie nicht unter 4 auszuweisen sind

Zu diesem Posten 9 der Staffelform des Musters 1 für die Gewinn- und Verlustrechnung sind keine Richtlinien ergangen. Aus der Bezeichnung dieser Position ist aber eindeutig zu schließen, daß hier die Erträge aus der Auflösung jener Rückstellungen auszuweisen sind, die nicht Rückstellungen im Kreditgeschäft sind; unter Kreditgeschäft ist nach § 1 Abs. 1 Ziff. 2 KWG die Gewährung von Gelddarlehen und Akzeptkrediten zu verstehen. Wie bei den Erträgen aus der Auflösung von Rückstellungen im Kreditgeschäft handelt es sich bei den in diesem Posten erfaßten Erträgen um Korrekturen zu in früheren Perioden zu hoch angesetzten Aufwendungen. Nach der Art der Aufwandsminderung ist der Inhalt des Postens heterogen. Sehen wir von Periodisierungsfragen ab, gilt für die Behandlung der Erträge aus der Auflösung von Rückstellungen folgendes:

---

[30] *Heinrich Birck:* Maßnahmen der Bilanzstrukturpolitik bei Kreditinstituten, S. 442. Die Verlagerung von Aktivitäten auf Tochterunternehmungen — hier allerdings ohne Unternehmensverträge —, die dann Leistungen für die Muttergesellschaft erbringen, kann besonders deutlich an dem Beispiel der Vereinsbank in Hamburg aufgezeigt werden: Räumlichkeiten gemietet hat die Vereinsbank bei ihren Töchtern Beteiligungs- und Handelsgesellschaft in Hamburg mbH, Boden-Aktiengesellschaft in Hamburg und Grundstücksgesellschaft Holstenbrücke GmbH Kiel. Die — gleichfalls 100%ige — Tochtergesellschaft Hamburger Datenverarbeitungs-Gesellschaft mbH ist mit der „elektronischen Verarbeitung der Daten“ der gesamten Buchführung beauftragt. Zur Ergänzung des Leistungsangebots ist die Vereinsbank zu 75 % an dem Stammkapital der HKV Hanseatische Teilzahlungs-Kreditbank GmbH und zu 100 % an der NORDINVEST Norddeutsche Investmentgesellschaft mbH beteiligt. Eine 100%ige Beteiligung besteht an der NORDANLAGE Norddeutsche Anlageberatungs-Gesellschaft mbH, die das Angebot der Bank hinsichtlich der Beratung in Vermögensangelegenheiten und der Vermittlung von Wertpapiergeschäften ergänzt. Vgl. Geschäftsbericht 1970 der Vereinsbank in Hamburg, S. 31 f.

[31] Nach Auskunft des Statistischen Bundesamtes, Wiesbaden.

— Erträge aus der Auflösung von Rückstellungen für Pensionsverpflichtungen und für sog. direkte Steuern dürfen nicht in die Wertschöpfungsstaffel eingestellt werden, da die korrespondierenden Aufwendungen zum Zeitpunkt der Bildung der Rückstellungen als Bestandteil der Wertschöpfung, und zwar sämtlicher Varianten, erfaßt wurden;

— Erträge aus der Auflösung von Rückstellungen für „indirekte" Steuern stellen einen Korrekturposten zur Brutto- bzw. Nettowertschöpfung zu Faktorkosten dar und sind deshalb an entsprechender Stelle der Wertschöpfungsstaffel zu berücksichtigen;

— Erträge aus der Auflösung von Rückstellungen für Vorleistungen anderer Unternehmungen (z. B. Prüfungskosten) sind ein Korrekturposten zur Bruttowertschöpfung zu Marktpreisen und den davon abgeleiteten Varianten der Wertschöpfung und sind deshalb an entsprechender Stelle in die Wertschöpfungsstaffel einzustellen.

Die Erläuterungen in den Geschäftsberichten der Kreditinstitute zu diesem Posten der Gewinn- und Verlustrechnung sind jedoch nicht so detailliert, daß eine Aufgliederung des insgesamt ausgewiesenen Betrags in unterschiedlich zu behandelnde Teile möglich wäre; in der Mehrzahl der von uns untersuchten Fälle unterbleibt eine Erläuterung des Postens, selbst bei im Jahresvergleich starken relativen Änderungen in der Höhe des ausgewiesenen Betrags[32]. Die quantitative Bedeutung dieses Postens ist — gemessen an den ausgewiesenen Löhnen und Gehältern als eines Bestandteils der Wertschöpfung — im allgemeinen recht gering[33]. Andererseits geben einige Kreditinstitute namentlich bei quantitativ bedeutsameren Änderungen im Ausweis als Ursache die Auflösung nicht mehr benötigter Steuerrückstellungen an[34]; bei diesen Kreditinstituten

---

[32] z. B. steigen bei der Deutsche(n) Bank (Dresdner Bank; Commerzbank) die Erträge aus der Auflösung von Rückstellungen von 238 857 DM (1 526 914; 84 814) im Jahre 1969 (1969; 1968) auf 1 802 408 DM (4 875 659; 3 028 890) im Jahre 1970 (1970; 1969), ohne daß diese Änderung erläutert wird.

[33] Für das Geschäftsjahr 1970 beträgt der Anteilsatz bei der Deutsche(n) Bank rd. 0,3 %, bei der Dresdner Bank rd. 1,3 %; bei der Commerzbank beläuft sich der Anteilsatz 1969 auf rd. 1,3 %. Keine Erträge in Posten 9 weisen aus z. B. die Deutsch-Asiatische Bank (1969), die Frankfurter Hypothekenbank (1969), die Deutsche Länderbank (1970), die Badische Kommunale Landesbank-Girozentrale (1970) und die Württembergische Bank (1969).

[34] Infolge der Auflösung nicht benötigter Steuerrückstellungen betragen bei der Württembergische(n) Hypothekenbank die Erträge in Posten 9 im Jahre 1969 DM 293 077 gegenüber DM 226 062 in 1970, bei der Deutsche(n) Verkehrs-Kredit-Bank DM 1 227 255 gegenüber DM 273 434 DM, bei der Pfälzische(n) Hypothekenbank DM 112 183 gegenüber DM 38 996. Infolge des Wegfalls der Erträge aus Steuerrückstellungen sanken die Erträge in Posten 9 bei der Württembergische(n) Bank von 161 000 DM in 1968 auf DM 0 in 1969; bei der Norddeutsche(n) Kundenkreditbank waren 1970 infolge der Auflösung von Steuerrückstellungen die Erträge mit DM 660 500 entschieden höher als in

liegt z. T. der Anteilsatz der Erträge aus der Auflösung von Rückstellungen an den Gehältern und Löhnen höher als bei den anderen Kreditinstituten. Wenngleich damit in einzelnen Fällen gewisse Anhaltspunkte für eine Behandlung des Postens vorliegen — fraglich ist in den angegebenen Fällen allerdings noch die Aufteilung in sog. direkte und sog. indirekte Steuern —, erscheint es uns problematisch zu sein, von diesen Einzelfällen auf die Gesamtheit zu schließen. Wir werden, insbesondere auch zur Korrektur überhöhter Aufwendungen in der Rechnungsperiode, die Erträge aus der Auflösung von Rückstellungen bei der Berechnung der Bruttowertschöpfung zu Marktpreisen im Anschluß an *Kroenlein* gesondert unter den aperiodischen Posten berücksichtigen[35]. Für die Berechnung der Wertschöpfung nach den Konventionen Volkswirtschaftlicher Gesamtrechnungen ist dieser Posten der Gewinn- und Verlustrechnung nicht relevant[36].

7. Erträge aus der Auflösung von Sonderposten mit Rücklageanteil

Zu diesem Posten des Formblatt-Muster wurden keine Richtlinien erlassen; die Richtlinien zu dem korrespondierenden Aufwandsposten „Einstellungen in Sonderposten mit Rücklageanteil" verweisen auf § 158 Abs. 6 AktG[37]. § 158 Abs. 6 AktG regelt, wo im aktienrechtlichen Gliederungsschema für die Gewinn- und Verlustrechnung die Erträge aus der Auflösung von Sonderposten mit Rücklageanteil auszuweisen sind; weiterhin wird in § 158 Abs. 6 AktG verwiesen auf § 152 Abs. 5 AktG, in dem erläutert ist, was unter Sonderposten mit Rücklageanteil zu verstehen ist. Danach sind Sonderposten mit Rücklageanteil Posten, „die auf Grund steuerlicher Vorschriften erst bei ihrer Auflösung zu versteuern sind"; sie müssen gesondert von den offenen Rücklagen unter Angabe der Vorschriften, nach denen sie gebildet wurden, ausgewiesen werden. Werden Sonderposten mit Rücklageanteil aufgelöst, so sind die Beträge in voller Höhe in Posten 10 auszuweisen; sie dürfen also nicht mit Einstellungen in die Sonderposten mit Rücklageanteil verrechnet werden.

1969 mit DM 251 500. Bei der Handelsbank in Lübeck steigen die 1969 ausgewiesenen Erträge in Höhe von DM 5 957, die gleichwohl aus Steuerrückstellungen stammen, auf DM 69 580 in 1970 infolge der Auflösung von in den Jahren 1967 und 1968 gebildeten Steuerrückstellungen.

[35] Vgl. *Günter Kroenlein:* Die Wertschöpfung der Aktiengesellschaft ..., S. 64 ff., S. 156.

[36] *Alfred Stobbe:* Volkswirtschaftliches Rechnungswesen, S. 170.
Für eine Produktionsrechnung (Kosten- und Leistungsrechnung) sind aperiodische Erträge infolge einer Korrektur zu hoch verrechneter Aufwendungen in der Vergangenheit irrelevant.

[37] Vgl. Richtlinien für die Gewinn- und Verlustrechnung (Aktienbanken), Zu Posten 20.

Sonderposten mit Rücklageanteil sind der buchhalterische Niederschlag der Inanspruchnahme von (wirtschaftspolitisch motivierten) Steuervergünstigungen. Nach *Adler/Düring/Schmaltz* ist allen Sonderposten mit Rücklageanteil gemeinsam, daß durch ihre Bildung zunächst Teile des Gewinns der Besteuerung entzogen werden[38]. Ob in späteren Perioden diese Gewinnteile einer Besteuerung unterliegen, kann durchaus ungewiß sein; bei einer Übertragung stiller Reserven nach § 6 b EStG auf Wirtschaftsgüter, die nicht einer Abnutzung unterliegen, ist eine spätere Steuerbelastung in der Regel selten gegeben[39].

Wir stellen die Erträge aus der Auflösung von Sonderposten mit Rücklageanteil nicht in die Wertschöpfungsstaffel nach der Subtraktionsmethode ein (bzw. kürzen bei der Additionsmethode den Gewinn um diese Erträge), sondern erfassen die in Sonderposten mit Rücklageanteil reservierten Gewinnteile bereits im Zeitraum der Bildung der Sonderposten[40].

8. Erträge aus Verlustübernahme

Die Richtlinien zum Inhalt des Postens 11 des Formblatt-Musters 1 verweisen auf § 302 AktG[41]. Diese Norm schreibt vor, daß beim Bestehen eines Beherrschungs- oder Gewinnabführungsvertrags die herrschende Unternehmung den Jahresfehlbetrag der abhängigen Gesellschaft auszugleichen hat, soweit der Jahresfehlbetrag nicht dadurch ausgeglichen wird, daß den freien Rücklagen Beträge entnommen werden, die während der Vertragsdauer in sie eingestellt worden sind (§ 302 Abs. 1 AktG); hat die abhängige Gesellschaft den Betrieb ihres Unternehmens dem herrschenden Unternehmen verpachtet oder sonst überlassen, hat das herrschende Unternehmen den Jahresfehlbetrag auszugleichen, soweit die vereinbarte Gegenleistung das angemessene Entgelt nicht erreicht (§ 302 Abs. 2 AktG). Dieser Ertragsposten tritt damit nur in der Gewinn- und Verlustrechnung abhängiger, nicht aber herrschender Unternehmungen auf; der korrespondierende Aufwandsposten bei der herrschenden Unternehmung ist Posten 19 „Aufwendungen aus Verlustübernahme“.

---

[38] Vgl. *Adler/Düring/Schmaltz:* Rechnungslegung ..., Tz. 67 zu § 152 = S. 309.

[39] Zu den konzentrationsbegünstigten Wirkungen des § 6 b EStG vgl. *Dieter Pohmer* und *Klaus Fischer:* Steuerliche Beeinflussung der Unternehmenskonzentration unter besonderer Berücksichtigung der BRD, in: Die Konzentration in der Wirtschaft, On Economic Concentration, S. 805 ff., hier S. 831 f.

[40] Vgl. hierzu S. 97 f.

[41] Vgl. Richtlinien für die Gewinn- und Verlustrechnung (Aktienbanken), Zu Posten 11. Dieser Posten ist nicht enthalten in den Formblättern für die Gewinn- und Verlustrechnung der Genossenschaftsbanken, Zentralkassen, Sparkassen und öffentlich-rechtlichen Kreditanstalten, da Unternehmungsverflechtungen bei diesen Institutsgruppen nicht üblich sind.

Die in diesem Posten erfaßten Erträge dienen zum Ausgleich des in der Unternehmung erwirtschafteten Verlusts, der als negatives Einkommen (Vermögensverzehr) anzusehen ist. Wir berücksichtigen — analog zur Behandlung der Erträge aus Beteiligungen und aus Gewinnabführungsverträgen — diese Erträge aus Verlustübernahme nicht in der Zinsdifferenzrechnung.

II. Die Aufwandsposten und sonstigen Posten des Formblatts für die Gewinn- und Verlustrechnung der Kreditinstitute in der Rechtsform der Aktiengesellschaft, der Kommanditgesellschaft auf Aktien und der Gesellschaft mit beschränkter Haftung

1. Zinsen und zinsähnliche Aufwendungen

Nach den Richtlinien sind in diesem Posten (5 der Staffelform) „Zinsen und zinsähnliche Aufwendungen aus der Entgegennahme fremder Gelder sowie aus Factoringgeschäften auszuweisen; hierzu gehören auch die Diskontabzüge, soweit sie nicht mit den dagegenstehenden Diskonterträgen verrechnet werden, Abschreibungen auf aktiviertes Agio, Disagio oder Damnum sowie Kredit- und Überziehungsprovisionen“[42].

Im Gegensatz zu den Erträgen aus bestimmten Forderungen (z. B. festverzinslichen Wertpapieren) sind die Aufwandszinsen insgesamt in einem Posten auszuweisen.

Dieser Posten ist der korrespondierende Teil zur Berechnung der Zinsdifferenz als unterstelltes Dienstleistungsentgelt der Kreditinstitute. Wie die Zinserträge bei langfristigen Forderungen in Form einer Differenz zwischen ausgelegtem Betrag und Rückzahlungsbetrag zählen die Zinsaufwendungen bei Verbindlichkeiten in Höhe des Disagios (Damnums) bzw. Agios nach den Konventionen Volkswirtschaftlicher Gesamtrechnungen zu den Vermögensübertragungen und werden deshalb bei der Zinsdifferenzrechnung nicht berücksichtigt. Da eine Aussonderung der Abschreibungen auf ein aktiviertes Disagio (Damnum) bzw. Agio nicht möglich ist, muß bei der Berechnung der betrieblichen Wertschöpfung aus der publizierten Gewinn- und Verlustrechnung diese Abweichung in Kauf genommen werden. Sofern allerdings gleichzeitig ein passiver Rechnungsabgrenzungsposten als Ertrag aufgelöst wird, tritt eine (Teil-)Kompensation ein, durch die die Abweichung von der für die Volkswirtschaftlichen Gesamtrechnungen ermittelten Zinsdifferenz reduziert wird.

---

[42] Vgl. Richtlinien für die Gewinn- und Verlustrechnung (Aktienbanken), Zu Posten 5.

Der Inhalt dieses Postens ist überwiegend periodengerecht erfaßt. Periodengerecht verbucht sind die laufenden Zinsaufwendungen, die nach dem Grundsatz der Abgrenzung nach der Zeit zu erfassen sind; weniger gilt dies für die Abschreibungen auf ein aktiviertes Disagio (Damnum) bzw. Agio. Zwar sollte auch das Disagio (Agio) nach der Laufzeit und der Höhe der Verbindlichkeit als Aufwand verrechnet werden, eine raschere Auflösung des Rechnungsabgrenzungspostens ist aber zulässig. Damit kann in den ersten Jahren der Laufzeit der Verbindlichkeit ein zu hoher Zinsaufwand ausgewiesen werden.

Bei den Hypothekenbanken ist der Zinsaufwandsposten — analog zum Zinsertragsposten — aufgegliedert in Posten 6 [Zinsen für a) Hypothekenpfandbriefe, b) Kommunalschuldverschreibungen, c) aufgenommene Darlehen][43], Posten 7 (andere Zinsen und zinsähnliche Aufwendungen) und Posten 8 (einmalige Aufwendungen im Emissions- und Darlehensgeschäft). In dem Posten 8 sind nach den Richtlinien auch Aufwendungen nach § 25 Hypothekenbankgesetz bzw. bei den Schiffspfandbriefbanken: § 23 Schiffsbankgesetz auszuweisen[44]. Unter diese einmaligen Aufwendungen fallen die durch den Erwerb der Hypotheken unmittelbar entstandenen Kosten sowie die für die Unterbringung gezahlten Provisionen und das Disagio; den Hauptinhalt dieses Postens stellen wohl die — höchstens auf fünf Jahre verteilbaren — Disagiobeträge dar. Durch den Ausweis von Vorleistungen anderer Unternehmungen wird bei der Einstellung dieses Postens in die Zinsdifferenzrechnung die Höhe der Wertschöpfung nicht berührt.

Analog zur Behandlung der einmaligen Erträge aus dem Emissions- und Darlehensgeschäft stellen wir die einmaligen Aufwendungen aus dem Emissions- und Darlehensgeschäft in die Zinsdifferenzrechnung ein. Die Vergleichbarkeit der Hypotheken- und Schiffspfandbriefbanken mit den anderen Kreditinstituten wird damit gewahrt; die Abweichungen von der Abgrenzung der für die Berechnung der Zinsdifferenz in den Volkswirtschaftlichen Gesamtrechnungen relevanten Aufwendungen (und Erträge) sind demgegenüber u. E. sekundär.

2. Provisionen und ähnliche Aufwendungen für Dienstleistungsgeschäfte

Nach den Richtlinien sind hier „Aufwendungen für Provisionen und Gebühren aus Dienstleistungsgeschäften, wie z. B. dem Zahlungsverkehr, Außenhandelsgeschäft, Wertpapierkommissions- und Depotgeschäft, Aufwendungen für durchlaufende Kredite und Verwaltungs-

---

[43] Bei den Schiffspfandbriefbanken ist Posten 6 untergliedert in: Zinsen für a) Schiffspfandbriefe, b) aufgenommene Darlehen.

[44] Vgl. Richtlinien für die Gewinn- und Verlustrechnung (Hypothekenbanken bzw. Schiffspfandbriefbanken), Zu Posten 8.

kredite sowie Provisionen im Zusammenhang mit der Veräußerung von Devisen, Sorten und Edelmetallen auszuweisen“[45]. Die in diesem Posten zu erfassenden Aufwendungen sind bei den die Provisionen und Gebühren empfangenden Kreditinstituten in dem Ertragsposten 3 (Provisionen und andere Erträge aus Dienstleistungsgeschäften) auszuweisen. Bei den in Posten 6 enthaltenen Aufwendungen handelt es sich um Vorleistungen, und zwar vornehmlich um Vorleistungen anderer Kreditinstitute. Dieser Aufwandsposten ist in die Wertschöpfungsstaffel nach der Subtraktionsmethode einzustellen.

In den Formblättern für die Gewinn- und Verlustrechnung der Hypothekenbanken bzw. Schiffspfandbriefbanken fehlt diese Aufwandsposition. Die von diesen gezahlten Dienstleistungsentgelte sind in den Posten 8 (einmalige Aufwendungen im Emissions- und Darlehensgeschäft) und Posten 17 (Sachaufwand für das Bankgeschäft) enthalten.

3. Abschreibungen und Wertberichtigungen auf Forderungen und Wertpapiere sowie Zuführungen zu Rückstellungen im Kreditgeschäft

In diesem Posten sind „alle Abschreibungen und Zuführungen zu Wertberichtigungen (Einzelwertberichtigungen, steuerlich anerkannte Sammelwertberichtigungen, versteuerte Pauschalwertberichtigungen) auf Forderungen und Wertpapiere zu erfassen. Ferner sind hier die Zuführungen zu Rückstellungen im Kreditgeschäft, z. B. zu den Sammelwertberichtigungen auf Rückgriffsforderungen ... und zu Rückstellungen für die Rücknahmeverpflichtungen aus Pensionsgeschäften auszuweisen“[46]. Weiterhin sind in diesem Posten die Verluste aus dem Abgang von Wertpapieren zu erfassen.

Den hauptsächlichen Inhalt dieses Postens bilden die Abschreibungen und Wertberichtigungen auf Forderungen und Wertpapiere. Wie bereits weiter oben aufgezeigt wurde, ist die Vorschrift des § 155 AktG hinsichtlich der Bewertung von Forderungen und Wertpapiere des Umlaufvermögens der Kreditinstitute durch § 26 a Abs. 1 KWG eingeschränkt. Insbesondere in Anbetracht des Umfangs dieser Posten in der Bilanz ist hier die Legung stiller Reserven in größerem Maße möglich. Es kann deshalb angenommen werden, daß in diesem Posten der Gewinn- und Verlustrechnung nicht allein der tatsächlich eingetretene Verzehr an abgeleiteten Nominalgütern erfaßt wird, sondern daß über diese Auf-

[45] Richtlinien für die Gewinn- und Verlustrechnung (Aktienbanken), Zu Posten 6.

[46] Richtlinien für die Gewinn- und Verlustrechnung (Aktienbanken), Zu Posten 7.

wandsposition stille Reserven gebildet werden[47], die als Gewinnverwendung anzusehen sind, und damit eine zu niedrige Nettowertschöpfug ermittelt wird. In welchem Umfang allerdings die Neubildung stiller Reserven in einer Periode kompensiert wird durch die Auflösung stiller Reserven, ist aus der Gewinn- und Verlustrechnung nicht zu ersehen.

Die Zuführungen zu den stillen Reserven können allenfalls über Gewinnschätzungen ermittelt werden, nicht aber über den im Jahresabschluß ausgewiesenen Güterverzehr. Wie bereits weiter oben erwähnt wurde, dürfen Abschreibungen und Zuführungen zu Wertberichtigungen auf Forderungen und Wertpapiere, Verluste aus dem Abgang von Wertpapieren und Zuführungen zu den Rückstellungen im Kreditgeschäft verrechnet werden mit Erträgen aus höherer Bewertung von Forderungen und Wertpapieren, aus dem Eingang voll- oder teilabgeschriebener Forderungen, aus dem Abgang von Wertpapieren oder aus der Auflösung von Rückstellungen im Kreditgeschäft. In die Gewinn- und Verlustrechnung braucht also nur der Überschuß der verrechnungsfähigen Aufwendungen über die verrechnungsfähigen Erträge eingestellt zu werden. Der tatsächlich stillen Bildung von Reserven dient weiterhin die Vorschrift, daß die Einzelwertberichtigungen und versteuerten Pauschalwertberichtigungen direkt von den betreffenden Aktivposten der Jahresbilanz abzusetzen sind; die vorgeschriebenen Sammelwertberichtigungen können entweder von den betreffenden Aktivposten der Jahresbilanz abgesetzt oder gesondert unter dem Posten 7 (Wertberichtigungen) der Jahresbilanz ausgewiesen werden[48]. Aber selbst wenn es möglich wäre, die Höhe der Aufwendungen vor Saldierung zu ermitteln, besteht das Problem einer Trennung des realisierten Wertverzehrs und des nach dem exakten Niederstwertprinzip antizipierten Wertverzehrs von den Gewinnreservierungen. Näherungsweise könnten wohl die Einzelwertberichtigungen sowie die vorgeschriebenen Sammelwertberichtigungen — als Versuch einer Periodisierung von Forderungsausfällen[49] — als tatsächlicher Wertverzehr angesehen werden, die ver-

---

[47] Einige Kreditinstitute legen in den Erläuterungen zu diesem Posten der Gewinn- und Verlustrechnung diesen Sachverhalt offen. So teilt z. B. die Frankfurter Hypothekenbank in ihrem Geschäftsbericht 1969 (S. 20) mit, in dieser Position sei der „Aufwand für die Bildung stiller Reserven" enthalten; die Berliner Bank berichtet im Geschäftsbericht 1970 (S. 16), daß die den Banken gebotene Möglichkeit zur Bildung stiller Reserven auch im Berichtsjahr wieder in angemessenem Umfang genutzt worden sei.

[48] Vgl. Richtlinien für die Jahresbilanz (Aktienbanken), Zu Posten 7 (Passiva). Die Sammelwertberichtigungen auf Rückgriffsforderungen sind unter Posten 6 (Rückstellungen) der Passivseite der Jahresbilanz auszuweisen.

[49] Vgl. *Günter Kroenlein:* Die Wertschöpfung der Aktiengesellschaft ..., S. 63 f., sowie die dort angegebene Literatur.

Zu den Sammelwertberichtigungen ist anzumerken, daß die nach der Bekanntmachung Nr. 1/65 vorgeschriebenen Mindestsätze nicht nur gestaffelt sind nach der Art des Kreditverhältnisses und der Bonität des Schuldners (bzw.

steuerten Pauschalwertberichtigungen könnten hingegen als Gewinnverwendungsposten behandelt werden. Als Gewinnverwendung sind auch die aus der Unterschreitung des Wertansatzes nach dem exakten Niederstwertprinzip resultierenden Aufwendungen anzusehen. Voraussetzung für eine solche Aufspaltung der Aufwendungen ist jedoch eine erheblich bessere Publizität der Kreditinstitute, die tatsächlich einen Einblick in die Ertragslage erlaubt[50].

Weiterhin sind in diesem Posten die Zuführungen zu den Rückstellungen im Kreditgeschäft auszuweisen. Nach den Grundsätzen ordnungsmäßiger Buchführung ist es nicht zulässig, willkürlich Rückstellungen zu bilden[51]; das Aktiengesetz 1937 sah keine Vorschrift über die zulässige Höhe der Bildung von Rückstellungen vor. Nach *Adler/Düring/Schmaltz* wurde aber in der Bilanzierungspraxis das Vorsichtsprinzip recht großzügig ausgelegt und die Bildung von Rückstellungen als Mittel zur Legung stiller Reserven benutzt[52]. Nach dem Aktiengesetz 1965 ist die Bildung von Rückstellungen ihrer Höhe nach eingeschränkt; es ist nur der Betrag anzusetzen, „der nach vernünftiger kaufmännischer Beurteilung notwendig ist" (§ 156 Abs. 4 AktG). Diese gesetzliche Einschränkung in der Bemessung der Rückstellungen gilt auch für die unter das Aktien-

---

der Sicherung der Forderung), sondern auch (mit Ausnahme bezüglich langfristiger Ausleihungen) nach der Rechtsform des Kreditinstituts; für Kreditinstitute, die als Einzelunternehmen oder Personenhandelsgesellschaft betrieben werden, gelten höhere Mindestsätze. Zwischen diesen und den übrigen Kreditinstituten ergeben sich — geringfügige — Verzerrungen, es sei denn, die Differenzierung der Sätze entspräche einem bei Privatbanken, infolge geringerer Streuung der Kreditengagements, höheren durchschnittlichen Ausfallsatz. Zur Begründung der Mindestsatz-Differenzierung vgl. *Gerhard Schimann:* Die neue Sammelwertberichtigungs-Anordnung für Kreditinstitute, in: Die Wirtschaftsprüfung, 18. Jg. (1965), S. 450 ff.; *Jürgen Brand:* Die neue Sammelwertberichtigungs-Anordnung für Kreditinstitute, in: Die Wirtschaftsprüfung, 19. Jg. (1966), S. 175 f.; *Herbert Kunze:* Nochmals: Die neue Sammelwertberichtigungs-Anordnung für Kreditinstitute, in: Die Wirtschaftsprüfung, 19. Jg. (1966), S. 176 f.

[50] Außerhalb des Zahlenwerks der Gewinn- und Verlustrechnungen machen nur sehr wenige Kreditinstitute Angaben über die Höhe der Abschreibungen und Wertberichtigungen. Die Württembergische Hypothekenbank teilt die Höhe der versteuerten Pauschalwertberichtigungen auf Darlehensforderungen und Wertpapiere (gesondert: auf Aktien) mit (Geschäftsbericht 1969, S. 9), die Pfälzische Hypothekenbank die Höhe der Verluste und Abschreibungen auf Wertpapiere (Geschäftsbericht 1970, S. 33). Dem Geschäftsbericht 1968 (S. 26) der Dresdner Bank ist nur zu entnehmen, daß einer Sammelwertberichtigung 12,6 Mill. DM zugeführt wurde. Keine zusätzlichen Zahlenangaben zu diesem Posten der Gewinn- und Verlustrechnung sind zu entnehmen z. B. den Geschäftsberichten der Bank für Gemeinwirtschaft (1969), der Bayerische(n) Vereinsbank (1969), der Commerzbank (1969), der Deutsche(n) Bank (1968) und der Dresdner Bank (1969).

[51] Vgl. *Adler/Düring/Schmaltz:* Rechnungslegung ..., AktG 1937, 3. Aufl., Tz. 161 zu § 131 = S. 293.

[52] Vgl. *Adler/Düring/Schmaltz:* Rechnungslegung ..., Tz. 39 zu § 156 = S. 578.

gesetz fallenden Kreditinstitute. Da die Antizipation von Ausgaben nur über Schätzungen möglich ist, ist die Entstehung stiller Reserven nicht völlig ausgeschlossen.

Die in diesem Posten ausgewiesenen Aufwendungen sind ihrer Art nach für die Berechnung der Wertschöpfung relevant; die Verluste aus dem Abgang von Vermögensgegenständen sind bei der Berechnung der Bruttowertschöpfung, die sonstigen Aufwendungen sind bei der Berechnung der Nettowertschöpfung nach der Subtraktionsmethode abzusetzen[53]. Da diese Position der Gewinn- und Verlustrechnung aber nicht in die unterschiedlich zu behandelnden Bestandteile aufgespalten werden kann und die Abschreibungen und Rückstellungen bei weitem die Verluste aus dem Abgang von Vermögensrückstellungen übersteigen, berücksichtigen wir diesen Posten erst bei der Berechnung der Nettowertschöpfung. Sofern Verluste beim Abgang von Vermögensgegenständen realisiert werden, d. h. nicht bereits in einer früheren Periode durch Abschreibungen antizipiert wurden, wird die Bruttowertschöpfung zu hoch ausgewiesen. Andererseits ist jedoch zu beachten, daß dieser Posten verrechnet werden kann mit Posten 4 und bei erfolgter Kompensation die „Rumpf-Bruttowertschöpfung" ohnehin keinen Aussagewert besitzt. Die Kompensation der Aufwendungen in Posten 7 mit einem Teil der Erträge in Posten 4 ist für die Ermittlung der Nettowertschöpfung zu Marktpreisen und der davon abgeleiteten Nettowertschöpfung zu Faktorkosten ohne Bedeutung.

Für die Berechnung der Wertschöpfung nach den Konventionen Volkswirtschaftlicher Gesamtrechnungen ist dieser Aufwandsposten nicht relevant[54].

4. Gehälter und Löhne

Nach den Richtlinien sind hier alle Aufwendungen auszuweisen, die als Entgelt für geleistete Arbeiten gewährt werden[55]. Da die Gliederung der Personalaufwandsposten — dazu zählen die sozialen Abgaben (Posten 13) und die Aufwendungen für Altersversorgung und Unterstützung (Posten 14) — im Formblatt für die Gewinn- und Verlustrechnung der Aktienbanken der Gliederung der Personalaufwandsposten nach § 157 Abs. 1 AktG entspricht, können wir uns hier kurz fassen und auf die Untersuchung von *Kroenlein* verweisen[56]. Hier soll nur auf einige Abgrenzungsprobleme eingegangen werden.

---

[53] Vgl. *Günter Kroenlein:* Die Wertschöpfung der Aktiengesellschaft ..., S. 156.

[54] Die sog. Kapitalverluste (wie auch die sog. Kapitalgewinne) berühren grundsätzlich nicht die Wertschöpfung.

[55] Vgl. Richtlinien für die Gewinn- und Verlustrechnung (Aktienbanken), Zu Posten 12.

Unstreitig in der Literatur zum Aktiengesetz ist, daß als Löhne und Gehälter sämtliche Entgelte für geleistete Arbeiten an die Mitglieder des Vorstands, an Angestellte und an Arbeiter auszuweisen sind, gleichgültig, ob sie in bar oder in Sachwerten und unter welcher Bezeichnung (Kinderzulagen, garantierte Tantiemen, Provisionen an angestellte Reisende, Zahlungen aufgrund des Lohnfortzahlungsgesetzes und des Vermögensbildungsgesetzes) sie geleistet werden; nicht zu den Gehältern und Löhnen zählen z. B. erstattete Barauslagen und Spesen für Belegschaftsmitglieder[57].

Streitig in der Literatur ist, in welchem Posten der Gewinn- und Verlustrechnung die den Mitgliedern des Vorstands gewährte Gewinnbeteiligung auszuweisen ist. Ob die Gewinnbeteiligung der Mitglieder des Vorstands in dem Posten „Gehälter und Löhne" ausgewiesen wird[58] oder in den Gewinnverteilungsplan aufgenommen wird[59], ist materiell für die Berechnung der Wertschöpfung gleichgültig, da es sich ausschließlich um eine Verschiebung zwischen zwei Bestandteilen der (Netto-)-Wertschöpfung (zu Faktorkosten) handelt.

Streitig ist in der aktienrechtlichen Literatur gleichfalls der Ausweis der Vergütungen für die Mitglieder des Aufsichtsrats sowie für die Mitglieder der (insbesondere bei größeren Kreditinstituten üblichen) sonstigen Beiräte. Die Zuordnung der Bezüge der Mitglieder des Aufsichtsrats und anderer Gremien zu dem Posten „Gehälter und Löhne"[60] oder zu dem Posten „sonstige Aufwendungen"[61] bzw. bei Kreditinstituten zu dem Posten „Sachaufwand für das Bankgeschäft" ist jedoch für die Berechnung der Wertschöpfung relevant, da in den letztgenannten

---

[56] Vgl. *Günter Kroenlein:* Die Wertschöpfung der Aktiengesellschaft ..., S. 114 f.

[57] Vgl. *Adler/Düring/Schmaltz:* Rechnungslegung ..., Tz. 137 ff. zu § 157 = S. 661 ff.; *Godin-Wilhelmi:* Aktiengesetz vom 6. September 1965, Kommentar, 3. Auflage bearbeitet von Hans Wilhelmi und Sylvester Wilhelmi, Berlin 1967, Anm. 18 zu § 157 = S. 898 f.; Wirtschaftsprüfer-Handbuch 1968, S. 624 ff.

[58] Vgl. *Adler/Düring/Schmaltz:* Rechnungslegung ..., Tz. 140 zu § 157 = S. 662 f.

[59] Vgl. *Godin-Wilhelmi:* Aktiengesetz, Anm. 18 zu § 157 = S. 898; *Mellerowicz-Brönner:* Rechnungslegung und Gewinnverwendung der Aktiengesellschaft, Sonderausgabe aus „Aktiengesetz", Großkommentar, Band II (3. Auflage), Berlin 1970, Anm. 58 zu § 157 = S. 427.

[60] Vgl. *Godin-Wilhelmi:* Aktiengesetz, Anm. 18 zu § 157 = S. 898; *Mellerowicz-Brönner:* Rechnungslegung und Gewinnverwendung ..., Anm. 58 zu § 157 = S. 426.

[61] Vgl. *Adler/Düring/Schmaltz:* Rechnungslegung ..., Tz. 149 zu § 157 = S. 665; *Baumbach-Hueck:* Aktiengesetz, Becksche Kurzkommentare, Band 23, begründet von Adolf Baumbach, fortgeführt von Alfred Hueck und Götz Hueck unter Mitwirkung von Joachim Schulze, 13., völlig neu bearbeitete Auflage, München 1968, Tz. 23 zu § 157 = S. 528; Wirtschaftsprüfer-Handbuch 1968, S. 626.

Posten insbesondere Vorleistungen anderer Unternehmungen erfaßt sind, während wir die Vergütungen an die Mitglieder des Aufsichtsrats und sonstiger Beiräte nicht als Vorleistungen behandeln wie die Entgelte für die Beratung durch freiberuflich arbeitende Rechtsanwälte, Wirtschaftsprüfer und Unternehmungsberater, sondern als in der die Vergütung leistenden Unternehmung entstandenes und von dieser verteiltes Einkommen[62]. Da die Bezüge der Mitglieder des Aufsichtsrats und sonstiger Beiräte nach § 160 Abs. 3 Ziff. 8 AktG dem Betrage nach im Geschäftsbericht anzugeben sind[63], können sie aus den bei der Berechnung der Wertschöpfung gleich zu behandelnden Aufwandsposten „Sachaufwand für das Bankgeschäft“ und „sonstige Aufwendungen“ eliminiert werden, wenn sie nicht in dem Posten „Gehälter und Löhne“ enthalten sind[64].

Bei der Berechnung der Wertschöpfung nach der sog. Additionsmethode ist dieser Posten, gegebenenfalls ergänzt um die Vergütungen

[62] Auch in den Volkswirtschaftlichen Gesamtrechnungen der Bundesrepublik Deutschland werden die Vergütungen an Mitglieder des Aufsichtsrats und sonstiger Beiräte nicht als Entgelte für Leistungen anderer Unternehmungen bzw. Unternehmer behandelt, sondern als in der zahlenden Unternehmung entstandenes Einkommen. Vgl. *Heinz Hipler:* Die Versicherungsunternehmen in den Volkswirtschaftlichen Gesamtrechnungen, S. 336. Die Mitglieder des Aufsichtsrats gelten nach den Vorschriften des Umsatzsteuergesetzes als Unternehmer; ihre Vergütungen unterliegen der Umsatzsteuerpflicht (vgl. auch § 18 Abs. 1 Ziff. 3 EStG). U. E. kann die Beratung und Aufsicht durch Mitglieder des Aufsichtsrats bzw. sonstiger Beiräte deshalb nicht als freie berufliche oder gewerbliche Tätigkeit angesehen werden, weil diese Funktionen in der Regel aus Eigentümerrechten bzw. Funktionen in anderen Unternehmungen zuwachsen; das Umsatzsteuerrecht stellt indessen auf die persönliche Freiheit als Kriterium für das Vorliegen der Unternehmereigenschaft ab.

[63] Ungenauigkeiten können dadurch entstehen, daß bei Erstattung der Mehrwertsteuer auf Aufsichtsratsbezüge durch die Gesellschaft die Steuer als Auslagenersatz verbucht werden kann und nicht in die im Geschäftsbericht anzugebenden Aufsichtsratsbezüge einbezogen werden muß. Vgl. Hauptfachausschuß des Instituts der Wirtschaftsprüfer: Stellungnahme HFA 3/1968: Die Behandlung der Mehrwertsteuer im Jahresabschluß, in: Die Wirtschaftsprüfung, 22. Jg. (1969), S. 15 ff., hier S. 17.

Verzerrungen zwischen privaten und öffentlich-rechtlichen Kreditinstituten sind deshalb gegeben, weil öffentlich-rechtliche Kreditinstitute die Vergütungen an die Mitglieder des Verwaltungsrats nicht bekannt zu machen haben.

[64] Bei einer Auswertung der Erläuterungen in den Geschäftsberichten ausgewählter Kreditinstitute ergab sich folgendes Bild: ein Kreditinstitut weist die Vergütungen unter „Gehälter und Löhne“ aus (Württembergische Hypothekenbank, 1969, 1970), vier Kreditinstitute weisen die Vergütungen unter „sonstige Aufwendungen“ aus (Frankfurter Hypothekenbank, 1969; Pfälzische Hypothekenbank, 1970; Deutsche Industriebank, 1968/69, 1969/70; Bayerische Hypotheken- und Wechsel-Bank, 1970); drei Kreditinstitute weisen die Vergütungen unter „Sachaufwand für das Bankgeschäft“ aus (Deutsche Genossenschafts-Hypothekenbank, 1969; Hypothekenbank in Hamburg, 1969; Norddeutsche Kundenkreditbank, 1968, 1969, 1970). Der bei weitem überwiegende Teil der untersuchten Geschäftsberichte enthält keine Angaben.

für die Mitglieder des Aufsichtsrats und sonstiger Beiräte, in die Wertschöpfungsstaffel einzustellen.

5. Soziale Abgaben

Die Richtlinien schreiben vor, daß in diesem Posten „nur die gesetzlichen Pflichtabgaben, die das Kreditinstitute zu tragen“ hat, auszuweisen sind, nicht dagegen freiwillige soziale Leistungen; diese sind dem Aufwandsposten zuzuordnen, zu dem sie ihrer Art nach gehören[65]. Unter diese gesetzlichen Pflichtabgaben fallen die Arbeitgeberanteile für die Sozialversicherung (Rentenversicherung der Angestellten und Arbeiter, Krankenversicherung und Arbeitslosenversicherung)[66]. Wir behandeln die Arbeitgeberbeiträge zur Sozialversicherung nicht also sog. indirekte Steuern, sondern betrachten sie als Bestandteil des Arbeitsentgelts[67].

6. Aufwendungen für Altersversorgung und Unterstützung

Die Aufwendungen für Altersversorgung umfassen nach *Adler/Düring/ Schmaltz* „Pensionszahlungen mit oder ohne Rechtsanspruch, soweit sie nicht zu Lasten von Pensionsrückstellungen geleistet werden ..., Zuführungen zu Pensionsrückstellungen ..., Zuweisungen zu anderen Versorgungseinrichtungen (Unterstützungs- und Pensionskassen) sowie von der Gesellschaft übernommene Zahlungen für die künftige Altersversorgung ihrer Mitarbeiter, wenn diese einen unmittelbaren Anspruch auf Auszahlung der Altersversorgungsleistungen haben“[68].

Als Aufwendungen für Unterstützung sind nur solche Aufwendungen zu erfassen, die nicht für eine Leistung des Unterstützungsempfängers gewährt werden und nur den Beschäftigten bzw. früher in der Unternehmung Beschäftigten und deren Hinterbliebenen zugute kommen; alle Unterstützungen und Spenden, die nicht diesen Personenkreis begünstigen, sind in dem Posten „sonstige Aufwendungen“ auszuweisen[69].

Die Aufwendungen für Altersversorgung und Unterstützung sind Bestandteil der Wertschöpfung zu Faktorkosten, da sie keine Vorleistungen anderer Unternehmungen darstellen.

Einzugehen ist noch auf eine Abgrenzungsfrage. In dem Formblatt-Muster für die Gewinn- und Verlustrechnung der Kreditinstitute in der

---

[65] Vgl. Richtlinien für die Gewinn- und Verlustrechnung (Aktienbanken), Zu Posten 13.

[66] Vgl. Wirtschaftsprüfer-Handbuch 1968, S. 626.

[67] Vgl. hierzu S. 27.

[68] *Adler/Düring/Schmaltz:* Rechnungslegung ..., Tz. 152 zu § 157 = S. 667.

[69] Vgl. *Adler/Düring/Schmaltz:* Rechnungslegung ..., Tz. 153 zu § 157 = S. 667.

Rechtsform der eingetragenen Genossenschaft (ausgenommen Zentralkassen) sind die Aufwendungen für Altersversorgung und Unterstützung nicht gesondert auszuweisen; da sie jedoch mit den Gehältern und Löhnen zusammengefaßt sind, kommt dem für die Berechnung der Wertschöpfung aus der Gewinn- und Verlustrechnung keine Bedeutung zu.

7. Sachaufwand für das Bankgeschäft

Nach den Richtlinien sind in diesem Posten die gesamten Aufwendungen sachlicher Art auszuweisen; als Beispiele werden angeführt: Raumkosten, Bürobetriebskosten, Kraftfahrzeugbetriebskosten, Porto, Verbandsbeiträge, Werbungskosten, Repräsentationskosten, Versicherungsprämien, Rechts-, Prüfungs- und Beratungskosten. Ausdrücklich wird darauf hingewiesen, daß Abschreibungen auf das Sachanlagevermögen nicht hier, sondern in Posten 16 (Abschreibungen und Wertberichtigungen auf Grundstücke und Gebäude sowie auf Betriebs- und Geschäftsausstattung) zu erfassen sind[70]. In diesem Posten werden damit vornehmlich Vorleistungen anderer Unternehmungen erfaßt, d. h. mit Ausnahme der eventuell hier verbuchten, bei der Berechnung der betrieblichen Wertschöpfung aber global von den Aufwandsposten abgesetzten Vergütungen für Mitglieder des Aufsichtsrats und sonstiger Beiräte. Dieser Posten ist bei der Berechnung der Bruttowertschöpfung zu Marktpreisen nach der Subtraktionsmethode als Abzugsposten anzusetzen[71].

8. Abschreibungen und Wertberichtigungen auf Grundstücke und Gebäude sowie auf Betriebs- und Geschäftsausstattung

Zunächst ist darauf hinzuweisen, daß für die Verteilung der Anschaffungsausgaben als Aufwand für die Kreditinstitute unterschiedlicher Rechtsform unterschiedlich strenge Regelungen gelten; jene Kreditinstitute, die unter die Bewertungsvorschriften des Aktiengesetzes fal-

---

[70] Vgl. Richtlinien für die Gewinn- und Verlustrechnung (Aktienbanken), Zu Posten 15.

[71] Dabei ergeben sich zwei — allerdings nicht gewichtige — Abweichungen von den Rechnungskonventionen Volkswirtschaftlicher Gesamtrechnungen. Zum einen werden bei unserer Handhabung die unter dem Sachaufwand für das Bankgeschäft verbuchten staatlichen Gebühren bereits bei der Ermittlung der Wertschöpfung zu Marktpreisen berücksichtigt, in den Volkswirtschaftlichen Gesamtrechnungen dagegen erst bei der Ermittlung der Wertschöpfung zu Faktorkosten. Zum anderen ist die aus der Gewinn- und Verlustrechnung des Kreditinstituts berechnete Wertschöpfung gegenüber der in den Volkswirtschaftlichen Gesamtrechnungen ausgewiesenen Wertschöpfung um die als Einkommensübertragungen behandelten Risikoanteile der Versicherungsprämien zu niedrig ermittelt.

len[72], haben nach § 154 Abs. 1 AktG die Abschreibungen nach einem Plan zu bemessen. Dieser Plan muß die Anschaffungs- oder Herstellungskosten nach einer den Grundsätzen ordnungsmäßiger Buchführung entsprechenden Abschreibungsmethode auf die Geschäftsjahre verteilen, in denen der Gegenstand voraussichtlich genutzt werden kann. Wenngleich in der Literatur bei der Reform des Aktienrechts verschiedentlich die These aufgestellt wurde, diese Vorschrift bringe nichts Neues und entspreche der Vorschrift des § 137 AktG 1937[73], so ist doch gerade bei Kreditinstituten festzustellen, daß diese mehr oder weniger hohe stille Reserven im Anlagevermögen bildeten[74]. Mit der Unterwerfung der Kreditinstitute unter die neuen Bewertungsbestimmungen für das Anlagevermögen wollte der Gesetzgeber jedoch verhindern, daß die Kreditinstitute weiterhin im Anlagevermögen in dem früher üblichen Maße Willkürreserven bilden[75]. Auf die Bemessung der planmäßigen Abschreibungen wollen wir hier nicht näher eingehen, sondern wir verweisen auf die Ausführungen von *Kroenlein*[76]. Festzuhalten ist insbesondere, daß in den Jahren nach dem Übergang auf das neue Aktienrecht wegen der in früheren Geschäftsjahren zu hoch verrechneten Abschreibungen auf Gegenstände des Anlagevermögens stille Reserven infolge der niedrigeren Planabschreibungen aufgelöst werden.

Ein weiterer Umstand schränkt die Aussage ein, daß die planmäßigen Abschreibungen periodengerechten Aufwand darstellen, nämlich die Zulässigkeit von außerplanmäßigen Abschreibungen, die zu einer entsprechenden Reduzierung der planmäßigen Abschreibungen führen. Von Bedeutung für die Vornahme außerplanmäßiger Abschreibungen ist insbesondere § 154 Abs. 2 Ziff. 2 AktG, nach dem Gegenstände des Anlagevermögens „mit dem niedrigeren Wert, der für Zwecke der Steuern vom Einkommen und vom Ertrag für zulässig gehalten wird“, angesetzt werden können. Grundlage für die Vornahme von außerplanmäßigen Abschreibungen sind vor allem § 6 b EStG, daneben aber auch § 1 Entwicklungshilfe-Steuergesetz sowie § 51 Abs. 1 lit s EStG[77]. Die Abschrei-

---

[72] Kreditinstitute in der Rechtsform der Aktiengesellschaft oder Kommanditgesellschaft auf Aktien, Sparkassen sowie öffentlich-rechtliche Kreditanstalten.

[73] Vgl. die Literaturangaben bei *Günter Kroenlein:* Die Wertschöpfung der Aktiengesellschaft . . ., S. 83 Anm. 145.

[74] Vgl. *Heinrich Birck:* Maßnahmen der Bilanzstrukturpolitik bei Kreditinstituten, S. 446.

[75] Vgl. „Wilhelmi-Bericht“, S. 63.

[76] Vgl. *Günter Kroenlein:* Die Wertschöpfung der Aktiengesellschaft . . ., S. 82 ff.

[77] § 6 b wurde in das Einkommensteuergesetz eingefügt durch das Gesetz zur Änderung des Einkommensteuergesetzes, des Spar-Prämiengesetzes und anderer Gesetze (Steueränderungsgesetz 1964) vom 16. November 1964, BGBl. 1964 I, S. 885; (z. Z. gilt das) Gesetz über steuerliche Maßnahmen zur Förde-

bungen nach § 6 b EStG stellen den Hauptteil an den außerplanmäßigen Abschreibungen; sie können einen erheblichen Anteil an den insgesamt ausgewiesenen Abschreibungen auf Grundstücke und Gebäude sowie auf Betriebs- und Geschäftsausstattung ausmachen[78]. Diesen außerplanmäßigen Abschreibungen entspricht kein produktionsbedingter Wertverzehr, sondern sie stellen zusätzliche bzw. vorweggenommene Aufwandsabschreibungen dar[79], die wegen der in § 5 Abs. 1 EStG verankerten Maßgeblichkeit der Handelsbilanz für die Steuerbilanz auch in der Handelsbilanz zur Inanspruchnahme der Steuervergünstigung vorzunehmen sind.

Die Vornahme außerplanmäßiger Abschreibungen nach § 154 Abs. 2 Ziff. 2 AktG in der (handelsrechtlichen) Erfolgsrechnung widerspricht der periodengerechten Ermittlung des Gewinns; in der Periode der außerplanmäßigen Abschreibung wird — im Vergleich zur Verrechnung ausschließlich nutzungsbedingter Abschreibungen — ein zu niedrigerer Gewinn, in den späteren Nutzungsperioden ein zu hoher Gewinn ausgewiesen.

Für die Behandlung der außerplanmäßigen Abschreibungen nach § 154 Abs. 2 Ziff. 2 AktG, insbesondere für die Abschreibungen nach § 6 b EStG, bieten sich zwei Möglichkeiten an. Zum einen können die in diesem Posten der Gewinn- und Verlustrechnung enthaltenen Daten unmodifiziert in die Wertschöpfungsstaffel übernommen werden, d. h. sämtliche Abschreibungen werden beim Übergang von der Bruttowertschöpfung zur Nettowertschöpfung abgesetzt. Zum anderen können die außerplanmäßigen Abschreibungen — insbesondere die Abschreibungen nach § 6 b EStG — aus dem Betrag der abzusetzenden Abschreibungen eliminiert werden[80]. Für die erste Methode ist anzuführen, daß die in

rung von privaten Kapitalanlagen in Entwicklungsländern (Entwicklungshilfe-Steuergesetz 1968) vom 15. März 1968, BGBl. 1968 I, S. 217; Erste Verordnung über steuerliche Konjunkturmaßnahmen vom 10. Februar 1967, BGBl. 1967 I, S .190.

[78] z. B. wurden bei der Deutsche(n) Bank im Geschäftsjahr 1970 (1969) neben Abschreibungen auf Grundstücke und Gebäude in Höhe von rd. 8,8 (14,8) Millionen DM Sonderabschreibungen auf Grundstücke und Gebäude in Höhe von rd. 23,2 (10,0) Millionen DM abgesetzt; bei der Dresdner Bank betrugen im Geschäftsjahr 1970 (1969) die Normalabschreibungen auf Grundstücke und Gebäude rd. 8,6 (6,5) Millionen DM und die außerplanmäßigen Abschreibungen aufgrund § 6 b EStG rd. 16,3 (8,3) Millionen DM.

[79] Vgl. *Edmund Heinen:* Handelsbilanzen, S. 143.

[80] Bei einer Auswertung von Geschäftsberichten für die Jahre 1968 bis 1970 zahlreicher Aktienbanken und öffentlich-rechtlicher Kreditinstitute zeigt sich, daß die außerplanmäßigen Abschreibungen nach § 6 b EStG regelmäßig im Geschäftsbericht angegeben werden (wenngleich die unter die aktienrechtlichen Rechnungslegungsvorschriften fallenden Kreditinstitute von der Berichtspflicht nach § 160 Abs. 2 AktG durch § 26 a Abs. 2 KWG befreit sind), gleichgültig, ob die Veräußerungsgewinne direkt von den Anschaffungskosten der Neuanschaffungen abgesetzt werden oder zunächst in Sonderposten mit

einem bestimmten Jahr vorgenommenen außerplanmäßigen Abschreibungen als Korrektiv zu den in diesem Jahr aufgelösten stillen Reserven [die über (außerplanmäßige) Abschreibungen in früheren Jahren gebildet wurden] in die Wertschöpfungsstaffel einzustellen sind. Für die zweite Methode kann angeführt werden, daß sich über das Verhältnis von Bildung und Auflösung stiller Reserven in einem bestimmten Jahr nur Mutmaßungen anstellen lassen, die in einem Jahr vorgenommene Zuführung zu den stillen Reserven hingegen bekannt ist. Bei jährlicher Vornahme von außerplanmäßigen Abschreibungen führt die zweite Methode zu einer Überhöhung der für diese einzelnen Geschäftsjahre ermittelten Nettowertschöpfung (gegenüber dem Fall der ausschließlichen Verrechnung planmäßiger Abschreibungen)[81], die erste Methode hingegen zu einem niedrigeren Ausweis der Nettowertschöpfung. In Anlehnung an *Kroenlein* und gemäß dem Prinzip, den Stand der Konzentration eher zu niedrig als zu hoch auszuweisen, setzen wir beim Übergang von der Bruttowertschöpfung sämtliche in diesem Posten enthaltenen Abschreibungen von der Bruttowertschöpfung ab[82].

Im Hinblick auf die Abstimmung mit den Volkswirtschaftlichen Gesamtrechnungen der Bundesrepublik Deutschland werfen die Abschreibungen erhebliche Probleme auf, denn nach *Raabe* sind in den Volkswirtschaftlichen Gesamtrechnungen die Abschreibungen „der einzige *rein kalkulatorische Posten,* d. h. ihre Höhe ist nicht ohne weiteres durch Marktwerte der Buchungsperiode gegeben“[83]. Ganz abgesehen davon, daß allein nutzungsbedingte Abschreibungen angesetzt werden und demnach aus den in der Finanzbuchhaltung ausgewiesenen Abschreibungen auf Sachgüter jene Abschreibungen eliminiert werden müßten, die aus der Inanspruchnahme steuerlicher Vergünstigungen resultieren oder aufgrund von Wertänderungen vorgenommen werden (Abschreibungen nach § 154 Abs. 2 Ziff. 1 AktG), werden die in den Volkswirtschaftlichen Gesamtrechnungen angesetzten Abschreibungen,

---

Rücklageanteil reserviert wurden. Eine Eliminierung der außerplanmäßigen Abschreibungen nach § 6 b EStG wäre deshalb aufgrund der Erläuterungen in den Geschäftsberichten allgemein möglich. Nicht bei allen Kreditinstituten wird hingegen über die Höhe der Bewertungsabschläge nach dem Entwicklungshilfe-Steuergesetz und über Sonderabschreibungen nach der Erste(n) Verordnung über steuerliche Konjunkturmaßnahmen (auf Grund § 51 Abs. 1 lit s EStG) vom 10. Februar 1967 berichtet.

[81] Die Verfälschung der Periodenwertschöpfung durch den Ansatz zu niedriger planmäßiger Abschreibungen (d. h. durch die Auflösung stiller Reserven) ist um so geringer, je länger die Nutzungsdauer des Gutes ist, für das außerplanmäßige Abschreibungen verrechnet wurden, und je kürzer der Zeitraum (bis zum Untersuchungszeitraum) ist, in dem jährlich außerplanmäßige Abschreibungen verrechnet wurden.

[82] Vgl. *Günter Kroenlein:* Die Wertschöpfung der Aktiengesellschaft ..., S. 156.

[83] *Karl-Heinz Raabe:* Übereinstimmung und Unterschiede ..., S. 362.

berechnet als Sammelabschreibungen für reproduzierbare materielle Güter des Anlagevermögens mit gleicher Lebensdauer bei Annahme eines in allen Nutzungsperioden gleich hohen Wertverzehrs[84], grundsätzlich zu Wiederbeschaffungspreisen berechnet[85]; im Gegensatz zur früheren Handhabung wird der Risikoanteil der an Schadensversicherungen gezahlten Prämien nicht mehr als Bestandteil der Abschreibungen, sondern als Einkommensübertragung verbucht[86]. Da aber neuerdings das Statistische Bundesamt Daten über Abschreibungen zu Anschaffungspreisen publiziert, kann die Grundgesamtheit (teilweise) entsprechend unserem Vorgehen modifiziert werden[87].

9. Abschreibungen und Wertberichtigungen auf Beteiligungen

Zu diesem Posten ist zunächst anzumerken, daß hierzu keine Richtlinien ergangen sind; was unter Beteiligungen zu verstehen ist, ist in den Richtlinien zu dem Posten „Beteiligungen" in der Jahresbilanz erläutert[88].

Für die nach Aktienrecht bilanzierenden Kreditinstitute gilt die Bewertungsvorschrift des § 153 AktG; danach sind Gegenstände des Anlagevermögens zu den Anschaffungskosten, vermindert um Abschreibungen oder Wertberichtigungen nach § 154 AktG, anzusetzen. Da § 26 a Abs. 1 KWG nur für die Wertpapiere des Umlaufvermögens gilt, ist die „willkürliche" Legung stiller Reserven bei den Beteiligungen für die unter das Aktiengesetz fallenden Kreditinstitute nicht möglich[89]. Die

---

[84] Vgl. *Heinrich Lützel:* Das reproduzierbare Anlagevermögen in Preisen von 1962, in: Wirtschaft und Statistik, N. F., 23. Jg. (1971), S. 593 ff., hier S. 593 f.

Geringwertige Wirtschaftsgüter (§ 6 Abs. 2 EStG) werden bei der Berechnung des Kapitalstocks nicht berücksichtigt. Vgl. ebenda, S. 593 f.

[85] Vgl. *Karl-Heinz Raabe:* Übereinstimmung und Unterschiede ..., S. 365 f.

[86] Vgl. *Karl-Heinz Raabe:* Übereinstimmung und Unterschiede ..., S. 366; *Hildegard Bartels, Karl-Heinz Raabe, Otto Schörry* und Mitarbeiter: Das Kontensystem für die Volkswirtschaftlichen Gesamtrechnungen der Bundesrepublik Deutschland, Zweiter Teil ..., S. 575.

[87] Vgl. *Heinrich Lützel:* Das reproduzierbare Sachvermögen zu Anschaffungs- und zu Wiederbeschaffungspreisen, in: Wirtschaft und Statistik, N. F., 24. Jg. (1972), S. 611 ff., hier S. 623 f.

[88] Vgl. Richtlinien für die Jahresbilanz (Aktienbanken), Zu Posten 13 (Aktiva). In den Richtlinien für die Jahresbilanz der Sparkassen fehlt der Hinweis, daß im Zweifel Anteile an einer Kapitalgesellschaft, deren Nennbeträge insgesamt den vierten Teil des Nennkapitals dieser Gesellschaft erreichen, als Beteiligungen gelten. In der Regel sind die Sparkassen ausschließlich am Kapital des Sparkassen- und Giroverbandes, der Girozentrale und der öffentlich-rechtlichen Bausparkasse beteiligt; nach § 32 Abs. 2 Sparkassengesetz für Baden-Württemberg ist die Beteiligung an Unternehmen des privaten Rechts durch die Rechtsaufsichtsbehörde genehmigungspflichtig [vgl. auch § 17 der Verordnung des Innenministeriums über die Anlage der Mittel der Sparkassen (Sparkassenanlageverordnung) vom 2. Januar 1968, GBl. 1968, S. 5].

(außerplanmäßigen) Abschreibungen nach § 154 Abs. 2 AktG sind gesondert in diesem Posten der Gewinn- und Verlustrechnung auszuweisen und genießen damit nicht den gleichen Verdeckungsschutz wie die Abschreibungen auf jene Wertpapiere, die nicht unter den Beteiligungen verbucht sind (z. B. sonstige Wertpapiere des Anlagevermögens[90].

Bei der Berechnung der Nettowertschöpfung nach der Subtraktionsmethode sind die Abschreibungen auf Beteiligungen als Abzugsposten zu berücksichtigen, nach den Konventionen Volkswirtschaftlicher Gesamtrechnungen hingegen nicht.

10. Steuern

Zur Gliederung des Steuerausweises in die zwei Unterpositionen „a) Steuern vom Einkommen, vom Ertrag und vom Vermögen" und „b) sonstige Steuern" ist festzustellen, daß diese Gliederung dem aktienrechtlichen Schema für die Gewinn- und Verlustrechnung entspricht. Im Formblatt für die Gewinn- und Verlustrechnung der Privatbanken entfällt die Untergliederung der Steuerposition[91]. Die Lastenausgleichs-Vermögensabgabe ist nicht in den beiden genannten Unterposten zu erfassen, sondern ist nach § 16 Abs. 1 EGAktG bei den Kreditinstituten in der Rechtsform der Aktiengesellschaft und Kommanditgesellschaft auf Aktien gesondert auszuweisen[92]. Als Steuern auszuweisen sind nach § 158

[89] Unberührt bleibt die Bildung stiller Reserven nach § 154 Abs. 2 Ziff. 2 AktG. So berichtet z. B. die Investitions- und Handels-Bank in ihrem Geschäftsbericht 1969 (S. 28), daß auf Beteiligungen an Handelsschiffen gemäß § 82 f EStDV Sonderabschreibungen in Höhe von DM 372 000 vorgenommen wurden.

[90] Vgl. *Heinrich Birck:* Maßnahmen zur Regulierung des Erfolgsausweises bei Kreditinstituten, S. 353.

[91] Nach § 5 Abs. 2 Ziff. 5 PublG dürfen Kreditinstitute, die Personenhandelsgesellschaften oder Einzelkaufleute sind, die Steuern, die sie als Steuerschuldner zu entrichten haben, unter den sonstigen Aufwendungen ausweisen. Wird diese Möglichkeit in Anspruch genommen, kann nur die Wertschöpfung zu Faktorkosten ermittelt werden.

[92] Kreditinstitute unterliegen generell nicht der Abgabepflicht bei der Hypothekengewinnabgabe und der Kreditgewinnabgabe (§§ 97, 161 LAG). Nach § 19 Abs. 1 LAG sind Unternehmungen, die aufgrund des Umstellungsgesetzes Anspruch auf Zuteilung von Ausgleichsforderungen gegen die öffentliche Hand haben, von der Vermögensabgabe befreit; sofern die Unternehmungen durch die Berücksichtigung ihrer Abgabeschuld an Vermögensabgabe in der Umstellungsrechnung einen Anspruch auf Ausgleichsforderungen erhalten, so wird ihnen nach § 19 Abs. 2 LAG nur insoweit Befreiung von der Vermögensabgabe gewährt, als ihnen Ausgleichsforderungen zuzuteilen wären. Nach *Birck* sind „weitaus die meisten Kreditinstitute" von der Vermögensabgabepflicht befreit.

In den Volkswirtschaftlichen Gesamtrechnungen der Bundesrepublik Deutschland wird die Lastenausgleichs-Vermögensabgabe als direkte Steuer

Abs. 4 AktG nur die Beträge, die die Gesellschaft als Steuerschuldner zu entrichten hat[93]. Nach den Richtlinien sind in diesem Posten neben den laufenden Zahlungen auch die Zuführungen zu den Rückstellungen sowie die Nachzahlungen für zurückliegende Geschäftsjahre zu erfassen[94]. Damit beinhaltet dieser Posten Aufwendungen, die ihrer Verursachung nach verschiedenen Rechnungsperioden anzulasten sind. In Einzelfällen ist den Erläuterungen in den Geschäftsberichten zu Posten 9 „Erträge aus der Auflösung von Rückstellungen, soweit sie nicht unter 4 auszuweisen sind" zu entnehmen, daß in früheren Jahren zu hohe Steuerrückstellungen gebildet wurden[95], oder wird in den Erläuterungen zum Steuerausweis hingewiesen, daß in dem ausgewiesenen Betrag Nachzahlungen aufgrund von Betriebsprüfungen enthalten sind[96]. Wenn im Geschäftsbericht festgestellt wird, der Steueraufwand betreffe ausschließlich das Berichtsjahr[97], ist damit über die „richtige" Bemessung des Steueraufwands nichts ausgesagt, sondern ausschließlich das Vorliegen einer Steuernachzahlung ausgeschlossen. Der Steueraufwand ist in voller Höhe auszuweisen: die Verrechnung zurückerstatteter Steuern früherer Jahre mit dem Steueraufwand des laufenden Jahres ist nicht zulässig, sondern die zurückerstatteten Steuern sind in dem (Sammel-) Posten 4 „Andere Erträge einschließlich der Erträge aus der Auflösung von Rückstellungen im Kreditgeschäft" einzustellen[98].

---

behandelt. Vgl. Gesetz über den Lastenausgleich (Lastenausgleichsgesetz-LAG) in der Fassung vom 1. Oktober 1969, BGBl. 1969 I, S. 1909; Zwölfte Durchführungsverordnung über Ausgleichsabgaben nach dem Lastenausgleichsgesetz (12. AbgabenDV-LA) in der Fassung vom 19. Juli 1958, BGBl. 1958 I, S. 533; Erlaß betr. Vermögensabgabe der Geldinstitute, Versicherungsunternehmen und Bausparkassen (§ 19 LAG; 12. AbgabenDV-LA) vom 26. Mai 1955, BStBl. 1955 I, S. 193; *Heinrich Birck:* Die Bankbilanz ..., S. 395; *Hildegard Bartels, Karl-Heinz Raabe, Otto Schörry* und Mitarbeiter: Das Kontensystem für die Volkswirtschaftlichen Gesamtrechnungen der Bundesrepublik Deutschland, Zweiter Teil ..., S. 577.

[93] Steuerumlagen bei Organverhältnissen sind demnach nicht im Steuerausweis der abhängigen Gesellschaft enthalten. Ein Hinweis auf Steuerumlagen ist nur dem Geschäftsbericht der Bausparkasse Gemeinschaft der Freunde Wüstenrot (1969) zu entnehmen.

[94] Vgl. Richtlinien für die Gewinn- und Verlustrechnung (Aktienbanken), Zu Posten 18.

[95] Vgl. hierzu weiter oben S. 76.

[96] Im Geschäftsbericht 1968 (S. 18) der Frankfurter Hypothekenbank ist zu lesen: „In dem Steueraufwand sind DM 407 386,42 als Rückstellungsbedarf für Gewerbesteuer und die Abgabe Notopfer Berlin aufgrund der im Jahre 1968 abgeschlossenen steuerlichen Betriebsprüfung, die die Jahre 1955 bis 1966 betraf, enthalten." Vgl. weiterhin: Vereinsbank in Nürnberg, Geschäftsbericht 1970, S. 26; Pfälzische Hypothekenbank, Geschäftsbericht 1970; Berliner Handels-Gesellschaft, Geschäftsbericht 1969, S. 29.

[97] Vgl. Geschäftsbericht 1969 der Westfalenbank, S. 34.

[98] Vgl. Richtlinien für die Gewinn- und Verlustrechnung (Aktienbanken), Zu Posten 18.

Zur Periodisierung der Steueraufwendungen ist festzustellen, daß sie nur in gewissen Grenzen als periodengerecht erfaßt bezeichnet werden können. Bei einem Vergleich mit dem Ausweis der Steuern in den Volkswirtschaftlichen Gesamtrechnungen ist anzumerken, daß in dieser Rechnung die Steuern zum Zeitpunkt der Zahlung erfaßt werden. Die zeitliche Zuordnung der Steuern zu Rechnungsperioden in der Gewinn- und Verlustrechnung und in den Volkswirtschaftlichen Gesamtrechnungen deckt sich dann nicht, wenn zwischen Realisierung der Tatbestände, an die die Steuerpflicht anknüpft, und Steuerzahlung das Ende der jährlichen Rechnungsperiode liegt. Periodenverschiebungen im Ausweis der Steuerschuld in der Gewinn- und Verlustrechnung und der Steuerzahlung dürften vor allem bei den Steuern vom Einkommen, vom Ertrag und vom Vermögen eintreten.

Zur Gliederung des Steuerausweises in „Steuern vom Einkommen, vom Ertrag und vom Vermögen“ und „sonstige Steuern“ ist anzumerken, daß sie nicht in vollem Umfang der Unterscheidung zwischen „direkten“ und „indirekten“ Steuern in den Volkswirtschaftlichen Gesamtrechnungen entspricht. Die Position „Steuern vom Einkommen, vom Ertrag und vom Vermögen“ enthält neben den „direkten“ Steuern wie Körperschaftsteuer und Vermögensteuer auch „indirekte“ Steuern wie Gewerbeertrag- und Gewerbekapitalsteuer, Grundsteuer und — wenngleich auch ein Ausweis unter „sonstige Steuern“ möglich ist[99] — die Lohnsummensteuer[100]. Eine Bereinigung dieses Posten der Gewinn- und Verlustrechnung ist aber nicht durchführbar, da im Geschäftsbericht keine Angaben über die auf einzelnen Steuern entfallenden Beträge zu machen sind; in den Geschäftsberichten finden sich in der Regel nur Erläuterungen bei wesentlichen Änderungen in der Höhe des ausgewiesenen Betrags, z. B. bei Erhöhung des Ausweises im Unterposten „sonstige Steuern“ durch den Anfall der Gesellschaftsteuer im Zusammenhang mit Kapitalerhöhungen. Die unterschiedliche Aufgliederung der Steuern in den Gewinn- und Verlustrechnungen und in den Volkswirtschaftlichen Gesamtrechnungen ist dann bedeutungslos, wenn die Wertschöpfung zu Marktpreisen als Grundgesamtheit für Konzentrationsanalysen gewählt wird und nicht die Wertschöpfung zu Faktorkosten. Wird die Wertschöpfung zu Faktorkosten als Grundgesamtheit der Konzentrationsmessung

---

[99] Vgl. *Adler/Düring/Schmaltz:* Rechnungslegung ..., Tz. 168 zu § 157 = S. 675.
z. B. weist die Deutsche Länderbank in ihrer Gewinn- und Verlustrechnung für das Jahr 1970 die Lohnsummensteuer unter „sonstige Steuern“ aus, während sie im Vorjahr im Posten „Steuern vom Einkommen, vom Ertrag und vom Vermögen“ erfaßt wurde. Vgl. Geschäftsbericht 1970, S. 12.

[100] Vgl. *Hildegard Bartels, Karl-Heinz Raabe, Otto Schörry* und Mitarbeiter: Das Kontensystem für die Volkswirtschaftlichen Gesamtrechnungen der Bundesrepublik Deutschland Zweiter Teil ..., S. 575, S. 577.

zugrunde gelegt, so muß diese gesamtwirtschaftliche Größe um die in der Gewinn- und Verlustrechnung aus dem Posten „Steuern vom Einkommen, vom Ertrag und vom Vermögen“ nicht ausgliederbaren indirekten Steuern korrigiert werden[101]. Wir gehen bei der Berechnung der betrieblichen Wertschöpfung so vor, daß wir beim Übergang von der Wertschöpfung zu Marktpreisen zu der Wertschöpfung zu Faktorkosten den Unterposten „sonstige Steuern“ absetzen.

Unabhängig von den Definitionen in den Volkswirtschaftlichen Gesamtrechnungen ist die Körperschaftsteuer nicht bei Betriebsvergleichen zu berücksichtigen, denn die Belastung der Unternehmungen mit Körperschaftsteuer ist nicht nur vom Produktionsergebnis abhängig, sondern von zahlreichen anderen Faktoren, von denen die Rechtsform[102], die Gewinnverwendung[103], die Inanspruchnahme steuerlicher Begünstigungen[104] sowie die Steuersatzdifferenzierung für Erträge aus bestimmten Geschäften[105] besonders aufgeführt werden sollen.

---

[101] Die Umsatzsteuer (Mehrwertsteuer) ist bei der Unterscheidung zwischen Faktorkosten- und Marktpreiskonzept dann nicht relevant, wenn das Kreditinstitut ausschließlich jene (vorwiegend bankgeschäftlichen) Umsätze ausführt, die unter die Steuerbefreiungen nach § 4 Umsatzsteuergesetz (Mehrwertsteuer) fallen und kein Verzicht auf Steuerbefreiung nach § 9 UStG gegenüber dem Finanzamt erklärt wurde; das Kreditinstitut unterliegt dann auch nicht der sog. Investitionssteuer nach § 30 UStG. Zur Behandlung der Mehrwertsteuer und der Investitionssteuer in den Volkswirtschaftlichen Gesamtrechnungen vgl. *Günter Hamer:* Die Behandlung der Umsatz-(Mehrwert-)steuer in den Volkswirtschaftlichen Gesamtrechnungen, in: Wirtschaft und Statistik, N. F., 20. Jg. (1968), S. 439 ff.

[102] z. B. beträgt der Satz der Körperschaftsteuer für einbehaltene Gewinne bei unbeschränkt steuerpflichtigen Aktiengesellschaften, Kommanditgesellschaften auf Aktien und Gesellschaften mit beschränkter Haftung 51 v. H. (§ 19 Abs. 1 Ziff. 1 KStG), bei Sparkassen 35 v. H. (§ 19 Abs. 2a KStG) sowie bei Kreditgenossenschaften und Zentralkassen 32 v. H. (§ 19 Abs. 2b und 2c KStG).

[103] Bei unbeschränkt steuerpflichtigen Kapitalgesellschaften im Sinne vom § 1 Abs. 1 Ziff. 1 KStG ermäßigt sich der Satz der Körperschaftsteuer für die berücksichtigungsfähigen Ausschüttungen von 51 v. H. auf 15 v. H. (§ 19 Abs. 1 Ziff. 1 KStG).

[104] Anzuführen ist z. B. die Regelung des § 17 Abs. 2 BerlinFG [Gesetz zur Förderung der Berliner Wirtschaft (Berlinförderungsgesetz — BerlinFG —) in der Fassung vom 29. Oktober 1970, BGBl. 1970 I, S. 1482] bzw. die ältere Regelung des § 17 Abs. 2 BHG [Berlinhilfegesetz (BHG 1968) in der Fassung vom 1. Oktober 1968, BGBl. 1968 I, S. 1050, mit zahlreichen Änderungen] sowie die Steuerbefreiung der Zinsen aus bestimmten festverzinslichen Wertpapieren nach §§ 3, 3a EStG und das sog. Schachtelprivileg des § 9 KStG.

[105] Für Kreditinstitute des langfristigen Geschäfts gelten nach § 19 Abs. 2 KStG ermäßigte Körperschaftsteuersätze, und zwar bei Kreditanstalten des öffentlichen Rechts für Einkünfte aus dem langfristigen Kommunalkredit-, Realkredit- und Meliorationsgeschäft, bei privaten Bausparkassen für Einkünfte aus dem langfristigen Kommunalkredit- und Realkreditgeschäft, und bei gemischten Hypothekenbanken für die Einkünfte aus den in § 5 Hypothekenbankgesetz bezeichneten Geschäften. z. B. berichtet die Bayerische Vereinsbank, die als sog. gemischte Hypothekenbank unter § 19 Abs. 2 KStG

11. Aufwendungen aus Verlustübernahme

Dieser Posten des Formblatt-Musters ist für die Gewinn- und Verlustrechnung von Konzernunternehmungen relevant; er ist der korrespondierende Posten zu dem Ertragsposten „Erträge aus Verlustübernahme" in der Gewinn- und Verlustrechnung des anderen Vertragspartners[106].

Wir berücksichtigen diesen Posten nicht bei der Zinsdifferenzrechnung, sondern sehen in den Aufwendungen aus Verlustübernahme ausschließlich eine Schmälerung des an die Aktionäre verteilbaren Gewinns; die im Kreditinstitut erwirtschaftete Wertschöpfung wird durch die Deckung des Verlusts der durch Unternehmensvertrag verbundenen Unternehmung nicht berührt[107].

12. Einstellungen in Sonderposten mit Rücklageanteil

In diesem Posten sind die als Aufwand behandelten Einstellungen in die Sonderposten mit Rücklageanteil zu erfassen; auf den Charakter der Sonderposten mit Rücklageanteil wurde bereits weiter oben bei der Diskussion der Behandlung der Erträge aus der Auflösung von Sonderposten mit Rücklageanteil eingegangen[108].

Von Bedeutung für die Bildung von Sonderposten mit Rücklageanteil sind bei Kreditinstituten insbesondere § 6 b EStG und § 1 Entwicklungshilfe-Steuergesetz. Jene Beträge, die gemäß § 6 b EStG in Sonderposten mit Rücklageanteil eingestellt werden, stammen ausschließlich aus Veräußerungsgewinnen[109], die nach den Konventionen Volkswirtschaftlicher Gesamtrechnungen nicht als Einkommen angesehen werden. Bei den Einstellungen in Sonderposten mit Rücklageanteil nach § 1 Entwicklungshilfe-Steuergesetz in Höhe von 50 v. H. der um den 15 v. H. betragenden

---

fällt, zu dem Steuerausweis, daß die Minderung der Steuern auch „auf die Zunahme des Gewinnanteils des steuerbegünstigten Hypothekengeschäfts zurückzuführen ist" (Geschäftsbericht 1970, S. 40).

106 Dieser Posten findet sich nur in den Formblatt-Mustern 1 (Aktienbanken) und 3 (Privatbanken) sowie in den Formblatt-Mustern für die Hypothekenbanken und die Schiffspfandbriefbanken.

107 Nach Auskunft des Statistischen Bundesamtes Wiesbaden werden in den Volkswirtschaftlichen Gesamtrechnungen der Bundesrepublik Deutschland übernommene Verluste — soweit dies statistisch möglich ist — durch einen Abschlag auf die Erträge des Kreditinstituts aus Beteiligungen an Unternehmen mit und ohne eigene Rechtspersönlichkeit berücksichtigt.

108 Vgl. weiter oben S. 77 f.

109 Übertragbar sind nach § 6 b EStG die stillen Reserven (d. h. die Differenz zwischen Veräußerungspreis nach Abzug der Veräußerungskosten und dem Buchwert) in Grund und Boden, Gebäuden, abnutzbaren beweglichen Wirtschaftsgütern mit einer betriebsgewöhnlichen Nutzungsdauer von mindestens 25 Jahren, Schiffen und Anteilen an Kapitalgesellschaften.

Auf die Aufzählung der weiteren Anlagegüter soll hier verzichtet werden, da sie für Kreditinstitute nicht von Belang sein dürften.

Bewertungsabschlag verminderten Anschaffungs- oder Herstellungskosten der Kapitalanlage in Entwicklungsländern werden gleichfalls Gewinnteile reserviert, um durch eine Verschiebung der Steuerbelastung auf spätere Perioden über Zins- und Liquiditätsvorteile Kapitalgeber zu Investitionen in Entwicklungsländern zu veranlassen; diese Gewinnteile können ihrer Entstehungsursache nach nicht bestimmten Transaktionen zugerechnet werden. Für die Berechnung der Wertschöpfung ist dies aber nicht von Belang, da die Einstellungen in Sonderposten mit Rücklageanteil grundsätzlich nicht als wertschöpfungsrelevante Aufwendungen, sondern als Gewinnreservierungen (Rücklagen) behandelt werden.

13. Sonstige Aufwendungen

Nach den Richtlinien sind in dieser Position der Gewinn- und Verlustrechnung „alle Posten auszuweisen, die einem anderen Aufwandsposten nicht zugeordnet werden können. Dazu gehören auch sonstige soziale Leistungen, soweit sie nicht unter Posten 12 (Gehälter und Löhne; W. G.) oder 14 (Aufwendungen für Altersversorgung und Unterstützung; W. G.) auszuweisen sind, Verluste im Zusammenhang mit der Veräußerung von Vermögensgegenständen sowie Verluste aus nichtbankgeschäftlichen Umsätzen und Kassenfehlbeträge, die von dem Kreditinstitut übernommen werden“[110]. Es handelt sich also um einen Sammelposten, dessen Inhalt recht heterogen ist. Die Aufwendungen, die in diesem Posten erfaßt sind, können grob in folgende Gruppen gegliedert werden:

a) Verluste im Zusammenhang mit der Veräußerung von Vermögensgegenständen, Kassenfehlbeträge;

b) freiwillige soziale Leistungen, Aufwendungen für Berufsförderung;

c) Spenden an Dritte;

d) Vergütungen an Mitglieder des Aufsichtsrats und sonstiger Beiräte;

e) Aufwendungen im Zusammenhang mit Kapitalerhöhungen, der Verwaltung von Grundstücken, Verluste aus nichtbankgeschäftlichen Umsätzen.

Als Vorleistungen sind die unter e) genannten Aufwendungen anzusehen. Diese Aufwendungen sind deshalb mit den unter a) aufgezählten Aufwendungen in die Wertschöpfungsstaffel einzustellen. Spenden an Dritte sind Transaktionen im Bereich der Einkommensverteilung; sie sind ein Teil des in der Unternehmung erwirtschafteten Einkommens. Gleichfalls Teile der Wertschöpfung der Unternehmung sind die Vergütungen an die Mitglieder des Aufsichtsrats und sonstiger Beiräte sowie

[110] Richtlinien für die Gewinn- und Verlustrechnung (Aktienbanken), Zu Posten 21.

die freiwilligen sozialen Leistungen. Als Vorleistungen zu behandeln sind die Aufwendungen für die Berufsförderung, sofern sie ein Entgelt für Leistungen anderer Wirtschaftseinheiten sind. Nach den Konventionen Volkswirtschaftlicher Gesamtrechnungen sind nur die zuletztgenannten sowie die unter e) aufgezählten Aufwendungen bei der Berechnung der Bruttowertschöpfung nach der Subtraktionsmethode zu berücksichtigen.

Darüber hinaus sind in diesem Posten jene Aufwendungen zu erfassen, die in der Sonderbehandlung der Kreditinstitute bei der Währungsumstellung im Jahre 1948 und in der Versorgungspflicht öffentlich-rechtlicher Kreditinstitute nach Art. 131 Grundgesetz ihren Ursprung haben. Den Zuführungen zu den Abführungsrückstellungen gemäß § 18 Abs. 2 der 42. Durchführungsverordnung zum Umstellungsgesetz[111] kommt heute keine Bedeutung mehr zu, da die Abführungsverpflichtung einen Monat nach Feststellung des Abschlusses für das am 21. Juni 1968 laufende Geschäftsjahr fällig war. Zuführungen zu Rückstellungen gemäß § 18 Abs. 2 42. DVO/UG sind allenfalls noch in den Gewinn- und Verlustrechnungen der Kreditinstitute für das Jahr 1968 enthalten. Die Zuführungen zu diesen Abführungsrückstellungen sind als Einkommensverteilungsposten Bestandteil der Wertschöpfung. Die Versorgungsleistungen nach den Vorschriften des Gesetz(es) zur Regelung der Rechtsverhältnisse der unter Artikel 131 des Grundgesetzes fallenden Personen[112] machen bei den abführungspflichtigen öffentlich-rechtlichen Kreditanstalten, Sparkassen und öffentlich-rechtlichen Bausparkassen nur geringe Beträge aus[113]. Die Aufwendungen für Versorgungsleistungen für eigene Bedienstete und die Aufwendungen für Bedienstete untergegangener Einrichtungen sind in der Wertschöpfungsrechnung wie Pensionszahlungen (Zuführungen zu den Pensionsrückstellungen) zu behandeln.

---

[111] Zweiundvierzigste Durchführungsverordnung zum Umstellungsgesetz, Verordnung über DM-Eröffnungsbilanz der Geldinstitute, Amtsbl. der AHK Nr. 20, S. 321, mit Änderung durch Gesetz vom 21. April 1953, BGBl. 1953 I, S. 127; der Text ist abgedruckt in: *Rudolf Harmening:* Währungsgesetze, Vorschriften zur Neuordnung des Geldwesens in der Bundesrepublik und in Berlin (West), Textsammlung, München und Berlin 1955, S. 272.

[112] Vom 11. Mai 1951, BGBl. 1951 I, S. 307. Heute gilt das Gesetz in der Fassung vom 13. Oktober 1965, BGBl. 1965 I, S. 1686, mit Änderung durch Gesetz vom 23. Dezember 1966, BGBl. 1966 I, S. 697, vom 20. Juli 1967, BGBl. 1967 I, S. 725 und vom 19. Juli 1968, BGBl. 1968 I, S. 848.

[113] Bei der Kreissparkasse Tübingen, die mit einer Bilanzsumme von rd. 450 Millionen DM weit über der im Publizitätsgesetz festgelegten Größe liegt, beträgt die Rückstellung in der Jahresbilanz 1969 für die „Umlage für Berechtigte nach Art. 131 GG“ rd. 136 500 DM (Geschäftsbericht 1969, S. 31). In der Jahresbilanz 1969 (1970) der Öffentliche(n) Bausparkasse Württemberg (Bilanzsumme 1969 rd. 2,5 Milliarden DM) werden Rückstellungen für unbestimmte Versorgungslasten und Verpflichtungen aus § 61 des Gesetzes zu Art. 131 GG von insgesamt 1,1 (0,9) Millionen DM ausgewiesen (Geschäftsbericht 1969 bzw. 1970, S. 24 bzw. 24).

Im folgenden ist nun zu prüfen, ob aufgrund der Erläuterungen in den Geschäftsberichten eine Aussonderung der bei Wertschöpfungsrechnungen unterschiedlich zu behandelnden Aufwendungen möglich ist. Bei einer Auswertung von Geschäftsberichten zeigt sich jedoch, daß nur wenige Kreditinstitute Erläuterungen zu diesem Sammelposten geben. Keine Erläuterungen zu der quantitativen Zusammensetzung des Postens sind in der Regel den Geschäftsberichten größerer Kreditinstitute zu entnehmen[114]; nur selten finden sich Angaben über den Inhalt dieser Position[115]. In den Geschäftsberichten einiger Kreditinstitute wird in allgemeinen Formulierungen, z. T. aber auch mit exakten Angaben, über den Inhalt des Postens berichtet, insbesondere wird auch auf außerordentliche Aufwendungen im Zusammenhang mit Kapitalerhöhungen hingewiesen[116]. Da eine Aufspaltung des Postens in wertschöpfungsrelevante Aufwendungen (Vorleistungen) und in Einkommensübertragungen nicht generell möglich ist, bei allen Kreditinstituten indessen im Interesse einer Vergleichbarkeit dieser Posten gleich zu behandeln ist, stellen wir — insbesondere unter Berücksichtigung des Grundsatzes, die Wertschöpfung eher zu niedrig als zu hoch zu ermitteln — diesen Posten unter die Vorleistungen ein[117]; größere Spenden, insbesondere Jubiläumsspenden, die den Geschäftsberichten zu entnehmen sind, sind jedoch im Interesse einer besseren Vergleichbarkeit der einzelnen Kreditinstitute als auch der Vergleichbarkeit in der zeitlichen Entwicklung zu eliminieren.

14. Die sonstigen Posten des Formblatt-Musters 1

Der Posten 22 (Auf Grund einer Gewinngemeinschaft, eines Gewinnabführungs- und eines Teilgewinnabführungsvertrags abgeführte Gewinne) stellt bei der gewinnabführenden Gesellschaft das Pendant zu Posten

---

[114] z. B. Deutsche Bank, Dresdner Bank, Commerzbank, Bank für Gemeinwirtschaft, Westdeutsche Landesbank Girozentrale, Bayerische Vereinsbank.

[115] Indirekt kann z. B. festgestellt werden, daß von den von der Deutsche(n) Bank im Jahre 1969 ausgewiesenen „sonstigen Aufwendungen“ 10 Millionen auf eine Jubiläumsspende entfallen; die Bayerische Hypotheken- und Wechsel-Bank erläutert in ihrem Geschäftsbericht 1970 (S. 44), daß in den „sonstigen Aufwendungen“ u. a. die Aufwendungen für Aufsichtsrat, Beirat, soziale Leistungen sowie für die Bergbau-Altlast enthalten sind.

[116] Vgl. z. B. Geschäftsberichte der Berliner Handels-Gesellschaft (1970), Deutsch-Asiatische(n) Bank (1968), Frankfurter Hypothekenbank (1969), Handelsbank in Lübeck (1968, 1969), Hypothekenbank in Hamburg (1969, 1970), Investitions- und Handelsbank (1968, 1969), Pfälzische(n) Hypothekenbank (1969, 1970), Vereinsbank in Hamburg (1968 bis 1970), Vereinsbank in Nürnberg (1969, 1970), Württembergische(n) Hypothekenbank (1969, 1970).

[117] Die eventuell in diesem Posten enthaltenen Vergütungen für die Mitglieder des Aufsichtsrats und sonstiger Beiräte werden dadurch eliminiert, daß die gesondert im Geschäftsbericht anzugebenden Vergütungen von den in Posten 15 und 21 ausgewiesenen Beträgen abgesetzt werden, sofern sie nicht in Posten 12 enthalten sind.

8 in der Gewinn- und Verlustrechnung der gewinnvereinnahmenden Gesellschaft dar. Posten 22 dient zum Ausweis der Gewinnverteilung; für die Wertschöpfungsrechnung ist er nur dann relevant, wenn das in der Unternehmung entstandene Einkommen von der Verteilungsseite her ermittelt werden soll. Die weiteren Posten des Formblatt-Musters 1 — es handelt sich um die Posten 23 (Jahresüberschuß/Jahresfehlbetrag), Posten 24 (Gewinnvortrag/Verlustvortrag aus dem Vorjahr), Posten 25 (Entnahmen aus offenen Rücklagen), Posten 26 (Einstellungen aus dem Jahresüberschuß in offene Rücklagen) und Posten 27 (Bilanzgewinn/Bilanzverlust) — bedürfen keiner ausführlicheren Kommentierung. Zum einen handelt es sich um (Zwischen-)Ergebnisposten (Posten 23, 27), zum anderen handelt es sich um Zu- und Abrechnungen zur Überleitung des Jahresüberschusses (Jahresfehlbetrages) auf den in der Jahresbilanz ausgewiesenen Bilanzgewinn (Bilanzverlust)[118]. Wie Posten 22 stellt Posten 26 eine besondere Art der Verteilung (Verwendung) des in der abgeschlossenen Rechnungsperiode erwirtschafteten Gewinns dar, während über die Posten 24 und 25 Gewinne bzw. Verluste früherer Rechnungsperioden verrechnet werden.

III. Die Wertschöpfungsstaffeln nach Formblatt-Muster 1

Nachdem im vorhergehenden die einzelnen Posten des Formblatt-Musters 1 für die Gewinn- und Verlustrechnung der Aktienbanken abgehandelt wurden, können die Ergebnisse in den Wertschöpfungsstaffeln für eine Berechnung der betrieblichen Wertschöpfung sowohl nach der sog. Subtraktionsmethode (Staffel A) als auch nach der sog. Additionsmethode (Staffel B) zusammengestellt werden.

A. Die Wertschöpfungsstaffel zur Berechnung der betrieblichen Wertschöpfung nach der Subtraktionsmethode
(Indirekte Methode)

Zinsen und zinsähnliche Erträge aus Kredit- und Geldmarktgeschäften (Posten 1)

\+ laufende Erträge aus
a) festverzinslichen Wertpapieren und Schuldbuchforderungen (Posten 2 a)
b) anderen Wertpapieren (Posten 2 b)

— Zinsen und zinsähnliche Aufwendungen (Posten 5)

= Zinsdifferenz (Zwischensumme)

\+ Provisionen und andere Erträge aus Dienstleistungsgeschäften (Posten 3)

\+ Vergütungen für die Mitglieder des Aufsichtsrats und sonstiger Beiräte, soweit nicht in „Gehälter und Löhne“ enthalten

---

[118] Vgl. *Adler/Düring/Schmaltz:* Rechnungslegung ..., Tz. 186 zu § 157 = S. 682.

— Provisionen und ähnliche Aufwendungen für Dienstleistungsgeschäfte (Posten 6)

— Sachaufwand für das Bankgeschäft (Posten 15)

— sonstige Aufwendungen (Posten 21)

= überwiegend periodische Bruttowertschöpfung zu Marktpreisen (Zwischensumme)

\+ andere Erträge einschließlich der Erträge aus der Auflösung von Rückstellungen im Kreditgeschäft (Posten 4)

\+ Erträge aus der Auflösung von Rückstellungen, soweit sie nicht unter 4 auszuweisen sind (Posten 9)

= Rumpf-Bruttowertschöpfung zu Marktpreisen (unter Berücksichtigung aperiodischer Aufwendungen und Erträge)

— Abschreibungen und Wertberichtigungen auf Forderungen und Wertpapiere sowie Zuführungen zu Rückstellungen im Kreditgeschäft (Posten 7)

— Abschreibungen und Wertberichtigungen auf Grundstücke und Gebäude sowie auf Betriebs- und Geschäftsausstattung (Posten 16)

— Abschreibungen und Wertberichtigungen auf Beteiligungen (Posten 17)

= Nettowertschöpfung zu Marktpreisen (unter Berücksichtigung aperiodischer Aufwendungen und Erträge)

— sonstige Steuern (Posten 18 b)

= Nettowertschöpfung zu Faktorkosten (unter Berücksichtigung aperiodischer Aufwendungen und Erträge)

B. Die Wertschöpfungsstaffel zur Berechnung der betrieblichen Wertschöpfung nach der Additionsmethode
(Direkte Methode)

Gehälter und Löhne (Posten 12)

\+ soziale Abgaben (Posten 13)

\+ Aufwendungen für Altersversorgung und Unterstützung (Posten 14)

\+ Vergütungen für die Mitglieder des Aufsichtsrats und sonstiger Beiräte, soweit nicht in „Gehälter und Löhne" enthalten

\+ Jahresüberschuß /- Jahresfehlbetrag (Posten 23)

\+ auf Grund einer Gewinngemeinschaft, eines Gewinnabführungs- oder Teilgewinnabführungsvertrags abgeführte Gewinne (Posten 22)

\+ Steuern vom Einkommen, vom Ertrag und vom Vermögen (Posten 18 a)

\+ Aufwendungen aus Verlustübernahme (Posten 19)

\+ Einstellungen in Sonderposten mit Rücklageanteil (Posten 20)

— Laufende Erträge aus Beteiligungen (Unterposten 2 c)

— Erträge aus der Auflösung von Sonderposten mit Rücklageanteil (Posten 10)

— Erträge aus Verlustübernahme (Posten 11)

Nettowertschöpfung zu Faktorkosten (unter Berücksichtigung aperiodischer Aufwendungen und Erträge).

IV. Das Formblatt-Muster für die Gewinn-und Verlustrechnung der Bausparkassen

Während nach der Reform des Aktiengesetzes im Jahre 1965 für den Jahresabschluß der Kreditinstitute im Sinne der §§ 1, 2 KWG neue vereinheitlichte Formblätter erlassen wurden, gelten für die Bausparkassen noch die im Jahre 1954 eingeführten Formblätter[119]. Da sich das Formblatt für die Gewinn- und Verlustrechnung der Bausparkassen (Vordruck Bauspar IIö) stärker von den Formblättern für die Kreditinstitute im Sinne der §§ 1, 2 KWG unterscheidet, soll hier gesondert auf die in diesem Formblatt enthaltenen Posten und ihre Bedeutung für die Berechnung der Wertschöpfung eingegangen werden.

Für alle Bausparkassen, die in Rechtsformen des Privatrechts betrieben werden, gelten die gleichen Vorschriften über den Formalaufbau der Gewinn- und Verlustrechnung. Für die öffentlich-rechtlichen Bausparkassen (Anstalten und Bausparabteilungen von Kreditanstalten) gelten diese Vorschriften nicht unmittelbar, da sie bis 1973 nicht der Aufsicht des Bundesaufsichtsamtes für das Versicherungs- und Bausparwesen unterstanden. Nach den landesrechtlichen Regelungen ist aber der Jahresabschluß der öffentlich-rechtlichen Bausparkassen gleichfalls nach diesen Formblättern aufzustellen[120].

1. Die Ertragsposten des Formblatt-Musters für die Gewinn- und Verlustrechnung

Der Ertragsposten I „*Gebühren der Bausparer*" ist in die Positionen untergliedert

1. Gebühren für Vertragsabschluß und -vermittlung
2. Gebühren für Darlehensregelung nach Zuteilung
3. sonstige Gebühren.

Erläuterungen zum Inhalt der Positionen 1 und 2 erübrigen sich; zu den Darlehensgebühren ist anzumerken, daß diese über die Laufzeit der Darlehen verrechnet werden. Unter den sonstigen Gebühren werden u. a. ausgewiesen die Gebühren für die Bereitstellung und Bearbeitung der Zwischenkredite, die nach den Bausparbedingungen erhobenen Kontogebühren, Mahngebühren, Gebühren für Vertragsübertragungen sowie Gebühren für die Bearbeitung von Wohnungsbauprämienanträgen und für die Beschaffung von Darlehensunterlagen[121].

---

[119] Von geringfügigen Änderungen abgesehen.

[120] Vgl. *Heinrich Birck:* Die Bankbilanz . . ., S. 360.

[121] Vgl. Besondere Vorschriften für die Aufstellung der Gewinn- und Verlustrechnung der Bausparkassen, in: Veröffentlichungen des Bundesaufsichts-

In allen Fällen handelt es sich um spezielle Entgelte für Leistungen der Bausparkassen. Diese gesondert in Rechnung gestellten Gebühren sind bei der Berechnung der Wertschöpfung als Erträge zu berücksichtigen.

Der Ertragsposten II des Formblatts „*Zinsen*" ist untergliedert in

1. Zinsen aus Bauspardarlehen
2. sonstige Zinsen[122].

Diese Untergliederung ist für Zwecke der Wertschöpfungsrechnung nicht relevant, denn in beiden Fällen handelt es sich um Erträge aus Kapitalüberlassungsverhältnissen. Die Zinserträge sind in die Zinsdifferenzrechnung zur Ermittlung des unterstellten Dienstleistungsentgelts einzustellen.

Die Vorschriften für die Aufstellung der Gewinn- und Verlustrechnung weisen ausdrücklich darauf hin, daß bei der Erfassung der Zinsen — wie auch der übrigen Vermögenserträge — von den auf das Geschäftsjahr entfallenden Beträgen auszugehen ist; die Ertragszinsen dürfen nicht mit Schuldzinsen verrechnet werden, zurückerstattete Zinsen sind abzusetzen, niedergeschlagene Zinsen dürfen nur dann abgesetzt werden, wenn sie noch nicht bilanziert waren[123].

Unter Ertragsposten III „*Mehrerlös aus Wertpapierverkäufen*" sind die bei der Veräußerung von Wertpapieren erzielten Gewinne auszuweisen. Eine Kompensation mit Veräußerungsverlusten oder Abschreibungen auf Wertpapiere ist nicht zulässig. Bei der Berechnung der Wertschöpfung sind die Veräußerungsgewinne zu berücksichtigen, bei einer Berechnung nach den Konventionen Volkswirtschaftlicher Gesamtrechnungen hingegen nicht[124].

Der Ertragsposten IV „*außerordentliche Erträge*" ist in Unterposten zu gliedern.

Nach den Vorschriften für die Aufstellung der Gewinn- und Verlustrechnung gehören in die Unterposition 1 „die Erträge, die durch Auflösung von nicht mehr erforderlichen Wertberichtigungen und Rückstellungen sowie von Rücklagen anfallen"[125]. Bei den Erträgen aus der Auflösung von nicht mehr erforderlichen Wertberichtigungen und Rückstellun-

amtes für das Versicherung- und Bausparwesen, Sonderheft 2 (Dezember 1954), S. 12. Im folgenden zitieren wir die neuere Fassung, abgedruckt in: Wirtschaftsprüfer-Handbuch 1968, S. 383 ff., hier S. 386.

122 Zu den sonstigen Zinsen zählen Zinsen aus Geldanlagen der Bausparkassen, z. B. aus Bankeinlagen, Wertpapieren und Schuldscheindarlehen.

123 Vgl. Besondere Vorschriften . . ., S. 386.

gen handelt es sich um Korrekturen zu in früheren Perioden zu hoch angesetzten Aufwendungen. Wie bereits weiter oben zu Posten 4 des Formblatt-Musters 1 für die Gewinn- und Verlustrechnung ausgeführt wurde, stehen diese Erträge nicht mit der wirtschaftlichen Leistung in der Rechnungsperiode in Zusammenhang. Die Einbeziehung dieser aperiodischen Erträge in die bei der Berechnung der Wertschöpfung zu berücksichtigenden Erträge bei den Kreditinstituten im Sinne der §§ 1, 2 KWG ist mit dem Verweis auf einen richtigen Ausweis der Wertschöpfung in der Totalperiode zu rechtfertigen bzw. muß aus Gründen der Ausweistechnik in Kauf genommen werden. Im Hinblick auf die Vergleichbarkeit der Wertschöpfung der Bausparkassen mit der Wertschöpfung der Kreditinstitute im Sinne der §§ 1, 2 KWG behandeln wir diese Erträge bei der Berechnung der Wertschöpfung der Bausparkassen analog. Anzumerken ist, daß im Gegensatz zu den Kreditinstituten im Sinne der §§ 1, 2 KWG die Bausparkassen die Erträge aus der Auflösung von Rückstellungen im Kreditgeschäft und von Wertberichtigungen auf Forderungen und Wertpapiere in voller Höhe auszuweisen haben.

---

[124] Den Veräußerungsgewinnen kommt bei den einzelnen Bausparkassen ein unterschiedliches Gewicht zu, wie die nachfolgende Tabelle zeigt (Werte für das Geschäftsjahr 1968):

Bausparkasse	Veräußerungsgewinne in DM (1)	Löhne und Gehälter in DM (2)	Anteil $\frac{(1)}{(2)} \cdot 100$
Bausparkasse Gemeinschaft der Freunde Wüstenrot	2 090 590	44 855 376	4,6
Bausparkasse Schwäbisch Hall	195 847	26 413 623	0,7
Heimstatt Bauspar-Aktien-Gesellschaft	1 022	5 172 196	0,2
Leonberger Bausparkasse	30 760	13 053 224	0,2
Öffentliche Bausparkasse Württemberg	81 259	10 692 299	0,8

Quelle: Geschäftsberichte für das Geschäftsjahr 1968.

[125] Besondere Vorschriften . . ., S. 387.

Gleichfalls in der Unterposition 1 sind Erträge aus der Auflösung von Rücklagen zu erfassen. Bei den Entnahmen aus Rücklagen handelt es sich um Vorgänge im Bereich der Vermögensverwendung. Die Entnahmen aus Rücklagen sind deshalb nicht in die Wertschöpfungsstaffel als Erträge einzustellen. Da die Entnahmen gesondert anzugeben sind, können sie eliminiert werden[126].

In die Unterposition 2 fallen „u. a. ungewöhnliche, meist einmalige Sondereinnahmen, auch wenn sie in früheren Jahren als Aufwand ausgewiesen worden sind, z. B. Steuererstattungen“[127]. Dazu zählen z. B. Gewinne aus Inventarverkäufen und aus dem Verkauf von in Zwangsversteigerungsverfahren erworbenen Grundstücken. Für die Berechnung der Wertschöpfung stellen wir diesen Ertragsposten jedoch gesondert, da es sich z. T. um aperiodische, z. T. um außergewöhnliche Erträge handelt, in die Wertschöpfungsstaffel ein[128]. Dabei ist zu berücksichtigen, daß durch die Einbeziehung zurückerstatteter „direkter“ Steuern die Wertschöpfung zu hoch ermittelt wird, sofern der Betrag der zurückerstatteten Steuern nicht im Geschäftsbericht angegeben wird und damit eine Eliminierung dieser Steuerrückerstattungen möglich ist.

Der Ertragsposten V *„sonstige Erträge“* ist gegliedert in

1. Erträge aus Beteiligungen
2. andere Erträge.

Die Erträge aus Beteiligungen sind wie bei den Kreditinstituten im Sinne der §§ 1, 2 KWG zu behandeln. Sie werden hier — im Gegensatz zu den Volkswirtschaftlichen Gesamtrechnungen — nicht in die Zinsdifferenzrechnung eingestellt.

In der Unterposition „andere Erträge“ sind nach den Vorschriften für die Aufstellung der Gewinn- und Verlustrechnung jene Erträge auszuweisen, die in den anderen Posten nicht aufzuführen sind; erwähnt werden Miet- und Pachterträge, buchmäßige Gewinne aus zulässiger Höherbewertung von Wertpapieren und anderen Vermögensanlagen, Provisionen aus den für Bausparer und Darlehensnehmer abgeschlossenen Versicherungsverträgen sowie das zeitanteilig abgegrenzte (eigentlich in die Zinsdifferenzrechnung einzustellende) Aufgeld aus Hypothekenbeleihungen und anderen Forderungen[129]. Daneben sind anzuführen die Einnahmen für Anzeigen in den bei Bausparkassen üblichen Hauszeitschrif-

---

[126] Vgl. Besondere Vorschriften . . ., S. 387.

[127] Besondere Vorschriften . . ., S. 387.

[128] Nach den Konventionen Volkswirtschaftlicher Gesamtrechnungen sind die oben angeführten Erträge nicht wertschöpfungsrelevant.

[129] Vgl. Besondere Vorschriften . . ., S. 387.

ten für die Bausparer sowie Einnahmen aus der Kantine[130]. Da nach den Vorschriften für die Aufstellung der Gewinn- und Verlustrechnung größere Posten besonders zu erläutern sind, ist der Inhalt dieser Position der Gewinn- und Verlustrechnung im wesentlichen dem Geschäftsbericht zu entnehmen[131]; insbesondere ist auch über die Erträge aus Grundstücken zu berichten[132].

Wir stellen diesen Posten in voller Höhe in die Wertschöpfungsstaffel nach der Subtraktionsmethode ein[133].

2. Die Aufwandsposten des Formblatt-Musters für die Gewinn- und Verlustrechnung

Der Aufwandsposten I „*Verwaltungskosten*" ist untergliedert in die Positionen „1. Personelle Aufwendungen" und „2. Sach- und allgemeine Aufwendungen".

Unter Position 1 sind gesondert auszuweisen die Provisionen (Posten 1.a), die Löhne und Gehälter (Posten 1.b) und die sozialen Abgaben (Posten 1.c). Unter die *Provisionen* „fallen sämtliche Vergütungen, die an Vertreter für den Abschluß oder die Vermittlung von Bausparverträgen zu zahlen sind"[134]. Der Abschluß und die Vermittlung von Bausparverträgen ist als unternehmerische Tätigkeit anzusehen, wenn der Vermittler selbständig ist und das unternehmerische Risiko trägt. Diese Voraussetzung ist bei den Vermittlern in der Regel gegeben. Die Provisionen werden deshalb als Entgelte für Leistungen anderer Unternehmer (Vorleistungen) behandelt. Die Ungenauigkeit durch die Tatsache, daß ein Teil der hier ausgewiesenen Provisionen nicht nur den mit der Vermittlung von Bausparverträgen beauftragten Unternehmern zugute kommt, sondern Angestellten der Bausparkasse und Sparern, die gelegentlich Bausparverträge vermitteln und deshalb nicht (institutional,

---

[130] Vgl. Deutsche Bausparkasse (DBS) Darmstadt, Geschäftsbericht 1962, S. 23; Leonberger Bausparkasse, Geschäftsbericht 1969, S. 20; Bausparkasse Schwäbisch Hall, Geschäftsbericht 1969, S. 45.

[131] Diese Aussage gilt nur für die unter der Aufsicht des Bundesaufsichtsamtes für das Versicherungs- und Bausparwesen stehenden (privaten) Bausparkassen, nicht dagegen für die öffentlich-rechtlichen Bausparkassen; z. B. sind in den Geschäftsberichten der Öffentliche(n) Bausparkasse Württemberg (1968 bis 1970) und der Westdeutsche(n) Landesbank Girozentrale (1969 bis 1970) keine Angaben zu dieser Position enthalten.

[132] Vgl. Besondere Vorschriften für die Aufstellung des Druckberichtes der Bausparkassen, III. Ziff. 29, in: Vorschriften für die Rechnungslegung der Bausparkassen, S .77.

[133] In den Volkswirtschaftlichen Gesamtrechnungen werden Buchgewinne bei der Berechnung der Wertschöpfung nicht berücksichtigt; Agiobeträge werden als Vermögensübertragungen behandelt.

[134] Besondere Vorschriften . . ., S. 383.

sondern nur funktional) als Unternehmer anzusehen sind, muß in Kauf genommen werden.

In der Unterposition Löhne und Gehälter sind auch alle Prämien, Zulagen, Zuschläge, Gratifikationen und ähnliche Vergütungen zu erfassen[135]. Dieser Posten entspricht dem Posten 12 des Formblatt-Musters 1 bzw. dem gleichlautenden Posten im aktienrechtlichen Gliederungsschema für die Gewinn- und Verlustrechnung.

Als *soziale Abgaben* sind ausschließlich die gesetzlichen Arbeitgeberanteile an den Beiträgen zur Sozialversicherung sowie die an sich als Vorleistungen zu behandelnden, aber quantitativ unbedeutenden Beiträge zur Berufsgenossenschaft auszuweisen, nicht dagegen freiwillige soziale Aufwendungen[136].

In der Position 2 werden wiederum wie in Position 1.a Vorleistungen ausgewiesen; dazu zählen z. B. Aufwendungen für Geschäftsräume (wie Miete, Heizung, Beleuchtung), Materialaufwendungen (z. B. Bürobedarf) und Aufwendungen für Werbung (z. B. Inserate, Werbedrucksachen, Modelle). Aus diesen hier insgesamt ausgewiesenen Aufwendungen sind allerdings die Vergütungen für die Mitglieder des Aufsichtsrats und sonstiger Beiräte auszuklammern, da wir diese beratende Tätigkeit nicht als unternehmerische Tätigkeit ansehen. Angaben über die Höhe der Vergütungen für die Mitglieder des Aufsichtsrats und sonstiger Beiräte können bei allen privaten Bausparkassen dem Geschäftsbericht entnommen werden[137]. Die öffentlichen Bausparkassen, die selbständige Anstalten sind, berichten nicht über die Vergütungen für die Mitglieder des Verwaltungsrats; eine geringfügige Beeinträchtigung der Vergleichbarkeit ist deshalb zu beachten.

Der Aufwandsposten II „*Abschreibungen und Wertberichtigungen*" beinhaltet die gesondert auszuweisenden Abschreibungen „1. auf Baudarlehen, 2. auf Betriebs- und Geschäftsausstattung, 3. auf Grundstücke" und „4. sonstige Abschreibungen und Wertberichtigungen". Relevant für die Berechnung der Nettowertschöpfung nach den Konventionen Volkswirtschaftlichen Gesamtrechnungen (Subtraktionsmethode) sind ausschließlich die Abschreibungen auf die Betriebs- und Geschäftsausstattung sowie die Abschreibungen auf die dem Geschäftsbetrieb dienenden Gebäude, nicht dagegen nicht nutzungsbedingte Abschreibungen; es ist deshalb im Einzelfall zu prüfen, ob in den Abschreibungen außerplanmäßige Abschreibungen nach § 154 Abs. 2 Ziff. 1 und 2 AktG enthalten

[135] Vgl. Besondere Vorschriften . . ., S. 384.

[136] Vgl. Besondere Vorschriften . . ., S. 384.

[137] Vgl. Ziff. 28 der Besondere(n) Vorschriften für die Aufstellung des Druckberichtes der Bausparkassen, in: Vorschriften für die Rechnungslegung der Bausparkassen, S. 77.

sind[138]. Wir setzen dagegen bei der Berechnung der Nettowertschöpfung aus der Bruttowertschöpfung sämtliche in dieser Position erfaßten Abschreibungen und Wertberichtigungen ab.

In dem Aufwandsposten III „*Zinsen*" sind die anteilig auf das Geschäftsjahr entfallenden Aufwandszinsen auszuweisen. Die Untergliederung der Position in 1. Zinsen auf Bauspareinlagen, 2. Zinsen auf Depositen und 3. sonstige Zinsen ist für die Berechnung der Wertschöpfung nicht von Belang. Dieser Posten ist in voller Höhe in die Zinsdifferenzrechnung zur Ermittlung des unterstellten Dienstleistungsentgelts einzustellen.

Der Aufwandsposten IV „*Steuern und öffentliche Abgaben*" ist aufgeteilt in die Unterpositionen 1. Steuern vom Einkommen, vom Ertrag und vom Vermögen, und 2. sonstige Steuern und Abgaben. Im wesentlichen entspricht damit der Steuerausweis der Gliederung des Steuerpostens im Formblatt-Muster 1 und in dem aktienrechtlichen Gliederungsschema. Abweichungen sind jedoch insofern gegeben, als die Lohnsummensteuer nach den Vorschriften für die Aufstellung der Gewinn- und Verlustrechnung ausdrücklich der Unterposition 1 zuzuordnen ist und in der Unterposition 2 auch die gemäß § 101 VAG erhobenen Gebühren zu erfassen sind[139]. Im übrigen sind die Steueraufwendungen wie bei den sonstigen Kreditinstituten zu behandeln, d. h. beim Übergang von der Wertschöpfung zu Marktpreisen zur Wertschöpfung zu Faktorkosten ist Posten IV.2 abzusetzen.

In dem Aufwandsposten V „*Mindererlös aus Wertpapierverkäufen*" ist der Unterschiedsbetrag zwischen Buchwert und geringerem Verkaufserlös auszuweisen; Minderungen des Buchwerts der Wertpapiere sind in Posten II.4 zu erfassen. Im Gegensatz zu den sonstigen Kreditinstituten, die Verluste aus dem Abgang von Wertpapieren mit bestimmten Erträgen verrechnen können und gegebenenfalls nur die Differenz — mit anderen Aufwendungen zusammengefaßt — in der Gewinn- und Verlustrechnung auszuweisen haben, müssen die Bausparkassen diese Verluste offenlegen. In der Regel entfällt aber ein Ausweis unter dieser Position[140]. Im Gegensatz zur Handhabung in den Volkswirtschaftlichen Ge-

[138] z. B. weist die Öffentliche Bausparkasse Württemberg eine „Teilwertabschreibung" in Höhe von DM 15 000,— aus. Vgl. Geschäftsbericht 1968, S. 17. Bei der Bausparkasse Gemeinschaft der Freunde Wüstenrot betrugen z. B. im Geschäftsjahr 1969 die Abschreibungen gemäß § 6 b EStG rd. 2,8 Millionen DM und die planmäßigen Abschreibungen auf Betriebsgrundstücke rd. 0,15 Millionen DM. Vgl. Geschäftsbericht 1969, S. 22.

[139] Vgl. Besondere Vorschriften ..., S. 384 f.

[140] Mindererlöse aus Wertpapieren werden bei der Bausparkasse Gemeinschaft der Freunde Wüstenrot ausgewiesen für das Geschäftsjahr 1968 in Höhe von DM 414 und für das Geschäftsjahr 1969 in Höhe von DM 2 975.

samtrechnungen setzen wir diesen Posten bei der Ermittlung der Bruttowertschöpfung nach der Subtraktionsmethode ab.

In den Aufwandsposten VI „*außerordentliche Aufwendungen*" gehören „Aufwendungen, die ungewöhnlich oder einmaliger Natur sind, irgendeinen Sondercharakter haben (z. B. Abfindungen, Entschädigungen, einmalige Verluste u. ä.) und daher nicht unter eine der vorhergehenden Positionen fallen. Ferner sind hier solche Aufwendungen auszuweisen, die aus dem Rahmen des regelmäßigen Geschäftsbetriebes herausfallen und periodenfremd sind"[141].

Der Inhalt dieses Posten ist hinsichtlich der Art der Aufwendungen heterogen, da für die Zuordnung der Aufwendungen die Regelmäßigkeit des Anfalls sowie ihr aperiodischer Charakter maßgeblich ist. Zahlenangaben über die Zusammensetzung des Postens, die eine exakte Aufgliederung in die bei der Berechnung der Wertschöpfung unterschiedlich zu behandelnden Aufwendungen zulassen, sind nur in Einzelfällen den Geschäftsberichten zu entnehmen. Nach dem Grundsatz, die Wertschöpfung eher zu niedrig als zu hoch zu ermitteln, stellen wir diesen Posten unter die Vorleistungen ein. Dieses Vorgehen ist auch aus Gründen einer Vergleichbarkeit deshalb gerechtfertigt, weil bei den Kreditinstituten im Sinne der §§ 1, 2 KWG die außerordentlichen Aufwendungen nicht gesondert auszuweisen sind und deshalb nicht gesondert berücksichtigt werden können.

Da es sich bei den außerordentlichen Aufwendungen in der Regel um vergleichsweise geringfügige Beträge handelt, fällt die Minderung der Wertschöpfung durch den Abzug nicht wertschöpfungsrelevanter Aufwendungen nicht ins Gewicht; auszugliedern sind jedoch die in dieser Position erfaßten Einstellungen in Sonderposten mit Rücklageanteil sowie die — vornehmlich direkte Steuern betreffenden — Steuernachzahlungen[142].

---

[141] Besondere Vorschriften ..., S. 385.

[142] Der Anteil der außerordentlichen Aufwendungen an den Löhnen und Gehältern (in v. H.) — als eines Bestandteils der Wertschöpfung — betrug im Jahre 1968 (1969) bei der Bausparkasse Gemeinschaft der Freunde Wüstenrot 0,01 (3,6), bei der Bausparkasse Schwäbisch Hall 2,6 (1,1), bei der Heimstatt-Bauspar-Aktien-Gesellschaft 2,1 (3,0), bei der Leonberger Bausparkasse 0,2 (7,9) und bei der Öffentliche(n) Bausparkasse Württemberg 2,7 (0,7). Zu den ungewöhnlich hohen Steigerungsraten bei der Bausparkasse GdF Wüstenrot und der Leonberger Bausparkasse ist anzumerken, daß bei dem von der Bausparkasse GdF Wüstenrot ausgewiesenen Betrag in Höhe von rd. 1,85 Millionen DM in 1969 rd. 1,79 Millionen DM auf Einstellungen in Sonderposten mit Rücklageanteil entfallen, während bei der Leonberger Bausparkasse der Anstieg der außerordentlichen Aufwendungen von rd. 30 000 DM auf rd. 1,25 Millionen DM auf Steuernachzahlungen zurückzuführen ist. Vgl. Geschäftsberichte dieser Unternehmungen für die Jahre 1968 und 1969.

Der Aufwandsposten VII „*sonstige Aufwendungen*“ stellt einen Sammelposten dar, da in ihm alle Aufwendungen zu erfassen sind, die in den anderen Posten nicht auszuweisen sind, insbesondere die Aufwendungen für Altersversorgung und Unterstützung[143]. Weiterhin sind hier die freiwilligen sozialen Aufwendungen zu erfassen. Die Zusammenfassung der Zuführungen zu den Pensionsrückstellungen, der Pensionszahlungen und der Beiträge für außerhalb der Unternehmung stehende Versorgungseinrichtungen mit Vorleistungen ist jedoch für die Berechnung der Wertschöpfung insofern relativ unproblematisch, als die Bausparkassen die größeren Posten dieser Position im Geschäftsbericht besonders zu erläutern haben und eine Eliminierung der Wertschöpfungsbestandteile deshalb möglich ist[144]. Im Hinblick auf eine Vergleichbarkeit mit den Kreditinstituten im Sinne der §§ 1, 2 KWG empfiehlt es sich, die auszugliedernden sozialen Leistungen gemäß Posten 14 des Formblatt-Musters 1 abzugrenzen. Auszusondern sind gleichfalls größere Spenden (z. B. Jubiläumsspenden)[145].

Der letzte „Aufwands“posten des Formblatts ist *Posten VIII*. In ihm sind die Zuführungen an die gesetzliche Rücklage und an die freien Rücklagen sowie die Zuführungen an die Rückstellungen für Abführungsverpflichtungen gemäß § 2 44. DVO/UG und Art. 9 DB 7/UEVO[146] jeweils gesondert auszuweisen[147]. Daneben sind hier auch die Zuführungen an die bauspartechnischen Rückstellungen ausgewiesen[148]. Die Zuführungen an die Rücklagen und die Rückstellungen gemäß § 2 44. DVO/UG und Art. 9 DB 7/UEVO stellen keinen wertschöpfungsrelevanten Aufwand dar; einzugehen ist ausschließlich auf die bauspartechnischen Rückstellungen. Ihre Bildung beruht auf folgenden Annahmen: Die Zinsspanne der Bausparkassen ist so kalkuliert, daß bei mittlerer Wartezeit die Einnahme aus dem Zinssaldo die Aufwendungen für die Vertragsdurchführung je

---

143 Vgl. Besondere Vorschriften . . ., S. 385.

144 Vgl. Besondere Vorschriften . . ., S. 385.

145 z. B. berichtet die Bausparkasse Gemeinschaft der Freunde Wüstenrot in ihrem Geschäftsbericht 1969 (S. 25) von einer Spende in Höhe von 1 Millionen DM.

146 Vierundvierzigste Durchführungsverordnung zum Umstellungsgesetz. Verordnung über Eigenkapital und DM-Eröffnungsbilanz der Bausparkassen, Amtsbl. der AHK Nr. 23, S. 399, mit Änderung durch das Gesetz vom 21. April 1953, BGBl. 1953 I, S. 127; Durchführungsbestimmung Nr. 7 zur Vierten Verordnung zur Neuordnung des Geldwesens (Umstellungsergänzungsverordnung) vom 26. Oktober 1950, VOBl. Berlin 1950, S. 494. Die Texte sind abgedruckt in: *Rudolf Harmening:* Währungsgesetze . . ., S. 288 ff., S. 654 ff.

147 Vgl. Besondere Vorschriften . . ., S. 386.

148 In der Gewinn- und Verlustrechnung der Bausparkasse Gemeinschaft der Freunde Wüstenrot werden die Zuführungen zur bauspartechnischen Rückstellung in der Position „sonstige Aufwendungen“ ausgewiesen; der Betrag kann den Erläuterungen im Geschäftsbericht entnommen werden. Vgl. Geschäftsbericht 1969, S. 24 f.

eines Jahres deckt; da die Aufwendungen für die Verwaltung der Darlehensverträge höher sind als für die Verwaltung der Sparverträge, müssen in den Rechnungsperioden, in denen die Zahl der Sparverträge die Zahl der Darlehensverträge (bei weitem) übersteigt, Einnahmen aus dem Zinssaldo reserviert werden für jene Rechnungsperioden, in denen „nach der mathematischen Gesetzmäßigkeit des Bausparwesens" ein umgekehrtes Verhältnis zwischen Spar- und Darlehensverträgen vorliegt, damit die für die Verwaltung der Darlehensverträge entstehenden Aufwendungen gedeckt werden können[149]. Die Zuführungen an die bauspartechnischen Rückstellungen unterscheiden sich insofern von den Zuführungen an Rückstellungen für nicht gedeckte Kosten (z. B. im Teilzahlungsfinanzierungsgeschäft), als letztere bezogen sind auf ein einzelnes Geschäft, bei dem mit höherer Wahrscheinlichkeit die künftigen Verwaltungsaufwendungen zu erkennen sind. Analog zur Handhabung in den Volkswirtschaftlichen Gesamtrechnungen[150] übernehmen wir diese zeitliche Abgrenzung der Zinsdifferenz nicht; die Zuführungen an die bauspartechnischen Rückstellungen wie auch die Erträge aus der Auflösung der bauspartechnischen Rückstellungen sind bei der Berechnung der Zinsdifferenz nicht zu berücksichtigen.

3. Die Wertschöpfungsstaffeln nach dem Formblatt-Muster für die Gewinn- und Verlustrechnung der Bausparkassen

Nachdem die einzelnen Positionen des Formblatts für die Gewinn- und Verlustrechnung der Bausparkassen diskutiert wurden, können die Ergebnisse in den Wertschöpfungsstaffeln zur Berechnung der betrieblichen Wertschöpfung nach der sog. Subtraktionsmethode (Staffel A) und nach der sog. Additionsmethode (Staffel B) zusammengefaßt werden.

A. Die Wertschöpfungsstaffel zur Berechnung der betrieblichen Wertschöpfung nach der Subtraktionsmethode (Indirekte Methode)

Zinsen (Ertragsposten II)
— Zinsen (Aufwandsposten III)

= Zinsdifferenz
+ Gebühren der Bausparer (Ertragsposten I)
+ andere Erträge (Ertragsposten V. 2)
+ Vergütungen für die Mitglieder des Aufsichtsrats und sonstiger Beiräte, sofern nicht in I.1.6 enthalten
+ Pensionszahlungen, Zuführungen an Pensionsrückstellungen und Pensionskassen

---

[149] Vgl. Urteil des Finanzgerichts Baden-Württemberg, Außensenat Stuttgart, vom 6. Februar 1969 VI 175/66, wiedergegeben in: Die Wirtschaftsprüfung, 22. Jg. (1969), S. 665.

[150] Nach Auskunft des Statistischen Bundesamtes, Wiesbaden.

— Provisionen (Aufwandsposten I.1.a)
— Sach- und allgemeine Aufwendungen (Aufwandsposten I.2)
— sonstige Aufwendungen (Aufwandsposten VII)

= überwiegend periodische Bruttowertschöpfung zu Marktpreisen (Zwischensumme)
+ Mehrerlös aus Wertpapierverkäufen (Ertragsposten III)
+ außerordentliche Erträge (Ertragsposten IV)
+ Einstellungen in Sonderposten mit Rücklageanteil
— Entnahmen aus Rücklagen
— Erträge aus der Auflösung von Sonderposten mit Rücklageanteil
— Mindererlös aus Wertpapierverkäufen (Aufwandsposten V)
— außerordentliche Aufwendungen (Aufwandsposten VI)

= Bruttowertschöpfung zu Marktpreisen (unter Berücksichtigung aperiodischer Aufwendungen und Erträge)
— Abschreibungen und Wertberichtigungen (Aufwandsposten II)

= Nettowertschöpfung zu Marktpreisen (unter Berücksichtigung aperiodischer Aufwendungen und Erträge)
— sonstige Steuern und Abgaben (Aufwandsposten VI.2)

= Nettowertschöpfung zu Faktorkosten (unter Berücksichtigung aperiodischer Aufwendungen und Erträge)

B. Die Wertschöpfungsstaffel zur Berechnung der betrieblichen Wertschöpfung nach der Additionsmethode (Direkte Methode)

Löhne und Gehälter (Aufwandsposten I.1.b)
+ soziale Abgaben (Aufwandsposten I.1.c)
+ Pensionszahlungen, Zuführungen an Pensionsrückstellungen und Pensionskassen
+ Gewinn des Geschäftsjahres (Posten IX)
+ Zuführungen an Rücklagen und Rückstellungen (Posten VIII)
+ Vergütungen für die Mitglieder des Aufsichtsrats und sonstiger Beiräte, sofern nicht in I.1.b enthalten
+ Einstellungen in Sonderposten mit Rücklageanteil
+ Steuern vom Einkommen, vom Ertrag und vom Vermögen (Aufwandsposten IV.1)
— Erträge aus Beteiligungen (Ertragsposten V.1)
— Entnahmen aus Rücklagen
— Entnahmen aus bauspartechnischen Rückstellungen
— Erträge aus der Auflösung von Sonderposten mit Rücklageanteil

---

= Nettowertschöpfung zu Faktorkosten (unter Berücksichtigung aperiodischer Aufwendungen und Erträge)

Wie aus diesen Staffeln zu ersehen ist, sind mehr oder weniger umfangreiche Korrekturen einzelner Posten der Gewinn- und Verlustrechnung erforderlich; die benötigten Daten sind den Erläuterungen der Geschäftsberichte zu entnehmen. Der Geschäftsbericht erweist sich damit als eine unentbehrliche Datenquelle zur Berechnung der betrieblichen Wertschöpfung.

Viertes Kapitel

Die Wertschöpfung des Konzerns

In diesem Kapitel ist nun zu prüfen, welche Bedeutung der Konzernrechnungslegung für die Berechnung der Wertschöpfung zukommt. Insbesondere ist dabei zu analysieren, in welchem Umfang der nach den aktienrechtlichen Vorschriften abgegrenzte Konzern der Öffentlichkeit Rechnung zu legen hat. Im letzten Abschnitt dieses Kapitels sind die Besonderheiten der Konzernbilanzierung und ihr Einfluß auf die Wertschöpfungsrechnung zu diskutieren.

I. Die Bedeutung der Konzernrechnungslegung für die Wertschöpfungsrechnung

Weiter oben wurde nach *Pohmer* festgestellt, daß als Untersuchungsobjekte für Konzentrationsanalysen konzernfreie Unternehmungen und Konzerne heranzuziehen sind[1]. Daß es problematisch ist, ausschließlich rechtlich selbständige Unternehmungen ohne Rücksicht auf Verflechtungen mit anderen Unternehmungen als Untersuchungsobjekte zu wählen, braucht nicht im allgemeinen diskutiert zu werden, vielmehr genügen einige spezielle Hinweise.

Insbesondere führen zwei Sachverhalte dazu, daß ein Anknüpfen an rechtlich selbständigen Wirtschaftseinheiten bei Vergleichen zwischen Kreditinstituten problematisch ist: die Übertragung innerbetrieblicher Funktionen auf andere rechtlich selbständige, aber wirtschaftlich abhängige Wirtschaftseinheiten, und die Delegierung bestimmter (Bank-) Geschäfte an andere rechtlich selbständige, aber wirtschaftlich abhängige Wirtschaftseinheiten.

Als Beispiel für die erste Form der Verlagerung von Aktivitäten sei auf die Grundstücksgesellschaften verwiesen, die von Kreditinstituten zum Zwecke der Verwaltung von dem Geschäftsbetrieb dienenden Grundstücken gegründet werden. Da gewerbliche Mieten als Vorleistungen zu behandeln sind, wird die Wertschöpfung jener Kreditinstitute, die ihre Betriebsgrundstücke auf rechtlich selbständige Tochtergesell-

---

[1] *Dieter Pohmer:* Betrieb und Unternehmung als Merkmalsträger von Konzentrationserscheinungen, S. 108 f., S. 111.

schaften übertragen und deshalb an diese Mietzahlungen entrichten, in der Regel wohl niedriger ausgewiesen als bei einer Nicht-Übertragung[2]. Insbesondere ist dabei zu beachten, daß über die für die Einsatzleistungen angesetzten Preise die Wertschöpfung verlagert werden kann; diese Manipulation ist für die Konzernrechnung irrelevant.

Diese Differenzen sind jedoch weniger gewichtig als die Beeinträchtigung der Vergleichbarkeit infolge der Wahrnehmung bestimmter Geschäfte durch abhängige Tochtergesellschaften. Anzuführen sind die Delegierung des Beteiligungsgeschäfts auf Beteiligungsgesellschaften, des Hypothekengeschäfts auf Hypothekenbanken, des Teilzahlungsfinanzierungsgeschäfts auf Teilzahlungsfinanzierungsbanken sowie der Vermittlung von Versicherungen u. dgl. auf besondere Tochtergesellschaften. Stellt man bei Konzentrationsanalysen ab auf rechtlich selbständige Wirtschaftseinheiten, wird bei der Konzern-Obergesellschaft nur ein Teil der gesamten wirtschaftlichen Aktivität des Betriebsverbundes erfaßt und ein Vergleich mit einer konzernfreien Unternehmung, die sämtliche Geschäfte ausführt, ist problematisch.

Im Hinblick auf die Grundgesamtheit bei Konzentrationsanalysen, nämlich das im Inland entstandene Volkseinkommen, ist die Konzernrechnungslegung von weiterer Bedeutung. Da in den gesamtwirtschaftlichen Einkommensrechnungen (Sozialproduktsrechnungen, Volkswirtschaftlichen Gesamtrechnungen) die kleinste „Darstellungseinheit" selbst bilanzierende Wirtschaftseinheiten sind[3], ist das aus den Abschlüssen der einzelnen rechtlich selbständigen Wirtschaftseinheiten ermittelte Einkommen um die Konzern-Zwischengewinne höher als das aus den Abschlüssen von konzernfreien Unternehmungen und von Konzernen ermittelte gesamtwirtschaftliche Einkommen[4]. Der Anteil der Konzern-Wertschöpfung (bei Berechnung der Konzern-Wertschöpfung aus dem Konzernabschluß) an dem im Inland entstandenen Einkommen ist deshalb in der Regel niedriger als der Anteil der additiv aus den Abschlüssen der einzelnen Konzerngesellschaften ermittelten Wertschöpfung des Konzerns. Eine additive Berechnung der Wertschöpfung des Konzerns aus den Abschlüssen der einzelnen Konzerngesellschaften ist in der Regel aus publizitätsrechtlichen Gründen nicht möglich. Der Konzernabschluß bietet im allgemeinen die einzige Möglichkeit, die Wertschöpfung des Konzerns zu berechnen.

---

[2] Die Bruttowertschöpfung ist um die Differenz Jahresmiete-Sachaufwand, die Nettowertschöpfung um die Differenz Jahresmiete-Sachaufwand-Abschreibungen zu niedrig.

[3] Vgl. *Hildegard Bartels:* Das Kontensystem für die Volkswirtschaftlichen Gesamtrechnungen der Bundesrepublik Deutschland, Erster Teil ..., S. 320; Statistisches Jahrbuch für die Bundesrepublik Deutschland 1970, S. 474.

[4] Zur Bedeutung der Verrechnung von Aufwendungen und Erträgen zwischen Konzernunternehmen vgl. S. 130 ff.

II. Die Rechnungslegung des Konzerns

1. Die Definition des Konzerns im Aktiengesetz

Die Abgrenzung des Konzerns von anderen Unternehmungsverbindungen ist in § 18 AktG enthalten. Danach liegt dann ein Konzern vor, wenn ein herrschendes und ein oder mehrere abhängige Unternehmen unter der einheitlichen Leitung des herrschenden Unternehmens zusammengefaßt sind (§ 18 Abs. 1 Satz 1) oder wenn rechtlich selbständige Unternehmen, ohne daß das eine Unternehmen von dem anderen Unternehmen abhängig ist, unter einheitlicher Leitung zusammengefaßt sind (§ 18 Abs. 2). Für die Entscheidung, ob ein Unterordnungskonzern (§ 18 Abs. 1 AktG) vorliegt, gilt folgendes Schema:

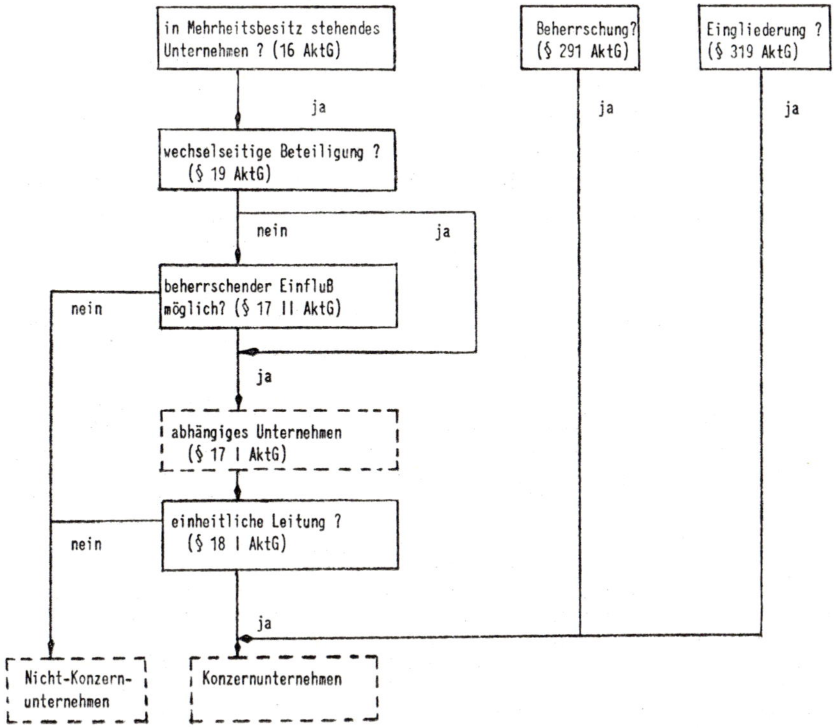

Für die Entscheidung der Frage, ob ein in Mehrheitsbesitz stehendes Unternehmen Konzernunternehmung ist oder nicht, ist für den (häufigsten) Fall des Unterordnungskonzerns relevant, ob dieses Unternehmen von einem anderen Unternehmen abhängig ist und letztlich, ob dieses Unternehmen unter der einheitlichen Leitung des anderen Unternehmens steht. Entscheidend für das Vorliegen eines Konzerns in diesem Beteiligungsfalle ist, daß die Leitung durch das herrschende Unternehmen tatsächlich ausgeübt wird[5]. Die an eine „Zusammenfassung unter einheitlicher Leitung“ zu stellenden Anforderungen dürfen nach der Begründung zu § 18 AktG nicht zu hoch sein. „Als Zusammenfassung unter einheitlicher Leitung muß es bereits angesehen werden, wenn die Konzernleitung die Geschäftspolitik der Konzerngesellschaften und sonstige grundsätzliche Fragen ihrer Geschäftsführung aufeinander abstimmt. Diese Abstimmung setzt kein Weisungsrecht voraus. Sie kann sich vielmehr auch in der lockeren Form gemeinsamer Beratungen vollziehen oder aus einer personellen Verflechtung der Verwaltungen ergeben[6].“

Ein Beherrschungsvertrag sowie die Eingliederung begründen ein vertragliches Konzernverhältnis; in diesen Fällen braucht der Tatbestand (tatsächlicher) einheitlicher Leitung nicht realisiert zu sein[7]. Bei einem Gewinnabführungs- oder Teilgewinnabführungsvertrag liegt nicht zwingend ein Konzern vor; ein Konzernverhältnis zwischen beiden Vertragspartnern ist nur dann gegeben, wenn andere Tatbestände ein vertragliches — wie im Falle des Beherrschungsvertrags — oder ein faktisches — wie im Falle der nicht widerlegten Vermutungen der §§ 16, 17 AktG — Konzernverhältnis begründen. Nach *Havermann* sind in der Praxis Gewinnabführungsvertrag und Beherrschungsvertrag gekoppelt[8]; Gewinnabführungs- und Teilgewinnabführungsverträge sind häufig die Folge einer einheitlichen Leitung[9].

Einen besonderen Fall stellen jene Unternehmen dar, an denen zwei Unternehmen zu 50 v. H. der Anteile beteiligt sind. Die Frage, ob diese

[5] Vgl. Begründung zum Regierungsentwurf, S. 101. Die faktische Wahrnehmung von Herrschaftsmöglichkeiten unterscheidet Konzern- und Abhängigkeitsverhältnis. Für das Bestehen eines Abhängigkeitsverhältnisses genügt bereits die Möglichkeit einer Einflußnahme. Darin ist wohl der entscheidende Unterschied zu § 15 Abs. 2 AktG 1937 zu sehen. Konstituierend für einen Konzern nach § 15 Abs. 2 AktG 1937 ist das Bestehen eines Abhängigkeitsverhältnisses; entscheidend ist nach *Schlegelberger-Quassowski* nicht, daß das herrschende Unternehmen von seinem Einfluß Gebrauch macht, sondern erheblich ist nur, daß das herrschende Unternehmen jederzeit in der Lage ist, seinen beherrschenden Einfluß geltend zu machen. Vgl. *Schlegelberger-Quassowski-Herbig-Geßler-Hefermehl:* Aktiengesetz, Gesetz über Aktiengesellschaften und Kommanditgesellschaften auf Aktien vom 30. Januar 1937, Kommentar von Franz Schlegelberger, Leo Quassowski u. a., Dritte ergänzte und erweiterte Auflage, Berlin 1939, Tz. 8 zu § 15 = S. 51, Tz. 13 zu § 15 = S. 55, Tz. 22 zu § 15 = S. 59 ff.

[6] Begründung zum Regierungsentwurf, S. 101.

[7] Vgl. *Godin-Wilhelmi:* Aktiengesetz, Anm. 8 zu § 18 = S. 79; Wirtschaftsprüfer-Handbuch 1968, S. 1128.

[8] Vgl. *Hans Havermann:* Die verbundenen Unternehmen und ihre Pflichten nach dem Aktiengesetz 1965, in: Die Wirtschaftsprüfung, 19. Jg. (1966), S. 30 ff., S. 66 ff., S. 90 ff., hier S. 91.

[9] Vgl. Wirtschaftsprüfer-Handbuch 1968, S. 112.

Unternehmen Konzernunternehmen sind und bei welcher (welchen) Gesellschaft(en) sie in den Konzernabschluß einzubeziehen sind, ist strittig[10]; die Entscheidung wird wohl von dem Vorliegen weiterer Tatbestände (z. B. Absprachen über Einflußnahme u. dgl.) abhängig sein[11].

Im folgenden ist zu prüfen, welchen Einfluß die Abgrenzung des Konzerns für die Messung der Unternehmenskonzentration hat.

Da Konzernunternehmen nur jene Gesellschaften sind, die unter der einheitlichen Leitung einer anderen Gesellschaft stehen, ist nicht unbedingt gewährleistet, daß alle Unternehmen, die das Dienstleistungsangebot eines Kreditinstituts erweitern, Konzernunternehmen sind, denn aus dem Kreis der Unternehmen, über die das Kreditinstitut aufgrund von Kapitalüberlassungsverhältnissen herrschen könnte, werden nur jene Unternehmen erfaßt, die das Kreditinstitut tatsächlich unter einheitlicher Leitung zusammenfaßt. Als Beispiel sei angeführt, daß eine der größten Kapitalanlagegesellschaften in der Bundesrepublik nicht unter der einheitlichen Leitung jener Großbank steht, die sämtliche Anteile an dieser Kapitalgesellschaft hält[12]. Bei einer Auswertung der Geschäftsberichte ist aber festzustellen, daß jene Unternehmen, denen innerbetriebliche Funktionen übertragen sind oder die das Dienstleistungsangebot des beteiligten Kreditinstituts erweitern, in der Mehrzahl der Fälle unter der Leitung des beteiligten Kreditinstituts stehen und damit Konzernunternehmen sind[13].

---

[10] Vgl. hierzu die umfangreichen Literaturangaben bei *Günter Kroenlein:* Die Wertschöpfung der Aktiengesellschaft . . ., S. 137 ff.

[11] Vgl. Wirtschaftsprüfer-Handbuch 1968, S. 1129 f.

[12] Die Kapitalanlagegesellschaft Deutscher Investment-Trust Gesellschaft für Wertpapieranlagen mbH wird von der Dresdner Bank nicht in den Konzernabschluß einbezogen, da die Kapitalanlagegesellschaft nicht unter ihrer Leitung stehe. Soweit wir es aufgrund der in der Konzentrationsforschungsabteilung der Universität Tübingen zur Verfügung stehenden Geschäftsberichte von Kreditinstituten übersehen, werden ansonsten jene Kapitalanlagegesellschaften, an denen ein Kreditinstitut mit mehr als der Hälfte der Anteile beteiligt ist, in den Konzernabschluß dieses Kreditinstituts einbezogen, so z. B. Bayerische Kapitalanlagegesellschaft mbH bei Bayerische Vereinsbank, Commerzbank Fonds-Verwaltungsgesellschaft mbH (COFO) bei der Commerzbank, Deutsche Gesellschaft für Fondsverwaltung mbH bei Deutsche Bank, Frankfurt-Trust Investment-GmbH bei Berliner Handels-Gesellschaft und Nordinvest Norddeutsche Investment-Gesellschaft mbH bei Vereinsbank in Hamburg.

[13] Als Beispiel für die Widerlegung der Vermutung sei auf die Bayerische Hypotheken- und Wechsel-Bank verwiesen. Im Geschäftsbericht 1970 (S. 36) dieses Kreditinstituts ist vermerkt, „Bei den .. in unserem Mehrheitsbesitz stehenden Gesellschaften halten wir nach wie vor unseren Standpunkt aufrecht, daß ein Abhängigkeitsverhältnis im Sinne von § 17 AktG nicht gegeben ist." Im Geschäftsbericht 1970 (S. 19) der in Mehrheitsbesitz der Bayerische(n) Hypotheken- und Wechsel-Bank stehenden Württembergische(n) Hypothekenbank ist zu lesen: „Nach den vertraglichen Vereinbarungen nimmt die Mehrheitsaktionärin bei der Ausübung ihrer Verwaltungsrechte keinen aus

Sieht man hingegen in Abweichung von den Bestimmungen des Aktiengesetzes die wirtschaftliche Einheit nicht erst in der Zusammenfassung unter (tatsächlicher) einheitlicher Leitung, sondern bereits in der Möglichkeit einer Ausübung beherrschenden Einflusses auf andere Unternehmen, so ist der nach den Vorschriften des Aktiengesetzes abgegrenzte Konzern additiv um jene Unternehmen zu erweitern, an denen das Kreditinstitut zu mehr als der Hälfte der (stimmberechtigten) Anteile beteiligt ist. Gilt es z. B. den Anteil der drei, vier oder fünf größten Kreditinstitute an der gesamtwirtschaftlichen Wertschöpfung zu ermitteln, sind auch jene Kreditinstitute einzubeziehen, an denen z. B. drei dieser Kreditinstitute zu jeweils 25 v. H. der Anteile beteiligt sind.

2. Die rechnungslegungspflichtigen Konzerne

Zunächst ist festzustellen, daß sowohl nach dem Aktiengesetz als auch nach dem Publizitätsgesetz ausschließlich Unterordnungskonzerne, nicht aber Gleichordnungskonzerne Rechnung zu legen haben[14].

Unterordnungskonzerne sind nach § 329 Abs. 1 AktG rechnungslegungspflichtig, wenn die Obergesellschaft mit Sitz im Inland eine Aktiengesellschaft oder eine Kommanditgesellschaft auf Aktien ist. § 28 Abs. 1 EGAktG dehnt die Rechnungslegungspflicht aus auf Konzerne, deren Obergesellschaft mit Sitz im Inland eine Gesellschaft mit beschränkter Haftung ist, unter der Voraussetzung, daß ein nach § 329 Abs. 2 AktG in die Konzernrechnungslegung einzubeziehendes Unternehmen die Rechtsform der Aktiengesellschaft oder Kommanditgesellschaft auf Aktien hat.

Eine Pflicht zur Rechnungslegung für Teile des Konzerns besteht für die der nicht rechnungslegungspflichtigen Konzernleitung am nächsten stehende Aktiengesellschaft (Kommanditgesellschaft auf Aktien) mit Sitz im Inland, über die die Obergesellschaft den Teilkonzern leitet (§ 330 Abs. 1 und 2 AktG), bzw. die Gesellschaft mit beschränkter Haftung mit Sitz im Inland, wenn in dem von ihr geleiteten Teilkonzern sich mindestens eine Aktiengesellschaft oder Kommanditgesellschaft auf Aktien mit Sitz im Inland befindet (§ 28 Abs. 2 EGAktG)[15]. Nicht rechnungs-

---

dem Mehrheitsbesitz abzuleitenden beherrschenden Einfluß auf die Gesellschaft."

[14] Die §§ 329, 330 AktG, 28 EGAktG, 11 PublG lauten sinngemäß: Stehen in einem Konzern die Konzernunternehmen unter der einheitlichen Leitung einer Gesellschaft (Obergesellschaft bzw. nach § 11 PublG: Konzernleitung), so hat der Vorstand der Obergesellschaft ... bzw. nach § 11 PublG: so hat dieses Unternehmen (Konzernleitung) ...

[15] Die Änderung von § 330 Abs. 1 AktG durch § 22 PublG ist hierbei nicht berücksichtigt, da nach § 23 Abs. 2 PublG erstmals für das Geschäftsjahr 1971 Rechnung zu legen ist. Nach der Neufassung von § 330 Abs. 1 Satz 1 AktG

legungspflichtig sind nach diesen Vorschriften also z. B. jene Konzerne, bei denen alle Konzernunternehmen in der Rechtsform der Gesellschaft mit beschränkter Haftung geführt werden oder bei denen die Obergesellschaft eine Anstalt des öffentlichen Rechts ist, die Untergesellschaften Gesellschaften mit beschränkter Haftung sind.

Das Publizitätsgesetz dehnt die Rechnungslegungspflicht für Konzerne aus. Die Rechtsform der Konzernunternehmen ist ohne Bedeutung[16]; entscheidend für die Rechnungslegungspflicht ist das Überschreiten eines Größenmerkmals durch den Konzern. Die „kritische" Größe, deren Überschreiten die Rechnungslegungspflicht auslöst, ist nach § 11 Abs. 4 PublG für das einzelne Unternehmen (konzernfreies Unternehmen) und den Konzern gleich hoch festgelegt. Sind die Konzernunternehmen Kreditinstitute, ist für den Konzern dann Rechnung zu legen, wenn die Konzern-Bilanzsumme zuzüglich der den Kreditnehmern abgerechneten eigenen Ziehungen im Umlauf, der Indossamentsverbindlichkeiten aus weitergegebenen Wechseln und der Verbindlichkeiten aus Bürgschaften, Wechsel- und Scheckbürgschaften sowie aus Gewährleistungsverträgen für drei aufeinander folgende Abschlußstichtage dreihundert Millionen Deutsche Mark übersteigt[17]. Rechnungslegungspflichtig nach dem Publizitätsgesetz sind Konzerne nach § 23 Abs. 2 PublG erstmals „auf den Stichtag des Jahresabschlusses ..., der für das Geschäftsjahr aufgestellt wird, das nach dem 31. Dezember 1970 beginnt", während nach § 23 EGAktG Konzernabschlüsse bereits für das nach dem 31. Dezember 1966 beginnende Geschäftsjahr vorzulegen waren.

Rechnung für den gesamten Konzern — sehen wir von den Regelungen zur Abgrenzung des Konsolidierungskreises ab — ist nach dem Publizitätsgesetz zu legen von einem Unternehmen mit Sitz (Hauptniederlassung) im Inland, unter dessen einheitlicher Leitung die Konzernunternehmen stehen (§ 11 Abs. 1 PublG). Stehen in einem Konzern die Konzernunternehmen unter der einheitlichen Leitung eines Unternehmens mit Sitz (Hauptniederlassung) im Ausland und beherrscht dieses Unternehmen über ein oder mehrere Unternehmen mit Sitz (Hauptniederlassung) im Inland andere Konzernunternehmen, so haben nach § 11 Abs. 3 PublG die Konzernunternehmen mit Sitz im Inland, die der

---

ist nur dann für den Teilkonzern Rechnung zu legen, wenn die nach § 329 AktG nicht konzernrechnungslegungspflichtige Konzernleitung nicht nach den Vorschriften des Publizitätsgesetzes für den Konzern Rechnung zu legen hat.

[16] Unter Berücksichtigung der Einschränkungen des § 11 Abs. 5 PublG.

[17] „Sind die Konzernunternehmen zum Teil Kreditinstitute oder Versicherungsunternehmen", sind nach § 11 Abs. 4 PublG „die Größenmerkmale nach § 1 Abs. 3 und 4 entsprechend zu berücksichtigen", da für Kreditinstitute und Versicherungsunternehmen unterschiedlich hohe Grenzen angesetzt sind.

Konzernleitung am nächsten stehen (Teilkonzernleitung), für ihren Konzernbereich (Teilkonzern) Rechnung zu legen.

Als Ergebnis können wir festhalten, daß nach den Vorschriften des Aktiengesetzes und des Publizitätsgesetzes der größte Teil der Konzerne rechnungslegungspflichtig ist. Da die „kritische" Größe nach dem Publizitätsgesetz nicht hoch angesetzt ist, handelt es sich bei den nicht rechnungslegungspflichtigen Konzernen um relativ unbedeutende Konzerne.

3. Der gesetzliche Konsolidierungskreis

Nachdem im vorigen Abschnitt geprüft wurde, welche Konzerne und Teilkonzerne rechnungslegungspflichtig sind, ist nun zu untersuchen, welche Konzernunternehmen in den Konzernabschluß einzubeziehen sind. Die Regelung des § 329 Abs. 2 AktG — auf diese Vorschrift verweist auch § 13 Abs. 2 PublG — läßt sich am besten durch das Schema von *Busse von Colbe* auf S. 123 verdeutlichen[18].

Im Hinblick auf die Wertschöpfungsrechnung sind im wesentlichen folgende Kriterien für die Abgrenzung des Konsolidierungskreises relevant[19]:

a) Beeinträchtigung des Aussagewertes des Konzernabschlusses,

b) Bedeutung des Konzernunternehmens für die Darstellung der Vermögens- und Ertragslage des Konzerns,

c) Sitz der Gesellschaft im Inland.

Wird der Aussagewert des Konzernabschlusses beeinträchtigt, darf das Konzernunternehmen nicht in den Konzernabschluß einbezogen werden. In der Begründung zum Aktiengesetz wird darauf hingewiesen, daß „Unternehmen mit stark abweichendem Geschäftszweig ... unter Umständen" nicht in den Konzernabschluß einzubeziehen sind[20]. Diese Vorschrift ist eng auszulegen, da gerade „Finanzkonzerne, bei denen das Ziel des Zusammenschlusses die Risikostreuung der Kapitalanlage ist, ... überwiegend oder zum Teil aus branchenfremden Unternehmen bestehen"[21]. Nach *Busse von Colbe* ist durch die Einfügung von Sonder-

[18] *Walther Busse von Colbe:* Der Konzernabschluß nach neuem Aktienrecht, in: Die Aktiengesellschaft, 11. Jg. (1966), S. 269 ff., S. 308 ff., S. 350 ff., hier S. 272.

[19] Im übrigen ist zu verweisen auf die ausführliche Darstellung bei *Günter Kroenlein:* Die Wertschöpfung der Aktiengesellschaft ..., S. 131 ff.

[20] Begründung zum Regierungsentwurf, S. 242.

[21] *Günter Wöhe:* Bilanzierung und Bilanzpolitik, Betriebswirtschaftlich — handelsrechtlich — steuerrechtlich, mit einer Einführung in die verrechnungstechnischen Grundlagen, München 1971, S. 656.

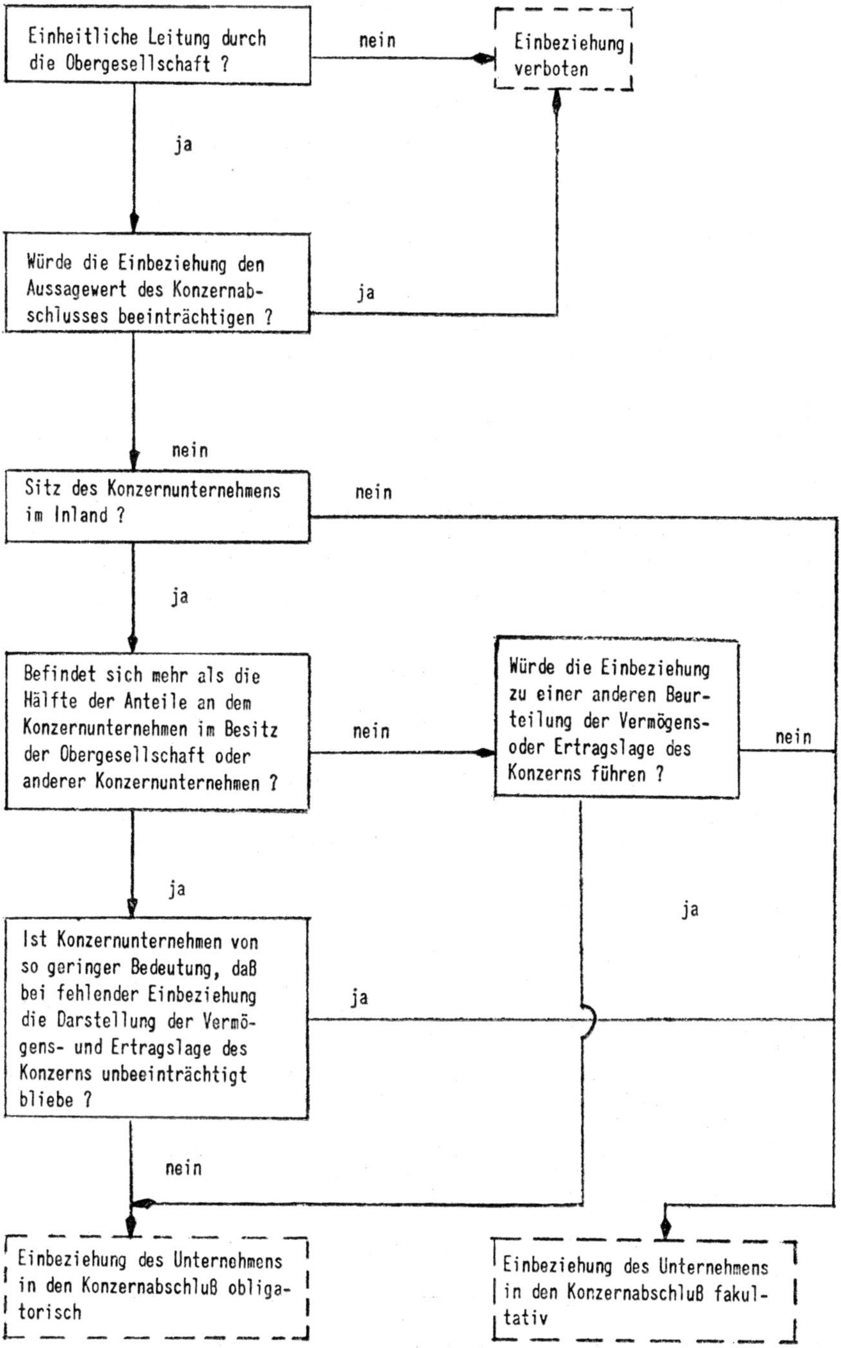
Einheitliche Leitung durch die Obergesellschaft ?
nein
Einbeziehung verboten
ja
Würde die Einbeziehung den Aussagewert des Konzernabschlusses beeinträchtigen ?
ja
nein
Sitz des Konzernunternehmens im Inland ?
nein
ja
Befindet sich mehr als die Hälfte der Anteile an dem Konzernunternehmen im Besitz der Obergesellschaft oder anderer Konzernunternehmen ?
nein
Würde die Einbeziehung zu einer anderen Beurteilung der Vermögens- oder Ertragslage des Konzerns führen ?
nein
ja
ja
Ist Konzernunternehmen von so geringer Bedeutung, daß bei fehlender Einbeziehung die Darstellung der Vermögens- und Ertragslage des Konzerns unbeeinträchtigt bliebe ?
ja
nein
Einbeziehung des Unternehmens in den Konzernabschluß obligatorisch
Einbeziehung des Unternehmens in den Konzernabschluß fakultativ

posten die nötige Klarheit im Konzernabschluß ohne Schwierigkeiten zu wahren[22].

Die Auswirkungen der Ausnahmen von der Konsolidierungspflicht wegen der geringen Bedeutung der Konzerngesellschaft dürften quantitativ gering sein, denn es ist wohl davon auszugehen, daß die nicht in die Konzernrechnungslegung einbezogenen Gesellschaften insgesamt für die Darstellung der Vermögens- und Ertragslage des Konzerns von geringer Bedeutung sein müssen[23]. Da anzunehmen ist, daß die Handhabung bei den einzelnen Konzernen nicht sehr unterschiedlich ist, wird die Vergleichbarkeit zwischen den Konzernen nur unerheblich beeinträchtigt; die Wertschöpfung der Konzerne wird allerdings in Relation zu den konzernfreien Unternehmen zu niedrig ermittelt.

Zu Punkt c) ist festzustellen, daß der Verzicht auf eine Konsolidierung der Konzernunternehmen mit Sitz im Ausland der Abgrenzung der Grundgesamtheit „im Inland entstandenes Einkommen" entspricht[24]. Soweit wir es aufgrund einer Auswertung der Geschäftsberichte von Kreditinstituten übersehen können, werden Konzernunternehmen mit Sitz im Ausland nicht in den Konzernabschluß einbezogen[25]. Eine Beeinträchtigung der Vergleichbarkeit ist daher nicht zu befürchten.

4. Der Umfang der Publizität

Rechnungslegungspflichtige Konzerne bzw. Teilkonzerne haben nach § 329 Abs. 1 bzw. § 330 Abs. 1 AktG oder § 13 Abs. 1 PublG einen Konzern- bzw. Teilkonzernabschluß (Konzern- bzw. Teilkonzernbilanz und Konzern- bzw. Teilkonzern-Gewinn- und Verlustrechnung) sowie einen Konzern- bzw. Teilkonzerngeschäftsbericht aufzustellen. Der Kon-

[22] *Walther Busse von Colbe:* Der Konzernabschluß nach neuem Aktienrecht, S. 273.
In der Konzern-Gewinn- und Verlustrechnung der Berliner Handels-Gesellschaft werden z. B. die Posten „Sachaufwand" und „sonstige Aufwendungen" gegliedert in die Gruppen „im Geschäftsbankbereich", „im Hypothekenbankbereich" und „im übrigen Geschäftsbereich"; nicht aufgegliedert werden allerdings die Erträge.
In der Konzern-Gewinn- und Verlustrechnung der Bank für Gemeinwirtschaft werden z. T. Aufwendungen und Erträge aus dem Versicherungsgeschäft gesondert ausgewiesen.

[23] Vgl. Hauptfachausschuß des Instituts der Wirtschaftsprüfer, Sonderausschuß Neues Aktienrecht: Stellungnahme NA 2/1967: Zur Rechnungslegung im Konzern, in: Die Wirtschaftsprüfung, 20. Jg. (1967), S. 488 ff., hier S. 489; Wirtschaftsprüfer-Handbuch 1968, S. 678.

[24] Vgl. *Günter Kroenlein:* Die Wertschöpfung der Aktiengesellschaft ..., S. 132.

[25] Eine Ausnahme bildet der Konzernabschluß der Deutsche(n) Bank, da über die Deutsche Überseeische Bank ausländische Niederlassungen einbezogen sind. Vgl. Geschäftsbericht 1968 der Deutsche(n) Bank, S. 59.

zernabschluß[26] ist für den Stichtag des Abschlusses der Obergesellschaft, und zwar in den ersten fünf Monaten nach diesem Stichtag, aufzustellen[27].

Der Konzernabschluß ist nach § 338 Abs. 2 AktG zusammen mit dem Jahresabschluß der Obergesellschaft in den Gesellschaftsblättern der Obergesellschaft bekanntzumachen; für die Veröffentlichung und Vervielfältigung des Jahresabschlusses und des Geschäftsberichts des Konzerns gilt § 178 Abs. 1 Nr. 1 und 2, Abs. 2 und 3 AktG sinngemäß (§ 338 Abs. 4 AktG). Üblicherweise sind der Konzernabschluß und der Konzerngeschäftsbericht Bestandteil der Jahresberichte der Kreditinstitute; die statistischen Daten für den Konzern sind deshalb auch Außenstehenden zugänglich. Nach § 15 Abs. 1 PublG sind der Konzernabschluß und Konzerngeschäftsbericht zum Handelsregister bzw. Genossenschaftsregister einzureichen. Der Konzernabschluß ist im Bundesanzeiger zu veröffentlichen (§ 15 Abs. 2 PublG); für seine Veröffentlichung gilt § 178 Abs. 1 Nr. 1 und 2, Abs. 2 AktG sinngemäß. Einen Konzerngeschäftsbericht haben auch Einzelkaufleute und Personenhandelsgesellschaften, die die Konzernleitung innehaben, aufzustellen.

Wesentlich für die Berechnung der Wertschöpfung des Konzerns ist nun, wie die Konzern-Gewinn- und Verlustrechnung gegliedert ist. Nach § 332 Abs. 3 Satz 1 AktG ist auf die Konzern-Gewinn- und Verlustrechnung, soweit ihre Eigenart keine Abweichung bedingt, u. a. § 157 Abs. 1 AktG anzuwenden. Da die in § 157 Abs. 1 AktG vorgeschriebene Gliederung nur dann anzuwenden ist, wenn der Geschäftszweig keine abweichende Gliederung bedingt, haben jene Unternehmen (Obergesellschaften), für deren Geschäftszweig besondere Formblätter erlassen wurden, die Konzern-Gewinn- und Verlustrechnung nach diesen Formblättern aufzustellen. Gleiches gilt nach § 13 Abs. 2 PublG, jedoch mit der Einschränkung, daß ein Einzelkaufmann oder eine Personenhandelsgesellschaft, die Inhaber der Konzernleitung sind, nicht eine nach dem für sie vorgeschriebenen Formblatt aufgestellte Konzern-Gewinn- und Verlustrechnung bekanntzumachen haben, sondern sich auf die in § 5 Abs. 2 Nr. 4 PublG aufgezählten Angaben als Anhang zur Konzernbilanz beschränken können. Gehören die einzelnen in den Konzernabschluß einzubeziehenden Gesellschaften Geschäftszweigen an, für die unterschiedliche Formbläter für die Gewinn- und Verlustrechnung vorgeschrieben sind, gilt § 161 Abs. 2 AktG sinngemäß; das bedeutet, daß die Gliederung der Gewinn- und Verlustrechnung der Obergesellschaft so nach den einzelnen Formblättern zu ergänzen ist, daß alle Gliede-

[26] Im folgenden stets auch „Teilkonzern-".

[27] Diese Frist gilt auch für die Aufstellung des Konzerngeschäftsberichts.

rungsvorschriften beachtet sind[28]. Als Ergebnis ist damit festzuhalten, daß der Umfang der für die Berechnung der betrieblichen Wertschöpfung zur Verfügung stehenden Daten nicht durch eine andere Gliederung der Konzern-Gewinn- und Verlustrechnung reduziert wird[29], und daß der aus dem Formblatt-Muster 1 für Kreditinstitute entwickelten Wertschöpfungsstaffel deshalb bei Konsolidierung von Unternehmen anderer Geschäftszweige nur Posten hinzuzufügen sind (für die Behandlung der aus dem aktienrechtlichen Gliederungsschema für die Gewinn- und Verlustrechnung entnommenen Posten kann auf die Untersuchung von *Kroenlein* verwiesen werden).

III. Der Jahresabschluß des Konzerns

1. Allgemeine Vorschriften zur Aufstellung des Konzernabschlusses

Für die Aufstellung des Konzernabschlusses gelten nur insofern besondere Vorschriften im Vergleich zur Aufstellung des Jahresabschlusses einer konzernfreien Unternehmung, als diese durch die der Konzernrechnungslegung zugrunde liegende Einheitstheorie bedingt sind[30]. Nach der Einheitstheorie ist der Konzern eine geschlossene wirtschaftliche Einheit; die Konzernunternehmen werden unbeschadet ihrer rechtlichen Selbständigkeit als unselbständige Betriebsabteilungen angesehen[31]. Als Folge dieser Einheitstheorie ist deshalb der rechnerische Niederschlag jener Beziehungen und Transaktionen zwischen Konzernunternehmen aus dem Konzernabschluß (als Zusammenfügung der Einzelabschlüsse) zu eliminieren, die als Beziehungen und Transaktionen zwischen unselbständigen Abteilungen einer Unternehmung nicht im Jahresabschluß dieser Unternehmung erfaßt werden. Dabei sind drei Operationen vorzunehmen: die Konsolidierung des Kapitals und der Schulden, die Ausschaltung von Zwischengewinnen sowie die Verrechnung von Aufwendungen und Erträgen. Im folgenden ist deshalb zu prüfen, wie sich diese Operationen auf die betriebliche Wertschöpfung auswirken.

Für den Ansatz der Vermögensgegenstände und Schulden in der Jahresbilanz des Konzerns (und damit für die Verrechnung von Aufwendungen und Erträgen in der Konzern-Gewinn- und Verlustrechnung) sind grundsätzlich die Ansätze in den Bilanzen der einzelnen konsolidier-

[28] Vgl. *Godin-Wilhelmi:* Aktiengesetz, Band II, Anm. 1 zu § 331 = S. 1736, Anm. 1 zu § 332 = S. 1742.

[29] Allenfalls fallen die Mängel der Formblätter, z. B. die Zusammenfassung von Kapitalgewinnen mit Erträgen aus bankfremden Umsätzen, stärker ins Gewicht.

[30] Vgl. Begründung zum Regierungsentwurf, S. 241, S. 243 ff.

[31] Vgl. Wirtschaftsprüfer-Handbuch 1968, S. 662.

ten Konzernunternehmen maßgeblich, sofern die Einheitstheorie keine Modifikationen bedingt (z. B. die Ausschaltung von Zwischengewinnen). Weiter oben haben wir festgestellt, daß für die Kreditinstitute unterschiedlicher Rechtsform nicht gleich strenge Bewertungsvorschriften gelten; von daher bestehen u. E. aber keine Bedenken gegen die Zusammenfassung der Abschlüsse von Kreditinstituten unterschiedlicher Rechtsform.

Die Kreditinstitute, die nach den Vorschriften des Publizitätsgesetzes einen Konzernabschluß aufzustellen haben, unterliegen nach § 13 PublG für die Aufstellung des Konzernabschlusses den gleichen Vorschriften wie Kreditinstitute in der Rechtsform der Aktiengesellschaft.

2. Die Kapital- und Schuldenkonsolidierung

Bei der Konsolidierung des Kapitals werden die Beteiligungen der Obergesellschaft und das Kapital der konsolidierten Untergesellschaften in der Jahresbilanz des Konzerns verrechnet. Diese Kapitalkonsolidierung kann zur Aufdeckung stiller Reserven infolge einer Unterbewertung der Beteiligungen bei der Obergesellschaft (passiver Ausgleichsposten) bzw. infolge einer Unterbewertung der Vermögensgegenstände bei der abhängigen Gesellschaft (aktiver Ausgleichsposten) führen[32]. Diesem Ausgleichsposten kommt allerdings nur ein geringer Aussagewert zu, da in ihm die stillen Reserven insgesamt und nicht zurechenbar auf einzelne Perioden ausgewiesen werden; da es sich bei den angeführten Gründen nur um eine Ursache für die Bildung von Ausgleichsposten handelt und zudem diese Ausgleichsposten saldiert werden dürfen, ist auch die Veränderung pro Rechnungsperiode nicht aussagekräftig[33].

Die nach § 331 Abs. 1 Ziff. 4 AktG vorgeschriebene Konsolidierung der Verbindlichkeiten und Forderungen zwischen Konzernunternehmen ist dann nicht erfolgswirksam, wenn der Betrag der aufzurechnenden Forderung und Verbindlichkeit gleich hoch ist. Bei Buchkrediten ist diese Übereinstimmung in Höhe des Betrags der Forderung bzw. Verbindlichkeit gegeben (sofern nicht Wertberichtigungen erforderlich sind), nicht dagegen bei Wechselforderungen oder bei mit Disagio erworbenen Obligationen von Konzernunternehmen[34]. Welche Bedeutung den letztgenannten Fällen bei Kreditinstituten zukommt, ist schlecht zu übersehen[35]; angemerkt werden kann, daß die Bildung von Sammelwert-

---

[32] Vgl. Begründung zum Regierungsentwurf, S. 243 f.

[33] Vgl. *Günter Kroenlein:* Die Wertschöpfung der Aktiengesellschaft ..., S. 121, sowie die dort zitierte Literatur; *Günter Wöhe:* Bilanzierung und Bilanzpolitik ..., S. 673 f.

[34] Vgl. Wirtschaftsprüfer-Handbuch 1968, S. 709.

[35] Die Erläuterungen in den Konzerngeschäftsberichten beschränken sich auf die Aussage, daß Verbindlichkeiten und Forderungen zwischen Konzernunter-

berichtigungen auf Forderungen gegen Kreditinstitute und auf Forderungen gegen andere Stellen, die durch ein Kreditinstitut verbürgt oder in anderer Weise gewährleistet sind, nicht vorgeschrieben ist[36]. Die Aufrechnungsdifferenzen schlagen sich erfolgswirksam in der Konzern-Gewinn- und Verlustrechnung nieder. Für die Aufrechnung ist die Grundgleichung der dynamischen Bilanztheorie

Totalerfolg = Summe der Periodenerfolge

gültig, d. h. erfolgswirksam zu verrechnen ist allein die Änderung des Unterschiedsbetrags[37].

Durch die Schuldenkonsolidierung werden damit jene Zinsen eliminiert, die in Form eines Agios bzw. Disagios gezahlt werden. Diese verdeckten Zinsen werden bei der betrieblichen Wertschöpfungsrechnung zusammen mit den offenen Zinsen in die Zinsdifferenzrechnung eingestellt; in den Volkswirtschaftlichen Gesamtrechnungen der Bundesrepublik Deutschland wird hingegen das Disagio bei langfristigen Forderungen als Vermögensübertragung behandelt. Die Eliminierung des Disagios im Konzernabschluß bewirkt somit eine Annäherung an das Zinsdifferenzkonzept der Volkswirtschaftlichen Gesamtrechnungen. Allerdings ist gleichzeitig festzustellen, daß mit der Schuldenkonsolidierung auch jene Zinsen ausgeschaltet werden, die nach den Konventionen Volkswirtschaftlicher Gesamtrechnungen in die Zinsdifferenzrechnung einzustellen sind; es handelt sich hierbei vornehmlich um die Diskonterträge aus Wechseln und Schatzwechseln (d. h. aus kurzfristigen Forderungen). Sind die konsolidierten Unternehmen Kreditinstitute, so hat die Konsolidierung der Forderungen und Verbindlichkeiten zwischen diesen Kreditinstituten keinen Einfluß auf die Höhe der Wertschöpfung in der Totalperiode, sondern nur einen Einfluß auf die Verteilung der Wertschöpfung in jenen Perioden, in denen ein Unterschiedsbetrag als Aufwand bzw. als Ertrag bei den konsolidierten Kreditinstituten verrechnet wird. Die Konzernwertschöpfung in einer Rechnungsperiode ist dann höher als die Summe der gesondert für jedes Kreditinstitut berechneten Wertschöpfungen, wenn der Unterschiedsbetrag bei dem

---

nehmen aufgerechnet wurden; über Aufrechnungsdifferenzen finden sich keine Angaben.

[36] Vgl. Bekanntmachung Nr. 1/65 des Bundesaufsichtsamts für das Kreditwesen betreffend Anordnung über die Bildung von Sammelwertberichtigungen bei Kreditinstituten.

[37] Vgl. Hauptfachausschuß des Instituts der Wirtschaftsprüfer, Sonderausschuß Neues Aktienrecht: Stellungnahme NA 3/1968: Zur Rechnungslegung im Konzern (Ergänzung), in: Die Wirtschaftsprüfung, 21. Jg. (1968), S. 133; Wirtschaftsprüfer-Handbuch 1968., S. 732; *Klaus v. Wysocki:* Konzernrechnungslegung in Deutschland, Eine Auswertung von 126 Konzernabschlüssen und Konzerngeschäftsberichten deutscher Obergesellschaften zum 31. 12. 1967, Düsseldorf 1969, S. 54 f.

darlehensnehmenden Kreditinstitut rascher als Aufwand verrechnet wird als bei dem darlehensgebenden Kreditinstitut als Ertrag; in den späteren Perioden der Laufzeit des Darlehens ist dann die Konzernwertschöpfung entsprechend niedriger als die Summe der Wertschöpfungen der einzelnen Kreditinstitute. Nicht allein die Periodenwirksamkeit, sondern die Höhe der Wertschöpfung in der Totalperiode wird dann berührt, wenn die Forderungen und Verbindlichkeiten zwischen einem Kreditinstitut und anderen Konzernunternehmen, die nicht Kreditinstitute sind, aufgerechnet werden; auf dieses Problem soll aber erst weiter unten bei der Verrechnung von Aufwendungen und Erträgen eingegangen werden[38].

3. Die Ausschaltung von Zwischengewinnen

Nach § 331 Abs. 2 AktG dürfen Vermögensgegenstände, die ganz oder teilweise Lieferungen oder Leistungen anderer in den Konzernabschluß einbezogener Unternehmen darstellen, in der Konzernbilanz höchstens zu dem Wert angesetzt werden, zu dem sie höchstens dann angesetzt werden dürften, wenn die in dem Konzernabschluß zusammengefaßten Unternehmen auch rechtlich ein einziges Unternehmen bilden würden, wenn die Vermögensgegenstände

a) ohne oder nach Bearbeitung oder Verarbeitung zur Weiterveräußerung bestimmt sind oder

b) außerhalb des üblichen Lieferungs- und Leistungsverkehrs erworben wurden.

Dies bedeutet, daß die in den Jahresabschlüssen der einzelnen Konzernunternehmen ausgewiesenen Gewinne nur insoweit als Gewinne des Konzerns anzusehen sind, als sie aus Transaktionen mit Unternehmen herrühren, die nicht zum Konzern gehören; die in Transaktionen zwischen in den Konzernabschluß einbezogenen Unternehmen erzielten Gewinne gelten vom Standpunkt der wirtschaftlichen Einheit als nicht realisiert und sind deshalb in der Konzernrechnung auszuschalten. Eine Ausnahme von dieser Pflicht, Zwischengewinne in der Konzernrechnung auszuschalten, besteht nach den aktienrechtlichen Vorschriften jedoch für jene Lieferungen und Leistungen, die (a) nicht zur Weiterveräußerung bestimmt sind (d. h. Lieferungen ins Anlagevermögen) und (b) im üblichen Lieferungs- und Leistungsverkehr erworben wurden. *Scherpf* nennt Grundstücke und Beteiligungen als Beispiele für jene Güter des Anlagevermögens, bei denen Zwischengewinne zu eliminieren sind[39]. In wel-

[38] Vgl. hierzu weiter unten S. 130 ff.

[39] *Peter Scherpf:* Die aktienrechtliche Rechnungslegung ..., Tz. 539 = S. VI 281; vgl. auch *Hein Granobs:* Zwischengewinne im aktienrechtlichen Konzernabschluß, Freiburg i. Br. 1969, S. 95.

chem Umfang in den Konzernabschlüssen der Kreditinstitute Zwischengewinne ausgeschaltet werden, ist nicht exakt anzugeben[40].

Werden die Zwischengewinne eliminiert, ist die Periodenwertschöpfung des Konzerns niedriger als die Summe der einzeln aus den Gewinn- und Verlustrechnungen der konsolidierten Konzernunternehmen berechneten Wertschöpfung. Da in den Volkswirtschaftlichen Gesamtrechnungen bei der Ermittlung des im Inland entstandenen Einkommens von den kleinsten bilanzierenden Einheiten ausgegangen wird, ist der Anteil der aus dem Konzernabschluß berechneten Wertschöpfung des Konzerns an der gesamtwirtschaftlichen Grundgesamtheit zu niedrig. Letztlich handelt es sich bei der Behandlung der Zwischengewinne im betrieblichen Rechnungswesen um ein Periodisierungsproblem[41]. Bei den Gütern des Anlagevermögens, die der Nutzung unterliegen, steht dem (um den Zwischengewinn) höheren Gewinnausweis in dem Einzelabschluß des liefernden Konzernunternehmens in der Periode der Lieferung ein (um die Abschreibungen auf den Zwischengewinn) niedrigerer Gewinnausweis im Abschluß des das Gut nutzenden Unternehmens während der Nutzungsdauer dieses Gutes gegenüber. In dem Konzernabschluß wird der (eliminierte) Konzernzwischengewinn durch die Verrechnung von Abschreibungen auf den (um den Zwischengewinn) niedrigeren Buchwert aufgedeckt[42]. Bei nicht abnutzbaren Gütern des Anlagevermögens wird der Zwischengewinn dann realisiert, wenn das Gut weiterveräußert wird.

4. Die Verrechnung von Aufwendungen und Erträgen

Nach § 332 Abs. 1 AktG sind in der Konzern-Gewinn- und Verlustrechnung bei den Umsatzerlösen die Erträge aus Lieferungen und Leistungen zwischen den in den Konzernabschluß einbezogenen Unternehmen — sofern sie nicht getrennt von den Außenumsatzerlösen ausgewiesen werden — mit den auf sie entfallenden Aufwendungen der Empfänger der Lieferungen oder Leistungen zu verrechnen oder als Bestandsänderungen oder als andere aktivierte Eigenleistungen auszuweisen; andere Erträge aus Leistungen zwischen den in den Konzernabschluß einbezogenen Unternehmen sind mit den auf sie entfallenden Aufwendungen der Empfänger der Leistungen zu verrechnen.

[40] Dem Konzerngeschäftsbericht der Dresdner Bank für das Geschäftsjahr 1968 (S. 54) ist zu entnehmen, daß die Wertansätze der Einzelbilanzen unverändert in die Konzernbilanz übernommen wurden mit Ausnahme derjenigen Gegenstände, bei denen „geringfügige" Konzernzwischengewinne abzusetzen waren.

[41] Vgl. *Erich Kosiol:* Grundfragen der Konzernbilanzierung, in: Die Betriebswirtschaft, 31. Jg. (1938), S. 153 ff., hier S. 157.

[42] Vgl. *Hein Granobs:* Zwischengewinne im aktienrechtlichen Konzernabschluß, S. 96.

Zwischen Kreditinstituten und ihren Tochtergesellschaften sind wohl vornehmlich Zinsen, Provisionen sowie Mieten, Pachten u. dgl. zu verrechnen. Durch die Verrechnung von Vorleistungen mit korrespondierenden Erträgen wird der Konzerngewinn nicht berührt; im folgenden ist aber zu prüfen, wie die Verrechnung der korrespondierenden Zinsaufwendungen und Zinserträge im Konzernabschluß sich auf die Wertschöpfung der Kreditinstitute auswirkt[43].

Unterstellen wir zunächst, daß die konsolidierten Unternehmen Kreditinstitute sind. Da die Zinsaufwendungen bei dem zahlenden, die Zinserträge bei dem empfangenden Kreditinstitut in die Zinsdifferenzrechnung eingestellt werden, ist die Summe der aus den Einzelabschlüssen der Kreditinstitute berechneten Wertschöpfungen gleich der aus dem Konzernabschluß berechneten Wertschöpfung der Kreditinstitute. Die Stornierung der Beteiligungserträge in dem Konzernabschluß entspricht unserer Handhabung, die Erträge aus Beteiligungen nicht in die Zinsdifferenzrechnung einzustellen.

Werden hingegen die Gewinn- und Verlustrechnungen eines Kreditinstituts und anderer Unternehmen, die nicht Kreditinstitute sind, zusammengefaßt, ist infolge der Verrechnung der Zinsaufwendungen und Zinserträge zwischen den einbezogenen Unternehmen die aus der konsolidierten Gewinn- und Verlustrechnung berechnete Wertschöpfung geringer als die Summe der aus den einzelnen Gewinn- und Verlustrechnungen berechneten Wertschöpfung. (Andererseits ist zu berücksichtigen, daß die aus Kapitalüberlassungsverhältnissen mit Dritten erzielten Zinserträge der Konzernunternehmen, die nicht Kreditinstitute sind, in die Zinsdifferenzrechnung eingestellt werden; um diese Beträge steigt wiederum die für den Konzern ermittelte Zinsdifferenz.) Die additiv ermittelte Wertschöpfung des Konzerns ist allerdings gegenüber der nach dem theoretischen Konzept zu berechnenden Wertschöpfung ohnehin um das bei den Nicht-Kreditinstituten als Vorleistung abzusetzende — aber praktisch nicht zu ermittelnde — unterstellte Dienstleistungsentgelt überhöht. Gegenüber der theoretisch richtig ermittelten Wertschöpfung ist die aus der Konzern-Gewinn- und Verlustrechnung berechnete Wertschöpfung zu niedrig, und zwar um die Differenz zwischen den von anderen konsolidierten Konzernunternehmen empfangenen Ertragszinsen des Kreditinstituts und dem Entgelt, das diesen Unternehmen für die Leistungen des Kreditinstituts anzulasten wäre. Diese Überlegungen sind aber nur relevant im Hinblick auf die Abgrenzung der Erhebungseinheiten in den Volkswirtschaftlichen Gesamt-

---

43 Weiterhin sind die Erträge aus Beteiligungen zu stornieren und in den Gewinnvortrag des Konzerns einzustellen. Vgl. Wirtschaftsprüfer-Handbuch 1968, S. 719, sowie die dort in Anm. 280 zitierte Literatur.

rechnungen und auf eine Abstimmung der Berechnungsverfahren für die betriebliche und gesamtwirtschaftliche Wertschöpfung. Betrachtet man den Kreis der in den Konzernabschluß einbezogenen Unternehmen, die keine Kreditinstitute sind, so ist festzustellen, daß sich unter den konsolidierten Unternehmen vornehmlich Vermögens- bzw. Grundstücksgesellschaften befinden, nicht aber größere Industrie- und Handelsunternehmungen, und somit diese Abgrenzungsfragen mehr theoretischer Natur als von gewichtiger quantitativer Bedeutung für das Rechenergebnis sind.

Zusammenfassung

Ziel dieser Arbeit ist die Entwicklung eines Schemas zur Berechnung der betrieblichen Wertschöpfung (Wertschöpfungsstaffel) der Kreditinstitute aus den publizierten Gewinn- und Verlustrechnungen. Damit wird die Untersuchung von *Kroenlein,* in der diese Wertschöpfungsstaffeln für die nach dem aktienrechtlichen Gliederungsschema bilanzierenden Unternehmungen aufgestellt wurden, für einen wichtigen Teilbereich jener Unternehmungen, für die andere Formblätter für die Gewinn- und Verlustrechnung gelten, fortgeführt. Dabei wurden die von *Pohmer* und *Kroenlein* entwickelten Grundprinzipien für betriebliche Wertschöpfungsrechnungen übernommen.

Wie bereits mehrfach in der Literatur ausgeführt wurde, ist die Wertschöpfung ein geeigneter Maßstab zur Messung der Unternehmungsgröße, und zwar insbesondere dann, wenn infolge der unterschiedlichen Leistungen einer Unternehmung bzw. von Unternehmungen die Bezugnahme auf die einzelnen Märkte, auf denen diese Leistungen abgesetzt werden, problematisch ist. Uns interessiert hier die Messung der Unternehmungsgröße zum Zweck der Konzentrationsmessung, und zwar nicht die Messung der Konzentration auf einzelnen Märkten, sondern die Messung der Unternehmungskonzentration in einer Volkswirtschaft. Untersuchungseinheiten bei der Messung der Unternehmungskonzentration sind dabei Konzerne und konzernfreie Unternehmungen.

Bei der Aufstellung des Konzepts für die Berechnung der betrieblichen Wertschöpfung zeigt sich, daß die „Grundgleichung" der Wertschöpfungsrechnung

Wertschöpfung = Umsatz — (periodisierte) Vorleistungen

bei Kreditinstituten nicht unmittelbar angewendet werden kann, da nicht offenkundig ist, was bei Kreditinstituten unter Umsatz (d. h. als Entgelt für die abgesetzten Ergebnisse des Produktionsprozesses) zu verstehen ist. Die Kreditinstitute fordern von den Abnehmern ihrer (in der Regel verbundenen) Leistungen nur in geringem Maße spezielle Entgelte, die nicht den Charakter von Zinsen haben, sondern decken die mit der Produktion der Leistungen verbundenen Aufwendungen für Vorleistungen und für Arbeitsleistungen überwiegend global aus der Differenz zwischen den Erträgen aus Vermögensanlagen (Zinsen, Dividenden) und den Aufwandszinsen für Einlagen und Darlehen und erwirtschaften darüber hinaus einen Gewinn. Nach den Konventionen der Wertschöpfungsrechnung werden aber die Zinsen und Dividenden grundsätzlich als Ströme im Bereich der Einkommensverteilung angesehen, durch die also nicht die Höhe des in Produktionsbetrieben erwirtschafteten Einkommens (Wertschöpfung), sondern der Fluß (Verteilung) des in Produktionsbetrieben erwirtschafteten Einkommens an Betriebe (Unternehmungen, private und öffentliche Haushalte) bestimmt wird. Eliminierte man infolgedessen die Zinserträge und Dividendenerträge der Kreditinstitute aus deren Gewinn- und Verlustrechnung bei der Berechnung der Wertschöpfung, so würde sich das Ergebnis einstellen, daß die Kreditinstitute einen negativen Beitrag zur Einkommenserzeugung in einer Volkswirtschaft leisten. Dieses Ergebnis wird aber der Erfahrung nicht gerecht; es beruht ausschließlich auf den Eigentümlichkeiten der Erlöserzielung und -berechnung bei den Kreditinstituten sowie der Anwendung der oben beschriebenen Konvention. Es ist deshalb erforderlich, die Konvention über die Behandlung der Zinsen und Dividenden zu modifizieren, und es liegt nahe, in der Differenz zwischen den Vermögenserträgen und den Aufwandszinsen ein (globales) Entgelt für Leistungen des Kreditinstitutes zu sehen. Dieses Vorgehen hat zur Folge, daß bei den Käufern der Leistungen in Höhe dieses unterstellten Dienstleistungsentgelts („Bankgebühr") Käufe zu verrechnen sind, die — soweit sie Unternehmungen zuzurechnen sind — als Vorleistungen deren Wertschöpfung schmälern. In der betrieblichen Wertschöpfungsrechnung kann indessen das für ein Kreditinstitut global ermittelte unterstellte Dienstleistungsentgelt nicht den einzelnen Kreditnehmern, Einlegern u. dgl. zugerechnet werden; die Vorleistungen bei den kreditnehmenden Unternehmungen sind deshalb zu niedrig ausgewiesen. Die Summe der für alle Unternehmungen in einer Volkswirtschaft berechneten Wertschöpfungen ist infolgedessen zu hoch, und zwar um den nicht als Vorleistung verrechneten Teil des unterstellten Dienstleistungsentgelts der Kreditinstitute.

Nicht in die Zinsdifferenzrechnung zur Ermittlung des unterstellten Dienstleistungsentgelts stellen wir die Erträge eines Kreditinstituts aus Beteiligungen ein. Begründet wird diese Handhabung damit, daß jene Unternehmungen, an denen Kreditinstitute Beteiligungen halten, in der Regel für das beteiligte Kreditinstitut spezielle Leistungen (Wiedereinsatzleistungen und Absatzleistungen) erbringen, die im und vom Kreditinstitut selbst erbracht werden könnten, und somit die Vergleichbarkeit zwischen Kreditinstituten, die konzernfreie Unternehmungen und Konzerne sind, infolge einer Nichteinbeziehung besser gewahrt bleibt.

Diese Konzeption zur Ermittlung eines Teils der Leistungsentgelte des Kreditinstituts ist aber nur dann vertretbar, wenn den Krediten und Mitgliedschaftsrechten (Aktien u. dgl.) bilanziell gesehen Fremdkapital gegenübersteht. Es kann aber festgestellt werden, daß das Eigenkapital der Kreditinstitute seinem Umfang nach keine wesentliche Grundlage des Kreditgeschäfts bilden kann und daß ihm Anlagevermögen (sowie Ausgleichsforderungen u. a.) in etwa gleichem Betrag gegenüberstehen, so daß die Annahme plausibel ist (wenngleich jede Zurechnung willkürlich ist).

Als Grundgesamtheit für die Berechnung von concentration ratios dient das gesamte im Inland entstandene Einkommen. Die Berechnungsmethoden für die gesamtwirtschaftliche Wertschöpfung und die betriebliche Wertschöpfung unterscheiden sich grundsätzlich dadurch, daß bei der gesamtwirtschaftlichen Wertschöpfungsrechnung die sog. Kapitalgewinne und Kapitalverluste nicht als Einkommen aus der Produktion (Wertschöpfung), sondern als Vermögenswertänderungen behandelt werden, und daß in den Volkswirtschaftlichen Gesamtrechnungen die Abschreibungen nach Wiederbeschaffungspreisen bemessen werden. Während für eine Modifizierung der gesamtwirtschaftlichen Grundgesamtheit keine statistischen Daten über die Höhe des Saldos von Kapitalgewinnen und Kapitalverlusten vorliegen — gleiches gilt für die Konzern-Zwischengewinne —, können die in Volkswirtschaftlichen Gesamtrechnungen ausgewiesenen Abschreibungen zu Wiederbeschaffungspreisen durch Abschreibungen zu Anschaffungspreisen ersetzt werden; dabei handelte es sich allerdings nur um eine partielle Angleichung an die Abschreibungen im betrieblichen Rechnungswesen. Im Hinblick auf die Berechnung der Wertschöpfung der Kreditinstitute bestehen zwischen der hier vorgelegten Wertschöpfungsstaffel und der Zinsdifferenzrechnung in den Volkswirtschaftlichen Gesamtrechnungen insoweit größere Unterschiede, als wir nicht die Gesamtheit der Vermögenserträge, sondern nur Ertragszinsen und Erträge aus Mitgliedschaftsrechten ohne Beteiligungen u. ä. bei der Zinsdifferenzrechnung berücksichtigen. Bei den restlichen Abweichungen unseres Schemas von den gesamtwirtschaftlichen Rechnungen — Behandlung der Gewerbesteuer und Grundsteuer als „direkte“ Steuern sowie der Beiträge zur gesetzlichen Unfallversicherung und der Gebühren für Leistungen des Staates als Vorleistungen (statt als „indirekte“ Steuern) — ist eine Modifizierung der gesamtwirtschaftlichen Grundgesamtheit aufgrund des vorhandenen statistischen Materials möglich; die angesprochen Beträge sind jedoch insgesamt von untergeordneter Bedeutung.

Die statistischen Daten für die Berechnung der betrieblichen Wertschöpfung sind der Gewinn- und Verlustrechnung der Kreditinstitute, daneben aber auch den Geschäftsberichten zu entnehmen. Die Durchsicht der gesetzlichen Bestimmungen über die Bekanntmachung des

Jahresabschlusses ergab, daß — von kleineren Genossenschaften abgesehen — grundsätzlich nur die Privatbanken nicht zur Publikation der Gewinn- und Verlustrechnung verpflichtet sind. Ob Kreditinstitute in der Rechtsform der Gesellschaft mit beschränkter Haftung neben der Jahresbilanz auch die Gewinn- und Verlustrechnung bekanntzumachen haben, ist strittig; wird nur die Jahresbilanz publiziert, können diese Kreditinstitute nicht in Konzentrationsanalysen einbezogen werden. Diese Lücke wird z. T. durch das Gesetz über die Rechnungslegung von bestimmten Unternehmen und Konzernen (Publizitätsgesetz) geschlossen, da jene Kreditinstitute, deren modifizierte Bilanzsumme eine bestimmte — relativ niedrig angesetzte — Höhe überschreitet, (neben der Jahresbilanz) die Gewinn- und Verlustrechnung und einen Geschäftsbericht veröffentlichen. Die Einzelkaufleute und die Personenhandelsgesellschaften unterliegen jedoch nicht diesen Publizitätsvorschriften, sondern können sich auf die Veröffentlichung der Jahresbilanz nebst einigen zusätzlichen Daten, die für eine Berechnung der Wertschöpfung nicht ausreichend sind, beschränken. Neben den rechtlich selbständigen Unternehmungen sind auch Konzerne rechnungslegungspflichtig. Über die Rechnungslegung des Konzerns werden auch Daten für jene Untergesellschaften greifbar, die selbst infolge ihrer Rechtsform und zu geringen Größe nicht publizitätspflichtig sind; zu denken ist insbesondere an die Kapitalanlagegesellschaften. Für die unter das Publizitätsgesetz fallenden Konzerne unter der Leitung eines Einzelkaufmanns oder einer Personenhandelsgesellschaft gelten hinsichtlich der Publizität die gleichen Einschränkungen wie für die Einzelunternehmung.

Für die Gewinn- und Verlustrechnung der Kreditinstitute sind besondere Formblätter vorgeschrieben. Zu beachten ist, daß einzelne Gruppen von Kreditinstituten seit unterschiedlichen Stichtagen nach diesen Formblättern Rechnung legen. Die mit der Verordnung über Formblätter für die Gliederung des Jahresabschlusses von Kreditinstituten vom 20. Dezember 1967 eingeführten Formblätter sowie das Formblatt für die Sparkassen sind erstmals auf das nach dem 31. Dezember 1967 beginnende Geschäftsjahr anzuwenden, die Formblätter für Hypothekenbanken und Schiffspfandbriefbanken sowie für öffentlich-rechtliche Kreditanstalten sind erstmals für das nach dem 31. Dezember 1968 beginnende Geschäftsjahr anzuwenden; die Bausparkassen bilanzieren dagegen seit dem Geschäftsjahr 1955 nach dem jetzt noch gültigen Formblatt für die Gewinn- und Verlustrechnung. Gewichtigere Abweichungen bestehen ausschließlich zwischen dem Formblatt für die Bausparkassen und den Formblättern für die Kreditinstitute im Sinne der §§ 1, 2 KWG, da deren Formblätter nach der Aktienrechtsform im Jahre 1965 vereinheitlicht wurden und infolgedessen — von durch Besonderheiten des Geschäfts bedingten Änderungen abgesehen — sich die Abweichungen in engen Grenzen halten. Für die Geschäftsjahre vor 1968 liegen für die wichtige Gruppe der sog. Aktienbanken nur sehr lückenhafte Daten vor, da diese Kreditinstitute die Gewinn- und Verlustrechnung frei aufstellen konnten und deshalb in der Gewinn- und Verlustrechnung nur jene Erträge auswiesen, die nicht außerhalb der Rechnung mit Aufwendungen verrechnet wurden.

In der Gliederung der Gewinn- und Verlustrechnung sind mehrere Gesichtspunkte berücksichtigt. Zum einen wird durch die Gliederung der Ertragsposten offenkundig, aus welchen Transaktionen eine Unternehmung Erträge erzielt. Diesen nach Quellen gegliederten Erträgen stehen — nach der Art des Aufwands gegliedert — die Aufwendungen gegenüber. Diese Gliederung läßt im Prinzip eine Berechnung der Wertschöpfung zu. Die Funktion der Gewinn- und Verlustrechnung ist allerdings darin zu sehen, den in einer Periode erwirtschafteten Gewinn auszuweisen, und nicht die Entstehung des gesamten erwirtschafteten Einkommens (und seine Verteilung). Die Gliederung folgt damit primär anderen Gesichtspunkten. Dies zeigt sich bei dem Ausweis der Aufwendungen darin, daß Teile des in der Unternehmung erwirtschafteten Einkommens (z. B. freiwillige soziale Aufwendungen und Spenden), die in einer Einkommensverteilungsrechnung auszuweisen sind, zusammen mit Aufwendungen (z. B. Gebäudeaufwand), die als Vorleistungen anderer Unternehmungen in der Einkommensentstehungsrechnung auszuweisen sind, in der Gewinn- und Verlustrechnung in einem Aufwandsposten erfaßt werden. Eine korrekte Ermittlung der betrieblichen Wertschöpfung erforderte die Aufgliederung dieser Sammelposten in Vorleistungen und verteiltes Einkommen. Anhaltspunkte, zum Teil auch genauere Angaben sind den Geschäftsberichten einzelner Kreditinstitute zu entnehmen; da dies aber nicht die Regel ist, und bei der Berechnung der Wertschöpfung die betreffenden Posten bei allen Kreditinstituten gleich behandelt werden sollten, ist u. E. auf die in Einzelfällen mögliche Aufspaltung zu verzichten. Vielmehr sollen die Posten mit Mischcharakter so bei der Berechnung der betrieblichen Wertschöpfung behandelt werden, daß die Wertschöpfung des Kreditinstituts nicht zu hoch ermittelt wird. Dies hat zur Folge, daß Aufwandsposten mit Mischcharakter bei der Berechnung der Wertschöpfung als Vorleistungen in die Wertschöpfungsstaffel eingestellt werden, Ertragsposten mit Mischcharakter hingegen nicht unter den wertschöpfungsrelevanten Erträgen berücksichtigt werden. Die absolute Größe des Kreditinstituts und damit die relative Konzentration — ermittelt über die Berechnung von Anteilswerten am im Inland entstandenen Einkommen — wird zu niedrig ausgewiesen. Im allgemeinen handelt es sich aber bei diesen nicht in jedem Einzelfalle erfaßbaren Aufwendungen, die im Sinne der Wertschöpfungsrechnung verteilte Einkommen sind, um geringere Beträge (verglichen mit der Zinsdifferenz), so daß diese Abweichung vom theoretischen Konzept nicht stark ins Gewicht fällt. Festzuhalten ist aber, daß infolge der Zulässigkeit der Kompensation sog. (realisierter und unrealisierter) Kapitalgewinne mit sog. (realisierten und unrealisierten) Kapitalverlusten nur eine „Rumpf-Bruttowertschöpfung" ermittelt werden kann; die Höhe der Nettowertschöpfung bleibt durch diese Kompensation unberührt.

Bei der Durchsicht der Bewertungsbestimmungen ergibt sich, daß die Kreditinstitute in zwei Gruppen einzuteilen sind, und zwar in Kreditinstitute, für die die aktienrechtlichen Bewertungsvorschriften von 1965 gelten, und in Kreditinstitute, für die nur die allgemeinen Vorschriften des Handelsrechts gelten. Unterschiede sind vornehmlich bei den Vorschriften für die Bewertung des Anlagevermögens und des Umlaufvermögens festzustellen. So sind bei den nach Aktienrecht bilanzierenden Kreditinstituten die Anschaffungsausgaben für Gegenstände des Anlagevermögens planmäßig auf die voraussichtlichen Jahre der Nutzung des Gegenstandes als Aufwand zu verteilen, bei den anderen Kreditinstituten hingegen nicht. Dieser Unterschied ist aber deshalb nicht allzu gewichtig, weil zum einen in erheblichem Maße steuerlich bedingte außerplanmäßige Abschreibungen vorgenommen werden, so daß die Übung, stille Reserven im Anlagevermögen zu placieren, auch nach Inkrafttreten des Aktiengesetzes 1965 fortgesetzt werden kann, zum anderen aber den Abschreibungen auf Sachanlagen bei Kreditinstituten im allgemeinen — insbesondere im Vergleich zu den Industrieunternehmungen — nur eine geringere quantitative Bedeutung zukommt. Die Vorschrift des § 155 AktG über die Bewertung des Umlaufvermögens, in der das „exakte Niederstwertprinzip" verankert ist, wurde für die nach Aktienrecht bilanzierenden Kreditinstitute hinsichtlich der Bewertung der Forderungen und Wertpapiere durch § 26 a KWG eingeschränkt. Es kann wohl angenommen werden, daß die damit auch den nach Aktienrecht bilanzierenden Kreditinstituten eröffnete Möglichkeit zur Bildung stiller Reserven wahrgenommen wird und deshalb weniger Verzerrungen zu den anderen Kreditinstituten zu befürchten sind als vielmehr zu den unter die Vorschrift des § 155 AktG fallenden Industrieunternehmen, wobei jedoch andererseits festzuhalten ist, daß diesen z. B. über eine Bewertung der Bestände an Halb- und Fertigfabrikaten die Legung stiller Reserven möglich ist. Der Bildung stiller Reserven — und damit der Minderung der aus der Gewinn- und Verlustrechnung ermittelten Wertschöpfung — sind bei den Kreditinstituten jedoch zumindest insoweit Grenzen gesetzt, als zum einen ein angemessener Gewinn auszuweisen ist, zum anderen durch die Grundsätze über das Eigenkapital und die Liquidität der Kreditinstitute auch eine Dotierung der offenen Rücklagen erforderlich ist.

Zusammenfassend ist deshalb festzustellen, daß sich aus der Gewinn- und Verlustrechnung der Kreditinstitute die dem theoretischen Konzept entsprechende Wertschöpfung nur mit gewissen Modifikationen berechnen läßt. Trotz dieser Schwächen im Einzelfall ist jedoch nicht zu übersehen, daß die Wertschöpfung als einziger Maßstab für die Unternehmungsgröße bei allen produzierenden Wirtschaftseinheiten sinnvoll angewendet werden kann.

Literaturverzeichnis

Adler/Düring/Schmaltz: Rechnungslegung und Prüfung der Aktiengesellschaft, Handkommentar für die Bilanzierungs- und Prüfungspraxis nach dem Aktiengesetz unter Berücksichtigung der sonstigen handelsrechtlichen Vorschriften von Hans Adler, Walther Düring, Kurt Schmaltz, Dritte, neubearbeitete Auflage, Stuttgart 1957.

— Rechnungslegung und Prüfung der Aktiengesellschaft, Handkommentar, Vierte Auflage, völlig neu bearbeitet von Kurt Schmaltz, Karl-Heinz Forster u. a., Band 1: Rechnungslegung, Stuttgart 1968.

Arndt, Helmut, und *Ollenburg,* Günter: Begriff und Arten der Konzentration, in: Die Konzentration in der Wirtschaft, Erster Band: Stand der Konzentration, herausgegeben von Helmut Arndt, Schriften des Vereins für Socialpolitik, N.F., Bd. 20/I, Berlin 1960, S. 3 ff.

— Begriff und Arten der Konzentration, in: Die Konzentration in der Wirtschaft, On Economic Concentration, Zweite, völlig neu bearbeitete Auflage, herausgegeben von Helmut Arndt unter redaktioneller Mitarbeit von Hans-Jürgen Scheler, Schriften des Vereins für Socialpolitik, N.F., Bd. 20/I, Berlin 1971, S. 3 ff.

Bankenfachausschuß des Instituts der Wirtschaftsprüfer: Stellungnahme BFA 1/1969: Fragen zu den Bilanzierungsrichtlinien und den Richtlinien für den Inhalt der Prüfungsberichte zu den Jahresabschlüssen der Kreditinstitute, in: Die Wirtschaftsprüfung, 22. Jg. (1969), S. 206 ff.

Banse, Karl: Abschreibung, in: Handwörterbuch des Rechnungswesens, herausgegeben von Erich Kosiol unter Mitarbeit von zahlreichen Fachgelehrten aus Wissenschaft und Praxis, Stuttgart 1970, Sp. 26 ff.

Barlet-Karding-Fleischmann: Hypothekenbankgesetz, Kommentar von Kurt Barlet, Ernst Karding, 2. Auflage, neu bearbeitet und ergänzt von Rudolf Fleischmann, München und Berlin 1964.

Bartels, Hildegard: Das Kontensystem für die Volkswirtschaftlichen Gesamtrechnungen der Bundesrepublik Deutschland, Erster Teil: Das angestrebte Kontensystem, in: Wirtschaft und Statistik, N.F., 12. Jg. (1969), S. 317 ff.

Bartels, Hildegard, *Raabe,* Karl-Heinz, *Schörry,* Otto, und Mitarbeiter: Die Neuberechnung des Sozialprodukts für die Bundesrepublik Deutschland, Ergebnisse für die Jahre 1950 bis 1954, in: Wirtschaft und Statistik, N.F., 9. Jg. (1957), S. 123 ff.

— Das Kontensystem für die Volkswirtschaftlichen Gesamtrechnungen der Bundesrepublik Deutschland, Zweiter Teil: Das ausgefüllte vereinfachte Kontensystem, Erste Ergebnisse der Volkswirtschaftlichen Gesamtrechnungen von 1950 bis 1959, in: Wirtschaft und Statistik, N.F., 12. Jg. (1960), S. 571 ff.

Baßeler, Ulrich: Finanzierungsrechnung und Volkswirtschaftliche Gesamtrechnung, Kieler Studien Bd. 119, Tübingen 1971.

Baumbach-Hueck: GmbH-Gesetz, Kommentar, begründet von Adolf Baumbach, fortgeführt von Alfred Hueck, 12. neubearbeitete Auflage, München und Berlin 1966.

— Aktiengesetz, Kommentar, begründet von Adolf Baumbach, fortgeführt von Alfred Hueck und Götz Hueck unter Mitwirkung von Joachim Schulze, 13., völlig neu bearbeitete Auflage, München 1968.

Baur, Jürgen: Investmentgesetze, Kommentar zum Gesetz über Kapitalanlagegesellschaften (KAGG) und zum Gesetz über den Vertrieb ausländischer Investmentanteile (AuslInvestmG), Berlin 1970.

Bea, Franz Xaver: Kritische Untersuchungen über den Geltungsbereich des Prinzips der Gewinnmaximierung, Berlin 1968.

Birck, Heinrich: Die Bankbilanz, Aufstellung, Bewertung und Gliederung der Jahresabschlüsse der Kreditinstitute nach Handels- und Steuerrecht, Ein Handbuch für Banken und Sparkassen, Zweite, grundlegend erweiterte Auflage, Wiesbaden 1961.

— Stille Reserven im Jahresabschluß der Kreditinstitute, in: Die Wirtschaftsprüfung, 17. Jg. (1964), S. 415 ff.

— Maßnahmen zur Regulierung des Erfolgsausweises bei Kreditinstituten, in: Zeitschrift für das gesamte Kreditwesen, 22. Jg. (1969), S. 349 ff.

— Maßnahmen der Bilanzstrukturpolitik bei Kreditinstituten, in: Die Wirtschaftsprüfung, 22. Jg. (1969), S. 440 ff.

Bombach, Gottfried: Staatshaushalt und Volkswirtschaftliche Gesamtrechnung, in: Finanzarchiv, N.F., Bd. 17 (1956/57), S. 344 ff.

Brand, Jürgen: Die neue Sammelwertberichtigungs-Anordnung für Kreditinstitute, in: Die Wirtschaftsprüfung, 19. Jg. (1966), S. 175 f.

Budde, Wolfgang Dieter: Die stille Bildung und Auflösung von zulässigen Bewertungsreserven in den Jahresabschlüssen der Aktienbanken, in: Die Wirtschaftsprüfung, 20. Jg. (1967), S. 473 ff.

Bundesaufsichtsamt für das Kreditwesen: Bekanntmachung Nr. 1/65 betreffend Anordnung über die Bildung von Sammelwertberichtigungen bei Kreditinstituten vom 14. Juli 1965, Bundesanzeiger, 17. Jg. (1965), Nr. 244 vom 29. Dezember.

— Bekanntmachung Nr. 1/68 betreffend Richtlinien für die Aufstellung des Jahresabschlusses der Kreditinstitute und das Muster für die Anlage zur Jahresbilanz der Kreditinstitute in der Rechtsform der eingetragenen Genossenschaft, ausgenommen Zentralkassen vom 22. Juli 1968, Beilage zum Bundesanzeiger, 20. Jg. (1968), Nr. 161 vom 29. August.

— Bekanntmachung Nr. 2/69 betreffend Richtlinien für die Aufstellung der Jahresbilanz sowie der Gewinn- und Verlustrechnung der Hypothekenbanken und der Schiffspfandbriefbanken vom 28. Februar 1969, Bundesanzeiger, 21. Jg. (1969), Nr. 51 vom 14. März.

Bundesaufsichtsamt für das Versicherungs- und Bausparwesen: Vorschriften für die Rechnungslegung der Bausparkassen, Veröffentlichungen des Bundesaufsichtsamtes für das Versicherungs- und Bausparwesen, Sonderheft 2 (Dezember 1954). (Die neueste Fassung der Vorschriften ist abgedruckt in: Wirtschaftsprüfer-Handbuch 1968, S. 365 ff.)

— Gestaltung des Jahresabschlusses und des Geschäftsberichts der Versicherungsunternehmen und Bausparkassen bis zum Inkrafttreten neuer Vorschriften für die Rechnungslegung, in: Veröffentlichungen des Bundesaufsichtsamtes für das Versicherungs- und Bausparwesen, 16. Jg. (1967), S. 254.

Bundestagsdrucksachen:

— Entwürfe a) eines Aktiengesetzes, b) eines Einführungsgesetzes zum Aktiengesetz, Deutscher Bundestag, 4. Wahlperiode, Drucksache IV/171 vom 3. Februar 1962 (zitiert als: Begründung zum Regierungsentwurf).

— Bericht über das Ergebnis einer Untersuchung der Konzentration in der Wirtschaft, vom 29. Februar 1964, Bundestags-Drucksache IV/2320 und zu Drucksache IV/2320.

— Schriftlicher Bericht des Rechtsausschusses (12. Ausschuß) über die von der Bundesregierung eingebrachten Entwürfe a) eines Aktiengesetzes, b) eines Einführungsgesetzes zum Aktiengesetz — Drucksache IV/171 —, über den von der Fraktion der SPD eingebrachten Entwurf eines Gesetzes zur Verbesserung der Publizität von Aktiengesellschaften, Gesellschaften mit beschränkter Haftung und Konzernen — Drucksache IV/203 —, über den von der Fraktion der SPD eingebrachten Entwurf eines Gesetzes zum Schutz von Minderheiten in Kapitalgesellschaften — Drucksache IV/204 —, Bericht des Abgeordneten Dr. Wilhelmi, Deutscher Bundestag, 4. Wahlperiode, zu Drucksache IV/3296 (zitiert als „Wilhelmi-Bericht").

Busse von Colbe, Walther: Der Jahresabschluß des Konzerns, in: Die Aktiengesellschaft 1960, S. 145 ff. und S. 181 ff.

— Der Konzernabschluß nach neuem Aktienrecht, in: Die Aktiengesellschaft 1966, S. 269 ff., S. 308 ff. und S. 350 ff.

Busse von Colbe, Walther, in Zusammenarbeit mit *Ordelheide,* Dieter: Konzernabschlüsse, Rechnungslegung für Konzerne nach betriebswirtschaftlichen und aktienrechtlichen Grundsätzen, Wiesbaden 1969.

Chmielewicz, Klaus: Wirtschaftsgut, in: Handwörterbuch des Rechnungswesens, herausgegeben von Erich Kosiol unter Mitarbeit von zahlreichen Fachgelehrten aus Wissenschaft und Praxis, Stuttgart 1970, Sp. 1943 ff.

Consbruch-Möller: KWG-Kommentar, Kreditwesengesetz mit Zinsverordnung und den wichtigsten anderen Ausführungsvorschriften, erläutert von Johannes Consbruch und Annemarie Möller, München und Berlin 1965.

Deutsche Bundesbank (Hrsg.): Die Geschäftsentwicklung der Bankengruppen 1960 - 1970, in: Monatsberichte der Deutschen Bundesbank, 23. Jg., Nr. 4 (April 1971), S. 30 ff.

Dorow, Frank: Zur Behandlung der unterstellten Bankgebühr in den Volkswirtschaftlichen Gesamtrechnungen, in: Wirtschaft und Statistik, N.F., 24. Jg. (1972), S. 377 ff.

Engel, Wilhelm: Zur Gestaltung eines Formblattes für die Gewinn- und Verlustrechnung der Geschäftsbanken, in: Die Wirtschaftsprüfung, 20. Jg. (1967), S. 471 ff.

Forster, Karl-Heinz: Die neue Gewinn- und Verlustrechnung der Aktiengesellschaft, in: Die Wirtschaftsprüfung 13. Jg. (1960), S. 145 ff.

— Neue Pflichten des Abschlußprüfers nach dem Aktiengesetz von 1965, in: Die Wirtschaftsprüfung, 18. Jg. (1965), S. 585 ff.

— Bewertungsstetigkeit und Rechnungslegung nach dem AktG 1965, in: Die Wirtschaftsprüfung, 19. Jg. (1966), S. 555 ff.

Godin/Wilhelmi: Aktiengesetz vom 6. September 1965, Kommentar, 3. Auflage bearbeitet von Hans Wilhelmi und Sylvester Wilhelmi, Band I §§ 1 - 178,

Berlin 1967, Band II §§ 179 - 410, Einführungsgesetz, Sachverzeichnis, Berlin 1967.

Granobs, Hein: Zwischengewinne im aktienrechtlichen Konzernabschluß, Freiburg i. Br. 1969.

Greiffenhagen, Hermann: Zur Bedeutung aktienrechtlicher Rechnungslegungsvorschriften als Grundsätze ordnungsmäßiger Buchführung für Unternehmungen außerhalb der Aktiengesellschaft, in: Die Wirtschaftsprüfung, 19. Jg. (1966), S. 141 ff.

Gummlich, Paul: Zur Gestaltung eines Formblattes für die Gewinn- und Verlustrechnung der Geschäftsbanken, in: Die Wirtschaftsprüfung, 20. Jg. (1967), S. 281 ff.

Hamer, Günter: Die Behandlung der Umsatz-(Mehrwert-)steuer in den Volks-Mehrwertsteuer im Jahresabschluß, in: Die Wirtschaftsprüfung, 22. Jg. 20. Jg. (1968), S. 439 ff.

— Revision der Volkswirtschaftlichen Gesamtrechnungen, in: Wirtschaft und Statistik, N.F., 22. Jg. (1970), S. 57 ff.

— Revidierte Konten der Volkswirtschaftlichen Gesamtrechnungen, in: Wirtschaft und Statistik, N.F., 22. Jg. (1970), S. 281 ff.

Hammer/Montag: Bilanzen der Kreditinstitute mit amtlichen Richtlinien 1968 sowie einer Einleitung und Erläuterung zu den Bilanzierungsvorschriften der Aktienbanken (AG, KGaA, GmbH), Genossenschaftsbanken, Privatbanken (Einzelfirma, OHG, KG), Zentralkassen, Sparkassen, herausgegeben von Klaus Hammer unter Mitarbeit von Wolfgang Montag, Frankfurt 1968.

Hammerschmidt, Rolf: Wie sollen die Jahresabschlüsse der Aktienbanken in Zukunft aussehen?, in: Bank-Betrieb, 6. Jg. (1966), S. 318 ff.

Harmening, Rudolf: Währungsgesetze, Vorschriften zur Neuordnung des Geldwesens in der Bundesrepublik und in Berlin (West), Textsammlung, München und Berlin 1955.

Hauptfachausschuß des IdW: Stellungnahme HFA 3/1968: Die Behandlung der Mehrwertsteuer im Jahresabschluß, in: Die Wirtschaftsprüfung 22. Jg. (1969), S. 15 ff.

Hauptfachausschuß des IdW, Sonderausschuß Neues Aktienrecht: Stellungnahme NA 2/1967: Zur Rechnungslegung im Konzern, in: Die Wirtschaftsprüfung, 20. Jg. (1967), S. 488 ff.

— Stellungnahme NA 3/1968: Zur Rechnungslegung im Konzern (Ergänzung), in: Die Wirtschaftsprüfung, 21. Jg. (1968), S. 133.

Havermann, Hans: Die verbundenen Unternehmen und ihre Pflichten nach dem Aktiengesetz 1965, in: Die Wirtschaftsprüfung, 19. Jg. (1966), S. 30 ff.

Heinen, Edmund: Handelsbilanzen, Fünfte Auflage, Wiesbaden 1969.

Hinze, Hannsjürgen, und *Granobs*, Heinz: Abschreibungen auf konsolidierte Beteiligungen im Konzernabschluß, in: Der Betrieb, 21. Jg. (1968), S. 2004 f.

Hipler, Heinz: Die Versicherungsunternehmen in den Volkswirtschaftlichen Gesamtrechnungen, in: Wirtschaft und Statistik, N.F., 22. Jg. (1970), S. 331 ff.

Hüttemann, Ulrich: Grundsätze ordnungsmäßiger Bilanzierung für Verbindlichkeiten, Düsseldorf 1970.

Institut der Wirtschaftsprüfer: Zur Frage der Auswirkungen des Umsatzsteuergesetzes (Mehrwertsteuer) auf die handelsrechtliche Rechnungslegung, in: Die Wirtschaftsprüfung, 20. Jg. (1967), S. 611 f.

Institut für Bilanzanalysen: Eine Untersuchung über 31 im Jahre 1965 analysierte Aktienbanken, Schriftenreihe Branchenanalysen, Nr. 17.

Käfer, Karl: Konzentration und Publizität, in: Die Konzentration in der Wirtschaft, On Economic Concentration, Zweite, völlig neu bearbeitete Auflage, herausgegeben von Helmut Arndt unter redaktioneller Mitarbeit von Hans-Jürgen Scheler, Schriften des Vereins für Socialpolitik, N.F., Bd. 20/I, Berlin 1971, S. 679 ff.

Kosiol, Erich: Grundfragen der Konzernbilanzierung, in: Die Betriebswirtschaft 1938, S. 153 ff.

— Bilanzreform und Einheitsbilanz, Grundlegende Studien zu den Möglichkeiten einer Rationalisierung der periodischen Erfolgsrechnung, 2. Auflage, Berlin-Stuttgart 1949.

— Anlagenrechnung, Theorie und Praxis der Abschreibungen, Wiesbaden 1955.

— Kritische Analyse der Wesensmerkmale des Kostenbegriffs, in: Betriebsökonomisierung durch Kostenanalyse, Absatzrationalisierung und Nachwuchserziehung, Festschrift für Rudolf Seyffert zu seinem 65. Geburtstag, herausgegeben von Erich Kosiol und Friedrich Schlieper, Köln/Opladen 1958, S. 7 ff.

— Die Unternehmung als wirtschaftliches Aktionszentrum, Einführung in die Betriebswirtschaftslehre, Reinbek bei Hamburg 1966.

— Buchhaltung und Bilanz, 2. überarbeitete und veränderte Auflage, Berlin 1967.

— Bilanztheorie, pagatorische, in: Handwörterbuch des Rechnungswesens (vgl. Banse), Sp. 279 ff.

Kroeber Riel, Werner: Die betriebliche Wertschöpfung unter besonderer Berücksichtigung der Wertschöpfung des Handels, Berlin 1963.

Kroenlein, Günter: Die Wertschöpfung der Aktiengesellschaft und des Konzerns. Untersuchungen zu einem Merkmal für die Messung der Unternehmungskonzentration, Berlin 1975.

Kropff, Bruno: Das Konzernrecht des Aktiengesetzes 1965, in: Der Betriebsberater, 20. Jg. (1965), S. 1281 ff.

— Bilanzwahrheit und Ermessensspielraum in den Rechnungslegunsvorschriften des Aktiengesetzes 1965, in: Die Wirtschaftsprüfung, 19. Jg. (1966), S. 369 ff.

— Gesetzentwurf über Rechnungslegung von Großunternehmen und Konzernen, in: Bulletin des Presse- und Informationsamtes der Bundesregierung 1968, Nr. 82 vom 28. Juni, S. 719 ff.

Krümmel, Hans-Jacob: Bankzinsen, Untersuchungen über die Preispolitik von Universalbanken, Köln - Berlin - Bonn - München 1964.

Kühnau, Martin: Der Formalaufbau der volkswirtschaftlichen Buchhaltung, Berlin 1961.

Kunze, Herbert: Nochmals: Die neue Sammelwertberichtigungs-Anordnung für Kreditinstitute, in: Die Wirtschaftsprüfung, 19. Jg. (1966), S. 176 f.

Leffson, Ulrich: Die Grundsätze ordnungsmäßiger Buchführung, 2. veränderte und erweiterte Auflage, Düsseldorf 1970.

— Buchführung und Bilanzierung, Grundsätze ordnungsmäßiger, in: Handwörterbuch des Rechnungswesens (vgl. Banse), Sp. 307 ff.

Lehmann, Max Rudolf: Planvolles Rechnen in Betrieb und Gruppe, Ein Beitrag zur Wertschöpfungs- und Wirtschaftlichkeits-Rechnung, Berlin 1937.

— Leistungsmessung durch Wertschöpfungsrechnung, Essen 1954.

— Industrielle Betriebsvergleiche, Wiesbaden 1958.

Lützel, Heinrich: Das reproduzierbare Anlagevermögen in Preisen von 1962, in: Wirtschaft und Statistik, N.F., 23. Jg. (1971), S. 593 ff.

— Das reproduzierbare Sachvermögen zu Anschaffungs- und zu Wiederbeschaffungspreisen, in: Wirtschaft und Statistik, N.F., 24. Jg. (1972), S. 611 ff.

Mattessich, Richard: Die wissenschaftlichen Grundlagen des Rechnungswesens, Eine analytische und erkenntniskritische Darstellung doppischer Informationssysteme für Betriebs- und Volkswirtschaft, Düsseldorf 1970.

— Messung und Bewertung, in: Handwörterbuch des Rechnungswesens (vgl. Banse), Sp. 1105 ff.

Mellerowicz-Brönner: Rechnungslegung und Gewinnverwendung der Aktiengesellschaft, Sonderausgabe aus „Aktiengesetz", Großkommentar, Band II (3. Auflage), Berlin 1970.

Menrad, Siegfried: Der Kostenbegriff, Eine Untersuchung über den Gegenstand der Kostenrechnung, Berlin 1965.

— Kosten und Leistung, in: Handwörterbuch des Rechnungswesens (vgl. Banse), Sp. 870 ff.

— Zinsen im Rechnungswesen, in: Handwörterbuch des Rechnungswesens (vgl. Banse), Sp. 2002 ff.

Mertin, Klaus: Zur Gleichwertigkeit der künftigen Gewinn- und Verlust-Rechnung der Aktienbanken, in: Die Wirtschaftsprüfung, 19. Jg. (1966), S. 148 ff.

Münstermann, Hans: Realisation und Rechnungswesen, in: Handwörterbuch des Rechnungswesens (vgl. Banse), Sp. 1493 ff.

Organisation for European Economic Co-Operation (Hrsg.): A Standardized System of National Accounts, 1958 Edition, Paris 1959.

Pohmer, Dieter: Wesen und Grenzen der betriebswirtschaftlichen Berechtigung stiller Reserven in der Jahresbilanz in dynamischer und statischer Betrachtung, Diss. FU Berlin 1952.

— Grundlagen der betriebswirtschaftlichen Steuerlehre, Berlin 1958.

— Betriebswirtschaftliche Bedeutung und Ermittlung der betrieblichen Wertschöpfung, in: Die Wissenschaft im Dienst der Wirtschaftspraxis, Festschrift aus Anlaß des zehnjährigen Bestehens des Hochschul-Instituts für Wirtschaftskunde, herausgegeben von Wilhelm Eich, Berlin 1958, S. 115 ff., Vorabdruck in: ZfB 1958, S. 148 ff.

— Die Neuordnung der Umsatzbesteuerung, Grundlagen der bisherigen Diskussion und Grundsätze einer Reform, Bonn 1960.

— Betrieb und Unternehmung als Merkmalsträger von Konzentrationserscheinungen, in: Der Betrieb in der Unternehmung, Festschrift für Wilhelm Rieger zu seinem 85. Geburtstag, herausgegeben von Johannes Fettel und Hanns Linhardt, Stuttgart 1963, S. 102 ff.

— Über die Bedeutung des betrieblichen Werteumlaufs für das Rechnungswesen der Unternehmungen, in: Organisation und Rechnungswesen, Festschrift für Erich Kosiol zu seinem 65. Geburtstag, herausgegeben von Erwin Grochla, Berlin 1964, S. 305 ff.

Pohmer, Dieter, und *Bea,* Franz Xaver: Erfolg, in: Handwörterbuch des Rechnungswesens (vgl. Banse), Sp. 454 ff.

Pohmer, Dieter, und *Fischer,* Klaus: Steuerliche Beeinflussung der Unternehmenskonzentration unter besonderer Berücksichtigung der BRD, in: Die Konzentration in der Wirtschaft, On Economic Concentration, Zweite, völlig neu bearbeitete Auflage, herausgegeben von Helmut Arndt unter redaktioneller Mitarbeit von Hans-Jürgen Scheler, Schriften des Vereins für Socialpolitik, N.F., Bd. 20/I, Berlin 1971, S. 805 ff.

Pohmer, Dieter, und *Kroenlein,* Günter: Wertschöpfungsrechnung, betriebliche, in: Handwörterbuch des Rechnungswesens (vgl. Banse), Sp. 1913 ff.

Powelson, John P.: Economic Accounting, New York - Toronto - London 1955.

Prölss, Erich R.: Versicherungsaufsichtsgesetz, Bundesaufsichtsgesetze, Kartellrecht der Versicherungswirtschaft (§ 102 GWB) und andere Nebengesetze, Beck'sche Kurz-Kommentare, Band 15, Fünfte, stark veränderte Auflage, München und Berlin 1966.

Raabe, Karl-Heinz: Der Zusammenhang zwischen dem betrieblichen Rechnungswesen und der Sozialproduktsrechnung, in: Wirtschaft und Statistik, N.F., 5. Jg. (1953), S. 399 ff.

— Übereinstimmung und Unterschiede in der Definition und Messung der Abschreibungen in betrieblicher und volkswirtschaftlicher Sicht, in: Allgemeines Statistisches Archiv, 41. Bd. (1957), S. 357 ff.

Referentenentwurf eines Gesetzes über Gesellschaften mit beschränkter Haftung, herausgegeben vom Bundesministerium der Justiz, Köln - Marienburg 1969.

Schäfer, Heinz: Zum Begriff des Bankbetriebes. Versuch seiner Bestimmung auf der Grundlage einer funktionalen Analyse und Systematik der Geschäfte am Finanzmarkt, Tübinger Dissertation, Göppingen 1971.

Scherpf, Peter: Die aktienrechtliche Rechnungslegung und Prüfung, Köln 1967 (Sonderdruck aus: Handbuch der Aktiengesellschaft).

Schimann, Gerhard: Die neue Sammelwertberichtigungs-Anordnung für Kreditinstitute, in: Die Wirtschaftsprüfung, 18. Jg. (1965), S. 450 ff.

Schlegelberger-Quassowski-Herbig-Geßler-Hefermehl: Aktiengesetz, Gesetz über Aktiengesellschaften und Kommanditgesellschaften auf Aktien vom 30. Januar 1937, Kommentar von Franz Schlegelberger, Leo Quassowski u. a., Dritte ergänzte und erweiterte Auflage, Berlin 1939.

Schmalenbach, Eugen: Kapital, Kredit und Zins in betriebswirtschaftlicher Beleuchtung, 4. verbesserte und erweiterte Auflage, bearbeitet von Richard Bauer, Köln und Opladen 1961.

— Dynamische Bilanz, 13., verbesserte und erweiterte Auflage, bearbeitet von Richard Bauer, Köln und Opladen 1962.

— Die Beteiligungsfinanzierung, neunte, verbesserte Auflage, bearbeitet von Richard Bauer, Köln und Opladen 1966.

Schmedtje, Jochen: Sozialprodukt und Volkseinkommen, Einige grundsätzliche Erläuterungen über Begriffe und Berechnungsmethoden, in: Wirtschaft und Statistik, N.F., 4. Jg. (1952), S. 479 ff.

Schmidt, Ralf-Bodo: Gewinnverwendung und Rechnungswesen, in: Handwörterbuch des Rechnungswesens (vgl. Banse), Sp. 633 ff.

Scholz, Walter: Zur Gewinn- und Verlustrechnung der Aktienbanken, in: Die Wirtschaftsprüfung, 19. Jg. (1966), S. 57 ff.

Scholz, Walter: Die Bildung und Auflösung stiller Reserven in der Gewinn- und Verlustrechnung der Aktienbanken, in: Die Wirtschaftsprüfung, 20. Jg. (1967), S. 342 ff.

Statistisches Bundesamt/Wiesbaden (Hrsg.): Statistisches Jahrbuch für die Bundesrepublik Deutschland 1970, Stuttgart und Mainz 1970.

Stobbe, Alfred: Volkswirtschaftliches Rechnungswesen, 2., revidierte und erweiterte Auflage, Berlin, Heidelberg, New York 1969.

Stone, Richard: Definition and Measurement of the National Income and Related Totals, in: Measurement of National Income and the Construction of Social Accounts, Report of the Sub-Committee on National Income Statistics of the League of Nations Committee of Statistical Experts, Studies and Reports on Statistical Methods, No. 7, Geneva 1947, S. 21 ff.

Szagunn/Neumann: Gesetz über das Kreditwesen vom 10. Juli 1961, erläutert von Volkhard Szagunn und Walter Neumann, Kohlhammer Kommentare, Zweite, neu bearbeitete und erweiterte Auflage, Stuttgart - Berlin - Köln - Mainz 1967.

Wirtschaftsprüfer-Handbuch 1963, bearbeitet von Hans Adler, Wilhelm Dieterich u. a., herausgegeben vom Institut der Wirtschaftsprüfer in Deutschland e. V., Düsseldorf 1963.

Wirtschaftsprüfer-Handbuch 1968, bearbeitet von Wilhelm Dieterich, Wilhelm Elmendorff u. a., herausgegeben vom Institut der Wirtschaftsprüfer in Deutschland e. V., Düsseldorf 1968.

Wirtschaftsprüfer-Handbuch 1973, bearbeitet von Wilhelm Dieterich, Wolfgang Dörner u. a., herausgegeben vom Institut der Wirtschaftsprüfer in Deutschland e. V., Düsseldorf 1973.

Wöhe, Günter: Bilanzierung und Bilanzpolitik, Betriebswirtschaftlich-handelsrechtlich-steuerrechtlich, mit einer Einführung in die verrechnungstechnischen Grundlagen, München 1971.

Wysocki, Klaus von: Konzernrechnungslegung in Deutschland, Eine Auswertung von 126 Konzernabschlüssen und Konzerngeschäftsberichten deutscher Obergesellschaften zum 31. 12. 1967, Düsseldorf 1969.

Betriebswirtschaftliche Forschungsergebnisse

Herausgegeben von Erich Kosiol

1. **Plankostenrechnung als Instrument moderner Unternehmensführung.** Hrsg. von E. Kosiol. 3. Aufl. 353 S. 1975. Lw. DM 48,—

2. **Einkaufsplanung und Produktionsumfang.** Von E. Kosiol und Mitarbeitern. 2., durchgesehene Aufl. 132 S. mit zahlreichen Tab. 1975. Lw. DM 36,—

3. **Grundlagen und Methoden der Organisationsforschung.** Von E. Kosiol. 2. überarbeitete und erweiterte Auflage. 153 S. 1968. Lw. DM 35,80

4. **Organisation des Entscheidungsprozesses.** Hrsg. von E. Kosiol. 2. Aufl. 221 S. mit 23 Abb. 1975. Lw. DM 44,—

5. **Organisation der innerbetrieblichen Materialbewegung.** Von D. Köhler. 142 S. mit 1 Ausschlagtafel. 1959. Lw. DM 28,60

6. **Grundlagen und Formen der Entlohnung.** Von H. Martens. 128 S. mit 20 Abb. 1958. Lw. DM 27,—

7. **Institut für Industrieforschung 1948 - 1958.** Von E. Kosiol. 141 S. mit 5 Kunstdrucktafeln mit 1 Ausschlagtafel. 1959. Lw. DM 26,60

8. **Betriebsverband und Verbandbetrieb.** Von E. Grochla. 338 S. mit 10 Schaubildern. 1959. Lw. DM 44,—

9. **Aufbauorganisation der industriellen Lagerwirtschaft.** Von J. Göldner. 305 S. mit 50 Abb. 1960. Lw. DM 44,—

10. **Freiwillige soziale Leistungen der industriellen Unternehmung.** Von U. Pleiß. 248 S. 1960. Lw. DM 39,—

11. **Untersuchungen zur Aufbauorganisation der Arbeitsvorbereitung und des Einkaufs industrieller Unternehmungen.** Von E. Kosiol und Mitarbeitern. 170 S. mit zahlreichen Abb. 1960. Lw. DM 29,80

12. **Die Entwicklung der industriellen Kostenrechnung in Deutschland.** Von G. Dorn. 232 S. 1961. Lw. DM 39,—

13. **Bürowirtschaftliche Forschung.** Hrsg. von E. Kosiol. 291 S. mit 15 Tab. und 7 Abb. 1961. Lw. DM 47,60

14. **Bibliographie der Organisationsliteratur.** Hrsg. von E. Kosiol. 184 S. 1961. Lw. DM 53,60

15. **Kritische Analyse der ertragsgesetzlichen Kostenaussage.** Von G. Dlugos. 132 S. mit 16 Abb. 1961. Lw. DM 27,60

Die Bände 1 - 15 erschienen unter dem Titel „Veröffentlichungen des Instituts für Industrieforschung der Freien Universität Berlin“.

16. **Zur Problematik der quantitativen Terminologie in der Betriebswirtschaftslehre.** Von N. Szyperski. 169 S. 1962. Lw. DM 27,60

17. **Die Bewertung des Anlagevermögens in amerikanischen Bilanzen.** Von H.-J. Dux. 186 S. 1962. Lw. DM 35,60

18. **Aufbauorganisation der internen Revision in tiefgegliederten Unternehmungen und Konzernen.** Von A. Brimberg. 156 S. mit 48 Abb. 1962. Lw. DM 34,60

19. **Die Gewinnverwendung der Unternehmung.** Von R.-B. Schmidt. 242 S. 1963. Lw. DM 46,60

20. **Die Kapazitätsnutzung in der Industrieunternehmung.** Von P. Clar. 283 S. 1964. Lw. DM 47,80

21. **Ablauforganisation der industriellen Lagerwirtschaft.** Von J. Göldner. 348 S. 1964. Lw. DM 59,60

22. **Probleme der Ablauforganisation in Unternehmungen.** Von M. Schweitzer. 158 S. mit 25 Abb. 1964. Vergr.

23. **Information und Kommunikation.** Von R. Kramer. 194 S. mit 25 Abb. 1965. Vergr.

24. **Wesen und Formen des Verbundbetriebes.** Von H. Lehmann. 195 S. mit 4 Schaubildern. 1965. Lw. DM 44,60

25. **Zum Problem der Messung des wirtschaftlichen Handelns mit Hilfe der Bilanz.** Von H.-H. Schulze. 247 S. 1966. Lw. DM 45,60

26. **Zentralisation und Dezentralisation von Aufgaben in der Organisation der Unternehmungen.** Von K. Bleicher. 291 S. mit 34 Abb. 1966. Lw. DM 68,—

27. **Informale Erscheinungen in der Betriebsorganisation.** Von O. Grün. 131 S. 1966. Lw. DM 29,80

28. **Grundlagen und Probleme der betriebswirtschaftlichen Organisationslehre.** Von E. Wild. 227 S. 1966. 2. Aufl. in Vorb.

29. **Die optimale Beschaffungsmenge.** Von E. Kottke. 148 S. mit 21 Abb. und 8 Tab. 1966. Lw. DM 52,80

30. **Informationen und Vorgänge ihrer Bearbeitung in der Unternehmung.** Von J. Berthel. 212 S. mit 3 Tab. und 2 Abb. 1967. Lw. DM 56,—

31. **Neuere Organisationsforschung in betriebswirtschaftler Sicht.** Von J. Wild. 270 S. 1967. Lw. DM 49,80

32. **Liquidität und Gewinn im industriellen Unternehmensprozeß.** Von H. Schweitzer. 166 S. 1967. Lw. DM 62,60

33. **Die Bedeutung interpersonaler Beziehungen für die Organisation der Unternehmung.** Von K. Sommer. 153 S. 1968. Lw. DM 42,80

34. **Die Umsatzeinnahmen als Gegenstand der unternehmerischen Liquiditätsplanung und Liquiditätspolitik.** Von H. Kossbiel. 295 S. 1968. Lw. DM 78,60

35. **Grundlagen der industriellen Produktgestaltung.** Von K. Chmielewicz. 257 S. 1968. Lw. DM 59,60

36. **Kritische Untersuchungen über den Geltungsbereich des Prinzips der Gewinnmaximierung.** Von F. X. Bea. 149 S. 1968. Lw. DM 38,60

37. **Der Prozeß der Unternehmensentscheidung bei unvollkommener Information.** Von H. Griem. 197 S. 1968. Lw. DM 39,80

38. **Das Leistungsziel als Verhaltensdeterminante von Bankunternehmungen der öffentlichen Hand.** Von R. Kroll. 187 S. 1968. Lw. DM 42,60

39 **Zur Aussagefähigkeit neuer Kostenrechnungsverfahren.** Von D. Moews. 216 S. 1969. Lw. DM 56,60

40. **Die Steuerung dezentraler Kostenentscheidungen im Herstellungsbereich industrieller Unternehmungen.** Von D. Hamann. 171 S. 1969. Lw. DM 38,60

41. **Kybernetische Ansätze zur Organisation des Führungsprozesses der Unternehmung.** Von H. Flik. 152 S. mit 18 Abb. 1969. Lw. DM 42,60

42. **Organisationsprinzipien.** Von R. Beensen. 234 S. 1969. Lw. DM 48,60

43. **Elemente und Strukturdeterminanten des informatorischen Kommunikationssystems industrieller Unternehmungen.** Von H.-J. Drumm. 176 S. 1969. Lw. DM 39,60

44. **Information und Planung in industriellen Unternehmungen.** Von J. Berthel und D. Moews. 206 S. 1970. Lw. DM 44,60

45. **Unternehmensgröße, Wachstum und Reorganisation.** Von D. Schulz. 225 S. 1970. Lw. DM 44,60

46. **Unternehmungswachstum und Produktinnovation.** Von A. Kieser. 242 S. mit 34 Abb. und 33 Tab. 1970. Lw. DM 64,60

47. **Automation und Leitungsstruktur.** Von H. J. Drumm. 145 S. 1970. Lw. DM 36,60

48. **Zum Normenproblem in der Wirtschaftswissenschaft.** Von A. Ruffner. 175 S. 1970. Lw. DM 48,60

49. **Unternehmenswirtschaftliche Reservierung.** Von P. R. Wossidlo. 266 S. mit 11 Abb. und 10 Tab. 1970. Lw. DM 66,60

50. **Zur Anwendung mathematischer Programmierungsverfahren auf die Bestimmung wirtschaftlich optimaler Informationsvorgänge.** Von H. Krug. 122 S. 1970. Lw. DM 36,60

51. **Kommunikation und Kollegialorgane.** Von C. K. Kanellopoulos. 187 S. 1970. Lw. DM 44,80

52. **Probleme der simultanen Orientierung von Leistungsprozessen in Unternehmungen.** Von W. Matthes. 360 S. 1970. Lw. DM 88,60

53. **Modelle zur Bestimmung der Gewinnerwartung im Rahmen der Neuprodukt-Planung.** Von G. Kreußlein. 199 S. 1971. Lw. DM 59,60

54. **Simultane Produktions-Investitionsplanung mit Hilfe der Portfolio Selection.** Von L. Peters. 148 S. 1971. Lw. DM 48,—

55. **Zur Gliederung der betriebswirtschaftlichen Bilanz.** Von J. Fudickar. 203 S. 1971. Lw. DM 48,60

56. **Erfolgskonsolidierung in Konzernabschlüssen.** Von J. Weitkamp. 110 S. 1971. Lw. DM 33,60

57. **Struktur und Funktion der Bilanz.** Von M. Schweitzer. 250 S. 1972. Brosch. DM 28,—; Lw. DM 38,—

58. **Entscheidungsstrategien bei Produktverbundenheit.** Von F. J. Berners. 228 S. 1972. Lw. DM 68,60

59. **Grundlagen, Probleme und Instrumente der Konflikthandhabung in der Unternehmung.** Von W. Krüger. 200 S. 1972. Lw. DM 49,60

60. **Beteiligungsentscheidungen.** Betriebswirtschaftliche Grundlagen des Erwerbs und der Veräußerung von Unternehmensbeteiligungen. Von H. Schierenbeck. 197 S. 1973. Lw. DM 54,60

61. **Managementkonzeption des Öffentlichen Verwaltungsbetriebes.** Von Ch. Reichard. 207 S. 1973. Lw. DM 56,60

62. **Bausteine der Betriebswirtschaftslehre.** Von E. Kosiol. 2 Bde. I: Methodologie, Grundlagen und Organisation. 592 S. 1973. Lw. DM 124,—; II: Rechnungswesen. S. 593 - 1323. 1973. Lw. DM 175,—

63. **Grundlagen einer Theorie der betrieblichen Mitbestimmung.** Von H.-U. Küpper. 281 S. 1974. Lw. DM 66,60.

64. **Bilanz und Bewertung.** Von F. Dinkel. 234 S. 1974. Lw. DM 68,60

65. **Fertigungstypologie** unter dem Gesichtspunkt der Fertigungsablaufplanung. Von W. F. Große-Oetringhaus. 352 S. mit 83 Abb. 1974. Lw. DM 98,—

66. **Grundfragen einer Theorie der optimalen Finanzierung.** Von C. Cremer. 102 S. 1974. Lw. DM 44,80

67. **Informationstechnologie und organisatorische Regelungen.** Von H. Kubicek. 402 S. 1975. Lw. DM 96,—

68. **Die Wertschöpfung der Aktiengesellschaft und des Konzerns.** Von G. Kroenlein. 172 S. 1975. Lw. DM 56,60

69. **Die Wertschöpfung der Kreditinstitute.** Von W. Göckeler. 147 S. 1975. Lw. DM 48,60

DUNCKER & HUMBLOT / BERLIN